2011年安徽师范大学教材建设基金资助项目
2012年安徽省教育厅教研项目（编号：2012JYXM104）资助项目

计算机硬件基础实验教程

JISUANJI YINGJIAN JICHU SHIYAN JIAOCHENG

主　编　齐学梅
副主编　程桂花　陈付龙　秦忠基

安徽师范大学出版社

责任编辑：吴毛顺　汪微
装帧设计：丁奕奕

图书在版编目(CIP)数据

计算机硬件基础实验教程 / 齐学梅主编. —芜湖：安徽师范大学出版社，2013.2
ISBN 978-7-5676-0010-2
Ⅰ. ①计… Ⅱ. ①齐… Ⅲ. ①硬件－高等学校－教材 Ⅳ. ①TP303

中国版本图书馆CIP数据核字(2012)第290272号

计算机硬件基础实验教程

齐学梅　主编

出版发行：安徽师范大学出版社
芜湖市九华南路189号安徽师范大学花津校区　　邮政编码：241002
网　　址：http://ahnupress.com/
发 行 部：0553-3883578　5910327　5910310(传真)　　E-mail：asdcbsfxb@126.com
经　　销：全国新华书店
印　　刷：安徽芜湖新华印务有限责任公司
版　　次：2013年2月第1版
印　　次：2013年2月第1次印刷
规　　格：880×1230　1/16
印　　张：15.75
字　　数：480千
书　　号：ISBN 978-7-5676-0010-2
定　　价：31.00元

内容提要

本教材作为开展计算机专业硬件技术基础类课程的实践性教学环节的教程，包括数字逻辑，计算机组成原理，汇编语言、微机原理与接口技术三个部分的实验内容，共62个不同类型、不同难度的典型实验。教材体现了素质教育和实践性教学改革的思想，除少数是验证性实验外，基本上都是设计性、研究探索性或综合应用性实验。

教材思维新、内容新、结构新、模式新，所编实验不仅具有教学上的典型性、代表性，而且具有技术上的实用性。通过实验教学环节，能够增强学生对基础理论知识的理解，并能把理论教学中分散学习的知识在设计中综合应用，进而巩固、加深和发展学有知识，提高学生动手解决实际问题的能力。教师可根据教学组织实验内容，安排教学计划，满足不同层次学生的教学需求。

本教材可作为高等学校工科计算机科学技术、电子信息工程、通信工程、自动化等专业的“计算机硬件技术”课程实验教材使用；也可作为电子工程技术工作者的参考资料；还可作为大学生开展课外电子设计活动和工程技术人员从事微机应用开发工作的实用参考书。

前 言

随着科学技术的迅速发展，培养学生实验能力和创新能力是高等理工科教育的重要内容之一。通过实验不仅可以巩固和加深对理论知识的理解，而且可以培养学生独立分析问题、解决问题的能力和严谨的工作作风，为适应日后工作打下良好的基础。

本教材共分三部分。第一部分为数字逻辑实验，第二部分为计算机组成原理实验，第三部分是汇编语言、微机原理与接口技术实验。前两部分各由两篇构成，第一篇是验证性实验，第二篇是课程设计。第三部分分为三篇，第一篇为软件验证性实验，第二篇是硬件验证性实验，第三篇为课程设计。验证性实验主要对规定的主要教学内容加深理解和验证；设计性实验具有通用性、趣味性和实用性，教材给出了相应的设计思路，主要是拓宽学生的实践能力和创新思维能力。最后是附录部分，介绍了实验中所需要的电子器件、实验仪器和一些软件使用方法。

本教材实验丰富，内容翔实，既可以作为数字逻辑、计算机组成原理，以及汇编语言、微机原理与接口技术的基础实验教材，又可以作为以上课程的课程设计教程，还可以作为教师教学与学生自学的实验指导书。

本教材由长期从事计算机硬件一线教学的教师在实验教学的基础上编写而成。齐学梅为本教材的主编，程桂花、陈付龙和秦忠基为副主编，周雯、孙云翔、王宏涛和葛文婧参与了本教材的编写工作。因层级较多，本教材图表顺序以篇为单位排序。

本教材得到了2011年安徽师范大学教材建设基金和2012年安徽省教育厅教研项目（编号：2012JYXM104）的资助。本教材的编写得到了安徽师范大学数学计算机科学学院领导的悉心指导，得到了安徽师范大学数学计算机科学学院硬件实验室、皖江学院电子系领导和老师们的支持与协作，在此一并表示感谢!

感谢所列参考文献的所有作者!

由于作者水平有限，难免出现错误和不妥之处，敬请读者批评指正。

编 者

2012年9月于芜湖

目 录

第一部分 数字逻辑

第二部分 计算机组成原理

第三部分　汇编语言、微机原理与接口技术

第一部分

数字逻辑

第一篇　验证性实验

数字逻辑实验基本知识

一、数字集成电路封装

中、小规模数字IC中最常用的是TTL电路和CMOS电路。TTL器件型号以74(或54)作前缀,称为74/54系列,如74LS10、74F181、54S86等。中、小规模CMOS数字集成电路主要是4XXX/45XX(X代表0~9的数字)系列,高速CMOS电路HC(74HC系列),与TTL兼容的高速CMOS电路HCT(74HCT系列)。TTL电路与CMOS电路各有优缺点,TTL速度高,CMOS电路功耗小、电源范围大、抗干扰能力强。由于TTL在世界范围内应用极广,在数字逻辑教学实验中,我们主要使用TTL74系列电路作为实验器件,采用单一+5V电源作为供电电源。

数字IC器件有多种封装形式。为了教学实验方便,实验中所用的74系列器件封装选用双列直插式。图1是双列直插封装的正面示意图。双列直插封装有以下特点:

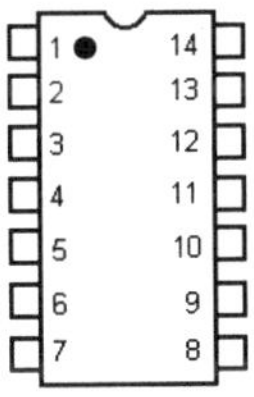

图0-1　双列直插式封装图

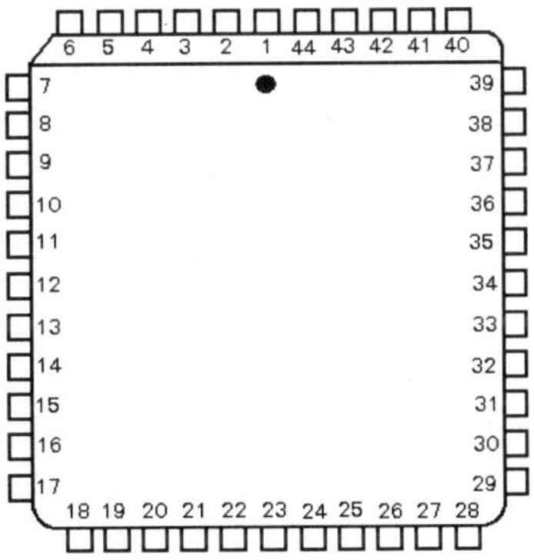

图0-2　PLCC封装图

(1)从正面(上面)看,器件一端有一个半圆的缺口,这是正方向的标志。缺口左边的引脚号为1,引脚号按逆时针方向增加。图1中的数字表示引脚号。双列直插封装IC引脚数有14、16、20、24、28等。

(2)双列直插器件有两列引脚。引脚之间的间距是2.54mm,两列引脚之间的距离有宽(15.24mm)、窄(7.62mm)两种。两列引脚之间的距离能够稍做改变,引脚间距不能改变。

将器件插入实验箱上的插座中或从插座中拔出时要小心,不要将器件引脚弄弯或折断。

(3)74系列器件一般左下角的最后一个引脚是GND,右上角的引脚是Vcc。例如,14引脚器件引脚7是GND,引脚14是Vcc;20引脚器件引脚10是GND,引脚20是Vcc。但也有一些例外,例如16引脚的双JK触发器74LS76,引脚13(不是引脚8)是GND,引脚5(不是引脚16)是Vcc。所以使用集成电路器件时要先看清它的引脚图,找对电源和地,避免因接线错误造成器件损坏。

数字逻辑电路综合实验中,使用复杂的可编程逻辑器件ISP1032(或者MACH4—64/32)是44引脚的PLCC(Plastic Leaded Chip Carrier)封装,图2是封装正面图。器件上的小圆圈指示引脚1,引脚号按逆时针方向增加,引脚2在引脚1的左边,引脚44在引脚1的右边。ISP1032与MACH4—64/32电源引脚号、地引脚号不同,千万不要插错PLCC插座。插PLCC器件时,器件的左上角(缺角)要对准插座的左上角。拔PLCC器件应使用专门的起拔器。

必须注意:不能带电插、拔器件!插、拔器件只能在关断+5V电源的情况下进行。

二、数字逻辑电路测试及故障查找、排除

设计一个数字逻辑电路后，要对其进行测试，以验证设计是否正确。测试过程中，发现问题要分析原因，找出故障所在，并解决它。数字逻辑电路实验也遵循这些原则。

1. 数字逻辑电路测试

数字逻辑电路测试大体上分为静态测试和动态测试两部分。静态测试指的是给定数字逻辑电路若干组静态输入值，测试数字逻辑电路的输出值是否正确。数字逻辑电路设计好后，在实验台上连接成一个完整的线路。把线路的输入接电平开关输出，线路的输出接电平指示灯，按功能表或状态表的要求，改变输入状态，观察输入和输出之间的关系，看看是否符合设计要求。静态测试是检查设计是否正确、接线是否无误的重要一步。

在静态测试基础上，按设计要求在输入端加动态脉冲信号，观察输出端波形是否符合设计要求，这是动态测试。有些数字逻辑电路只需进行静态测试即可，有些数字逻辑电路必须进行动态测试。一般来说，时序电路应进行动态测试。

2. 数字逻辑电路的故障查找和排除

在数字逻辑电路实验中，出现问题是难免的，重要的是分析问题，找出问题的原因，从而解决它。一般来说，有四个方面的原因会产生问题(故障)：器件故障、接线错误、设计错误和测试方法不正确。在查找故障过程中，首先要熟悉经常发生的典型故障。

(1)器件故障。

器件故障是器件失效或器件接插问题引起的故障，表现为器件工作不正常。不言而喻，器件失效肯定会引起工作不正常，这需要更换一个好器件。**器件接插问题，如管脚折断或者器件的某个(或某些)引脚没插到插座中等，也会使器件工作不正常。**器件接插错误有时不易发现，需仔细检查。判断器件失效的方法是用集成电路测试仪测试器件。需要指出的是，一般的集成电路测试仪只能检测器件的部分静态特性，对负载能力等静态特性和上升沿、下降沿、延迟时间等动态特性，一般的集成电路测试仪不能测试。测试器件的这些参数，必须使用专门的集成电路测试仪。

(2)接线错误。

接线错误是最常见的错误。据统计，在教学实验中，大约70%以上的故障是由接线错误引起的。常见的接线错误包括：**忘记接器件的电源和地**；连线与插孔接触不良；连线经多次使用后，有可能外面塑料包皮完好，但内部线折断；连线多接、漏接、错接；连线过长、过乱造成干扰。接线错误造成的现象多种多样，例如器件的某个功能块不工作或工作不正常，器件不工作或发热，电路中一部分工作状态不稳定等。解决方法大致包括：熟悉所用器件的功能及其引脚号，知道器件每个引脚的功能；器件的电源和地一定要接对、接好；检查连线和插孔接触是否良好；检查连线有无错接、多接、漏接；检查连线中有无断线。最重要的是接线前要画出接线图，按图接线，不要凭记忆随想随接；接线要规范、整齐，尽量走直线、短线，以免引起干扰。

(3)设计错误。

设计错误自然会造成与预想的结果不一致。原因是对实验要求没有吃透，或者是对所用器件的原理没有掌握。因此实验前一定要理解实验要求，掌握实验线路原理，精心设计。初始设计完成后一般应对设计进行优化，最后画好逻辑图及接线图。

(4)测试方法不正确。

如果没有发生以上所述的三种错误，实验一般会成功。但有时测试方法不正确也会引起观测错误。例如，一个稳定的波形，如果用示波器观测，而示波器没有同步，则造成波形不稳的假象。因此，要学会正确使用所用仪器、仪表。在数字逻辑电路实验中，尤其要学会正确使用示波器。在对数字电路测试过程中，由于测试仪器、仪表加到被测电路上后，对被测电路相当于一个负载，因此测试过程中也有可能引起电路本身工作状态的改变，这点应引起足够的注意。不过，在数字逻辑电路实验中，这种现象很少发生。

当实验中发现结果与预期不一致时，千万不要慌乱，应仔细观察现象，冷静思考问题所在。首先，检查仪器、仪表的使用是否正确。其次，在正确使用仪器、仪表的前提下，按逻辑图和接线图逐级查找问题出现在何处。通常从发现问题的地方，一级一级向前测试，直到找出故障的初始发生位置。在故障的初始位置处，首先检查连线是否正确。由于实验故障绝大部分是由接线错误引起的，因此检查一定要认真、仔细。确认接线无误后，检查器件引脚是否全部正确插进插座中，有无引脚折断、弯曲、错插问题。确认无上述问题后，取下器件测试，以检查器件好坏，或者直接换一个好器件。如果器件和接线都没问题，则需考虑设计问题。

实验一　TTL集成逻辑门的逻辑功能测试

一、实验目的

1. 熟悉数字电路实验装置的结构、基本功能和使用方法。
2. 掌握TTL集成逻辑门的逻辑功能及测试方法。
3. 掌握TTL器件的使用规则。

二、实验原理

逻辑门是实现各种逻辑关系的电路，因其内部结构不同，分为TTL型（晶体管—晶体管逻辑）和MOS型（金属氧化物—场效应管集成电路），这两类门电路在使用中各有特点，但其逻辑符号和完成的逻辑功能是相同的。本实验测试的集成逻辑门主要是与非门和异或门。

74LS20是一种常用的二4输入与非门，即在一片集成块内含有两个互相独立的与非门，每个与非门有四个输入端，其逻辑符号及引脚排列如图1-1所示。

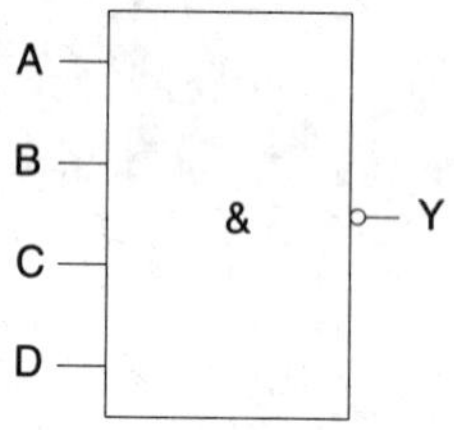

（a）逻辑符号

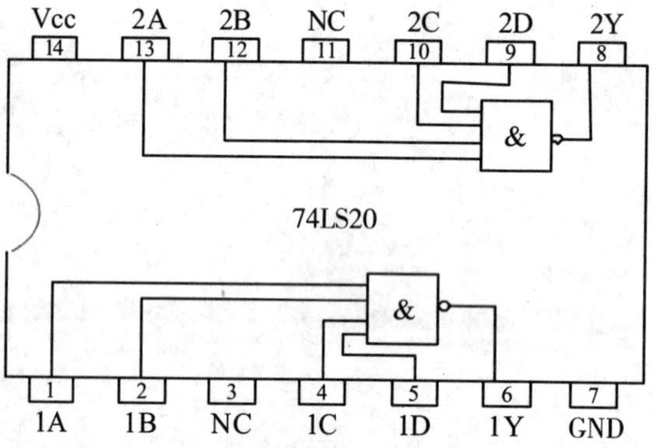

（b）引脚排列

图1-1　74LS20逻辑符号及引脚排列

与非门的逻辑功能：当输入端有一个或一个以上为低电平时，则输出端为高电平；只有当输入端全部为高电平时，输出端才为低电平，即有“0”得“1”，全“1”得“0”。其逻辑表达式为 $Y=\overline{AB\ldots}$。

74LS20的逻辑表达式为：$Y=\overline{ABCD}$。

另一种常用的四2输入与非门是74LS00，是在一片集成块内含有四个互相独立的与非门，其逻辑符号及引脚排列如图1-2所示。74LS00的逻辑表达式为：$Y=\overline{AB}$。

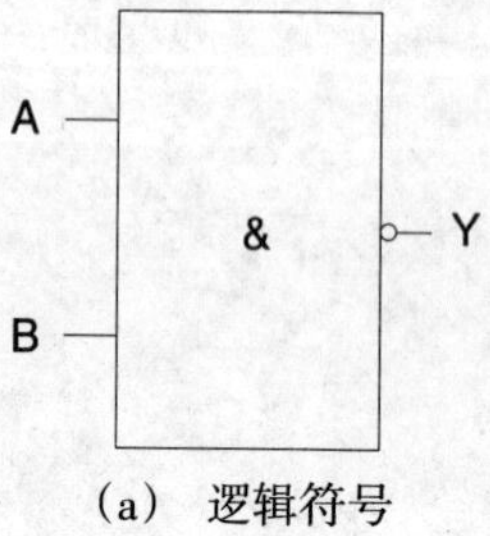

（a）　逻辑符号

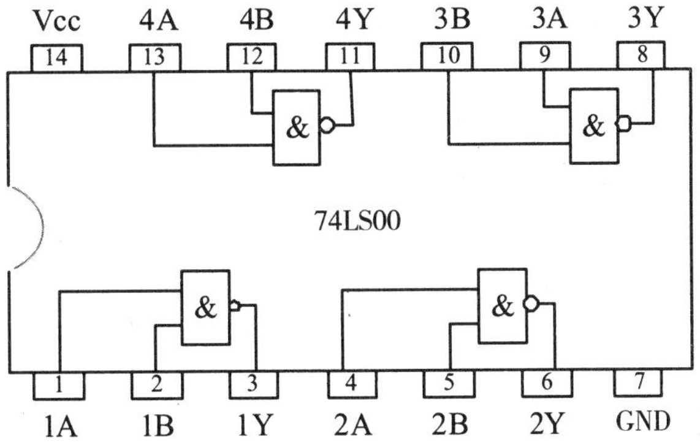

（b）　引脚排列

图1-2　74LS00逻辑符号及引脚排列

74LS86是一种常用的四2输入的异或门，即在一片集成块内含有四个互相独立的异或门，其逻辑符号及引脚排列如图1-3所示。

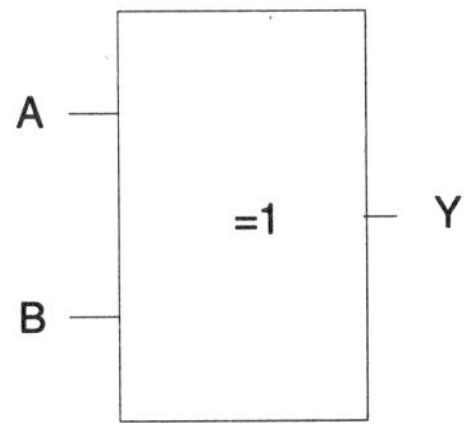

（a）　逻辑符号

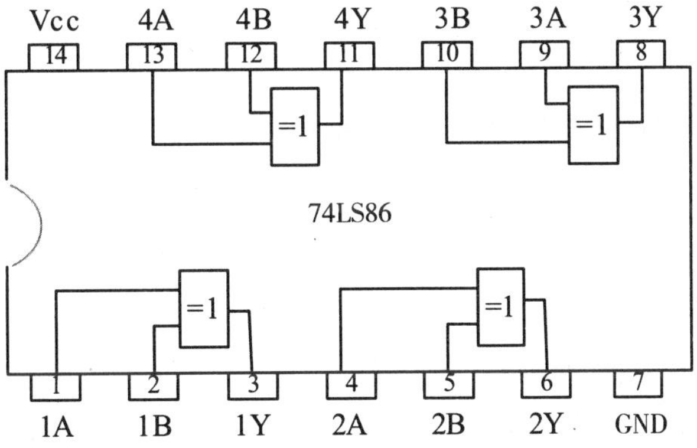

（b）　引脚排列

图1-3　74LS86逻辑符号及引脚排列

二输入异或门的逻辑功能：当输入端两个信号相同时（即同为高电平或同为低电平），则输出端为低电平；当两个输入端信号相异时（一个高电平一个低电平），则输出端为高电平。对应的逻辑表达式为$Y=A\oplus B$。

三、实验设备与器件

1. 数字电路实验箱（+5V直流电源；逻辑电平开关；逻辑电平显示器；导线若干）
2. 万用表
3. 集成芯片74LS00、74LS20、74LS86

四、实验内容及实验步骤

1. 熟悉实验箱面板各部分元件及其功能。
2. 按定位标记插好集成片，验证与非门74LS00、74LS20和异或门74LS86的逻辑功能。

（1）验证TTL集成与非门74LS20的逻辑功能。

在实验箱面板上合适的位置选取一个14P插座。

将74LS20的任意一个与非门的四个输入端分别接逻辑电平开关的四个输出插口，利用逻辑开关提供“0”和“1”电平信号，开关向上(H，on)，输出逻辑“1”，向下(L，off)为逻辑“0”。

逻辑门的输出端接逻辑电平显示器，若显示器的LED灯亮为逻辑“1”，不亮为逻辑“0”。按表1-1的真值表逐个测试集成片中两个与非门的逻辑功能。74LS20有4个输入端，有16个最小项，在实际测试时，只要通过对输入1111、0111、1011、1101和1110五项进行检测就可判断其逻辑功能是否正常。

表1-1　74LS20真值表测试

输入				输出	是否正确
A	*B*	*C*	*D*		
1	1	1	1		
0	1	1	1		
1	0	1	1		
1	1	0	1		
1	1	1	0		

(2)验证TTL集成与非门74LS00的逻辑功能。

测试表格自拟。

(3)验证TTL集成异或门74LS86的逻辑功能。

测试表格自拟。

3. 用与非门实现逻辑运算：$Y_1=A+B$

4. 用异或门实现逻辑运算：$Y_2=A\oplus B\oplus C$

五、实验要求

1. 画出实验步骤中2、3、4的电路接线图，记录、整理实验结果(真值表)，并对结果进行分析、讨论，总结收获和体会。

2. 思考题。

(1)与非门闲置输入端应如何处理?

(2)异或门闲置输入端应如何处理?

3. 注意事项(**TTL集成电路使用规则**)。

(1)接插集成块时，要认清定位标记，不得插反。

(2)电源电压使用范围为+4.5~+5.5V，实验中要求 V_{CC}=+5V。电源极性绝对不允许接错。

(3)闲置输入端处理方法：

悬空相当于正逻辑“1”，对于一般小规模集成电路的数据输入端，实验时允许悬空处理，但易受外界干扰，导致电路逻辑功能不正常。因此，对于接有长线的输入端，中规模以上的集成电路和使用集成电路较多的复杂电路，所有控制输入端必须按逻辑要求接入电路，不允许悬空。

直接接电源 V_{CC}(也可以串入一只1~10kΩ的固定电阻)或接至某一个有固定电压(+2.4V≤V≤4.5V)的电源上，或与输入端为接地的多余与非门的输出端相接。

若前级驱动能力允许，可以与使用的输入端并联。

(4) 输入端通过电阻接地，电阻值的大小将直接影响电路所处的状态。当 $R\leq680\ \Omega$ 时，输入端相当于逻辑“0”；当 $R\geq4.7\ k\Omega$时，输入端相当于逻辑“1”。对于不同系列的器件，要求的阻值不同。

(5) 输出端不允许并联使用(集电极开路门(OC)和三态输出门电路(3S)除外)，否则不仅会使电路逻辑功能混乱，并会导致器件损坏。

(6) 输出端不允许直接接地或直接接+5V电源，否则将损坏器件。有时为了使后级电路获得较高的输出电平，允许输出端通过电阻 *R* 接至 V_{CC}，一般取 R=3 ~ 5.1kΩ。

实验二 组合逻辑电路测试与设计

一、实验目的

1. 熟悉组合逻辑电路的特点。

2. 掌握组合逻辑电路的设计与测试方法。

二、实验原理

1.组合逻辑电路设计流程

使用中、小规模集成电路设计的组合电路是最常见的逻辑电路。设计组合电路的一般步骤如图2-1所示。

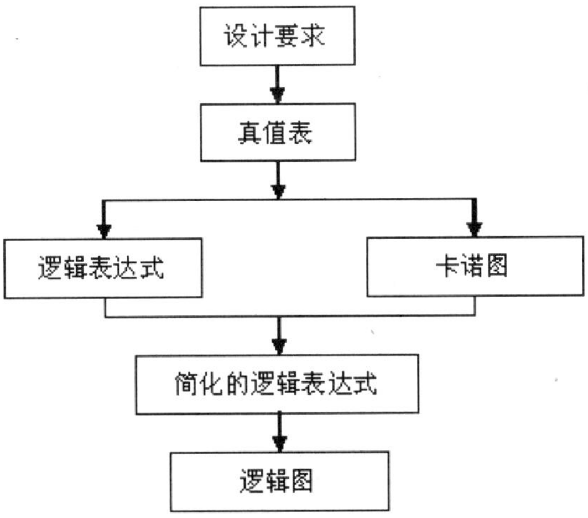

图2-1 组合逻辑电路设计流程图

根据设计任务的要求建立输入、输出变量，并列出真值表。然后用逻辑代数或者卡诺图化简法求出简化的逻辑表达式，并按实际选用逻辑门的类型修改逻辑表达式。根据简化后的逻辑表达式，画出逻辑图，用标准器件构成逻辑电路。最后，用实验来验证设计的正确性。

2. 组合逻辑电路设计举例。

(1)用“与非门”设计一个四人表决电路，原则是少数服从多数。4个输入端中有3个或4个为“1”时，输出端才为“1”。

设计步骤：根据题意，设输入为A、B、C、D，同意为“1”，不同意为“0”，输出为Y，通过为“1”，不通过为“0”，列出符合题意真值表，如表2-1所示。

表2-1 四人表决器真值表

A	0	0	0	0	0	0	0	0	1	1	1	1	1	1	1	1
B	0	0	0	0	1	1	1	1	0	0	0	0	1	1	1	1
C	0	0	1	1	0	0	1	1	0	0	1	1	0	0	1	1
D	0	1	0	1	0	1	0	1	0	1	0	1	0	1	0	1
Y	0	0	0	0	0	0	0	1	0	0	0	1	0	1	1	1

其卡诺图如表2-2所示。

由卡诺图得出逻辑表达式，并演化成“与非”的形式，即

$$Y = ABC + BCD + ACD + ABD = \overline{\overline{ABC} \cdot \overline{BCD} \cdot \overline{ACD} \cdot \overline{ABD}}$$

根据逻辑表达式画出用“与非门”构成的逻辑电路，如图2-2所示。

表2-2　四人表决器卡诺图

Y　AB \ CD	00	01	11	10
00	0	0	0	0
01	0	0	1	0
11	0	1	1	1
10	0	0	1	0

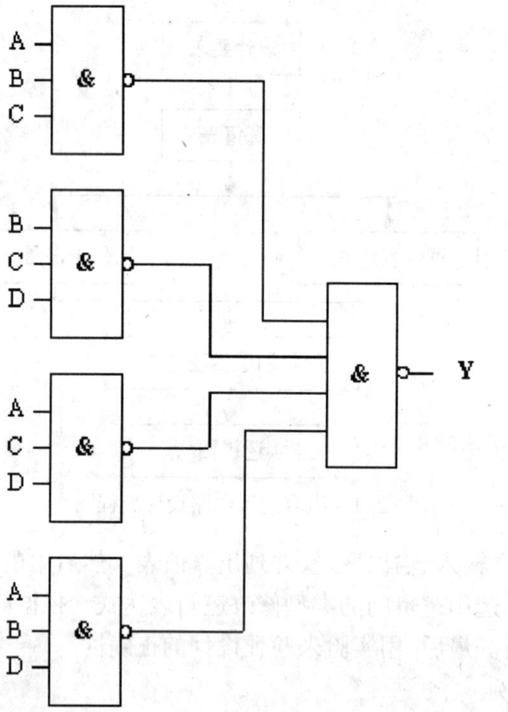

图2-2　四人表决器逻辑图

(2)用实验验证逻辑功能：在实验装置的适当位置选定3个14P插座，按照集成芯片定位标记插好集成块74LS20(CC4012)。

按图2-2接线，输入端*A*、*B*、*C*和*D*接至逻辑开关输出插口，输出端*Y*接逻辑电平显示输入插口，按真值表(自拟)要求，逐次改变输入变量，测量相应的输出值，验证逻辑功能，与表2-1进行比较，验证所设计的逻辑电路是否符合要求。

三、实验设备与器件

1. 数字电路实验箱(+5V直流电源；逻辑电平开关；逻辑电平显示器；导线若干)
2. 万用表
3. 集成芯片74LS00、74LS20、74LS08、74LS02、74LS86、74LS54等

四、实验内容及实验步骤

1. 用与非门和异或门设计一个全加器，或用与或非门实现。
2. 用异或门、与门、或门、与非门设计一个全减器。

3. 旅客列车分特快、直快和普快，并依此为优先通行次序。某站台在同一时间只能有一趟列车从车站开出，即只能给出一个开车信号。试画出满足上述要求的逻辑电路，用与非门和与门实现其控制功能。

4. 用两输入与非门设计一个三输入（A,B,C）和三输出（X,Y,Z）的信号排队电路。它的功能：当输入 A 为1时，无论 B 和 C 为0还是1，输出 X 为1，Y 和 Z 为0；当 A 为0且 B 为1，无论 C 为0还是为1，输出 Y 为1，其余两输出为0；当 C 为1，且 A 和 B 均为0时，输出 Z 为1，其余两输出为0。

5. 设计一个对两个两位无符号的二进制数进行比较的电路，根据第一个数是否大于、等于和小于第二个数，使相应的三个输出端中的一个输出为"1"。（选做，用与门、与非门及或非门）

五、实验要求

1. 根据实现任务要求设计组合电路，并根据所给的标准器件画出逻辑图。

2. 列出实验任务的设计过程，画出设计的电路图。

3. 对所设计的电路进行实验测试，并记录测试结果。

4. 认真书写设计体会。

5. 思考题。

（1）如何用最简单的方法验证"与或非"门的逻辑功能是否完好？

（2）"与或非"门中，当某一组"与"端不用时，应做如何处理？

实验三　数据选择器及其应用

一、实验目的

1. 掌握中规模集成数据选择器的逻辑功能及使用方法。
2. 学习用数据选择器构成组合逻辑电路的方法。

二、实验原理

数据选择器又叫“多路开关”。数据选择器在地址码(又叫选择控制)电位的控制下,从几个数据输入中选择一个并将其送到一个公共的输出端。数据选择器的功能类似一个多掷开关,如图3-1所示,图中有4路数据 D_0~D_3,通过选择控制信号 A_1、A_0(地址码)从4路数据中选中某一路数据送至输出端 Q。

数据选择器为目前逻辑设计中应用十分广泛的逻辑部件,它有2选1、4选1、8选1和16选1等类别。

数据选择器的电路结构一般由与或门阵列组成,也有用传输门开关和门电路混合而成的。

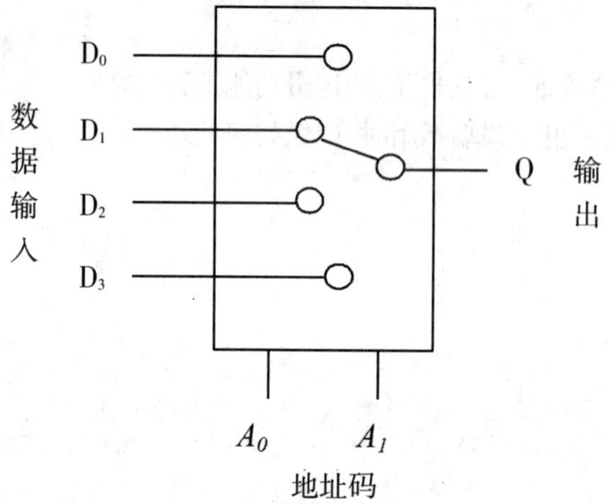

图3-1　4选1数据选择器示意图

1. 8选1数据选择器74LS151

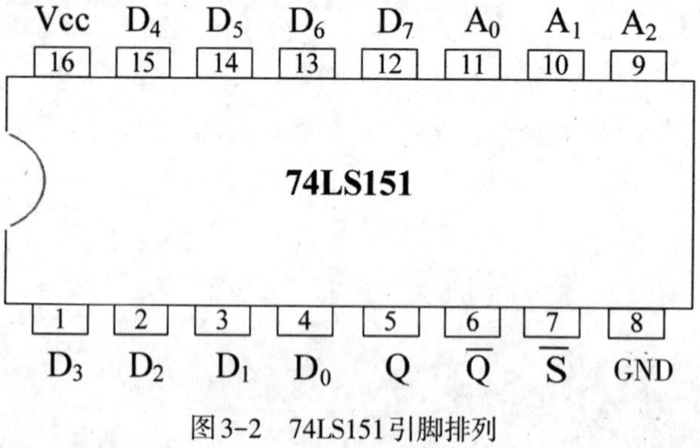

图3-2　74LS151引脚排列

74LS151为互补输出的8选1数据选择器,引脚排列如图3-2所示,逻辑功能如表3-1所示。选择控制端(地址端)为 A_0~A_2,按二进制译码,从8个输入数据 D_0~D_7 中选择一个需要的数据送到输出端 Q, $\overline{S}$ 为使能端,低电平有效。

表3-1　74LS151功能表

输入				输出	
$\overline{S}$	A_2	A_1	A_0	Q	$\overline{Q}$
1	×	×	×	0	1
0	0	0	0	D_0	$\overline{D_0}$
0	0	0	1	D_1	$\overline{D_1}$
0	0	1	0	D_2	$\overline{D_2}$
0	0	1	1	D_3	$\overline{D_3}$
0	1	0	0	D_4	$\overline{D_4}$
0	1	0	1	D_5	$\overline{D_5}$
0	1	1	0	D_6	$\overline{D_6}$
0	1	1	1	D_7	$\overline{D_7}$

(1)当使能端$\overline{S}$=1时，不论A_2~A_0状态如$\overline{S}$何，均无输出(Q=0，$\overline{Q}$=1)，多路开关禁止。

(2)当使能端$\overline{S}$=0时，多路开关正常工作，根据地址码A_2、A_1和A_0的状态选择D_0~D_7中某一个通道的数据并输送到输出端Q。

$$Q=\overline{A_2}\,\overline{A_1}\,\overline{A_0}D_0+\overline{A_2}\,\overline{A_1}A_0D_1+\overline{A_2}A_1\overline{A_0}D_2+\overline{A_2}A_1A_0D_3+A_2\overline{A_1}\,\overline{A_0}D_4+A_2\overline{A_1}A_0D_5+A_2A_1\overline{A_0}D_6+A_2A_1A_0D_7$$

如：$A_2A_1A_0$=000，则选择D_0数据到输出端，即$Q=D_0$；$A_2A_1A_0$=001，则选择D_1数据到输出端，即$Q=D_1$，其余类推。

2. 双4选1数据选择器74LS153

所谓双4选1数据选择器就是在一块集成芯片上有两个4选1数据选择器。引脚排列如图3-3所示，功能如表3-2。

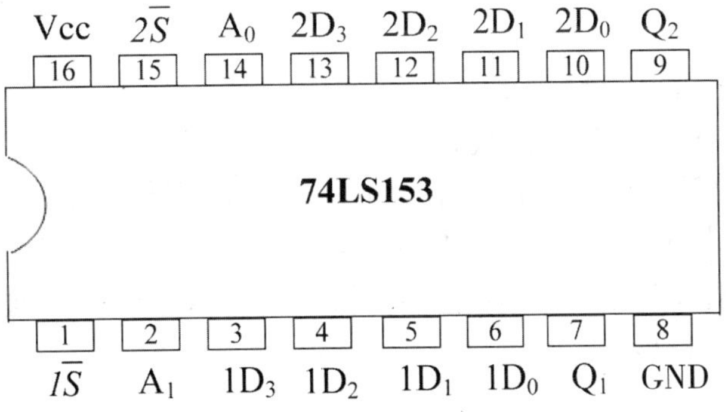

图3-3　74LS153引脚排列

1$\overline{S}$、2$\overline{S}$为两个独立的使能端；A_1、A_0为公用的地址输入端；1D_0~1D_3和2D_0~2D_3分别为两个4选1数据选择器的数据输入端；Q_1、Q_2为两个输出端。

(1)当使能端1$\overline{S}$(2$\overline{S}$)=1时，多路开关被禁止，无输出，即Q=0。

(2)当使能端1$\overline{S}$(2$\overline{S}$)=0时，多路开关正常工作，根据地址码A_1、A_0的状态，将相应的数据D_0~D_3送到输出端Q。

如：A_1A_0=00，则选择D_0数据到输出端，即$Q=D_0$；A_1A_0=01，则选择D_1数据到输出端，即$Q=D_1$，其余类推。

数据选择器的用途很多，例如多通道传输、数码比较、并行码变串行码以及实现逻辑函数等。

表3-2　74LS153功能表

输　入			输 出
$\overline{S}$	A_1	A_0	Q
1	×	×	0
0	0	0	D_0
0	0	1	D_1
0	1	0	D_2
0	1	1	D_3

3. 数据选择器的应用:实现逻辑函数

例:用8选1数据选择器74LS151实现函数$Y = A\overline{B} + \overline{A}C + B\overline{C}$。

解:采用8选1数据选择器74LS151可实现任意3输入变量的组合逻辑函数。

作出函数Y的功能表,如表3-3所示。

表3-3　函数Y的功能表

输　入			输 出
C	B	A	Y
0	0	0	0
0	0	1	1
0	1	0	1
0	1	1	1
1	0	0	1
1	0	1	1
1	1	0	1
1	1	1	0

将函数Y的功能表与8选1数据选择器的功能表相比较,可知:

(1)将输入变量C、B和A作为8选1数据选择器的地址码A_2、A_1和A_0。

(2)使8选1数据选择器的各数据输入D_0~D_7分别与函数Y的输出值一一相对应。

即$A_2A_1A_0=CBA$,则$D_0=D_7=0$,$D_1=D_2=D_3=D_4=D_5=D_6=1$。

因此,8选1数据选择器的输出Q便实现了函数$Y = A\overline{B} + \overline{A}C + B\overline{C}$的功能。

实现8选1数据选择器的接线图如图3-4所示。

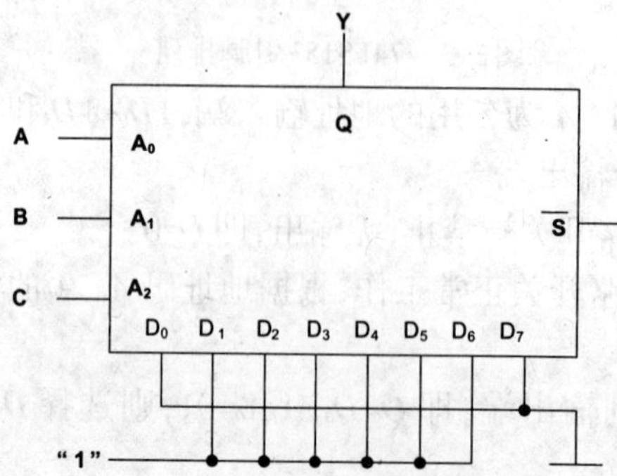

图3-4　用8选1数据选择器实现$Y = A\overline{B} + \overline{A}C + B\overline{C}$

显然，采用具有 n 个地址端的数据选择实现 n 变量的逻辑函数时，应将函数的输入变量加到数据选择器的地址端（A），选择器的数据输入端（D）按次序以函数 Y 的输出值来赋值。

注意：当函数输入变量小于数据选择器的地址端（A）时，应将不用的地址端和不用的数据输入端（D）都接地。

三、实验设备与器件

1. 数字电路实验箱（+5V 直流电源；逻辑电平开关；逻辑电平显示器；导线若干）
2. 万用表
3. 集成芯片 74LS151、74LS153

四、实验内容

1. 测试数据选择器 74LS151 的逻辑功能：地址端 A_2、A_1 和 A_0 和数据端 D_0~D_7、使能端 $\overline{S}$ 接逻辑开关，输出端 Q 接发光二极管，按 74LS151 功能表逐项进行测试，并记录测试结果。

2. 测试 74LS153 的逻辑功能：测试方法及步骤同上，并记录之。

3. 用 8 选 1 数据选择器 74LS151 设计 3 输入多数表决电路。设计步骤如下：

(1)写出设计过程；

(2)画出接线图；

(3)验证逻辑功能。

4. 用双 4 选 1 数据选择器 74LS153 实现全加器。步骤如下：

(1)写出设计过程；

(2)画出接线图；

(3)验证逻辑功能。

五、实验要求

1. 复习数据选择器的工作原理。

2. 用数据选择器对实验内容进行设计，写出设计全过程，画出接线图，进行逻辑功能测试并记录测试结果，总结实验收获及体会。

实验四　译码器及其应用

一、实验目的

1. 掌握中规模集成译码器的逻辑功能和使用方法。
2. 熟悉数码管的使用。

二、实验原理

译码器是一个多输入、多输出的组合逻辑电路。它的作用是把给定的代码进行“翻译”，变成相应的状态，使输出通道中相应的一路有信号输出。译码器在数字系统中有着广泛的用途，不仅用于代码的转换、终端的数字显示，还用于数据分配、存储器寻址和组合控制信号等。为实现不同功能可选用不同种类的译码器。

译码器可分为通用译码器和显示译码器两大类。前者又分为变量译码器和代码变换译码器。

1. 变量译码器

变量译码器又称二进制译码器，用以表示输入变量的状态，如2线-4线、3线-8线和4线-16线译码器。若有n个输入变量，则有2^n个不同的组合状态，就有2^n个输出端供其使用，每一个输出所代表的函数对应于n个输入变量的最小项。

下面以3线-8线译码器74LS138为例来分析，图4-1(a)、(b)分别为其逻辑图及引脚排列。其中A_2、A_1、A_0为地址输入端，$\overline{Y}_0$～$\overline{Y}_7$为译码输出端，S_1、$\overline{S}_2$、$\overline{S}_3$为使能端。

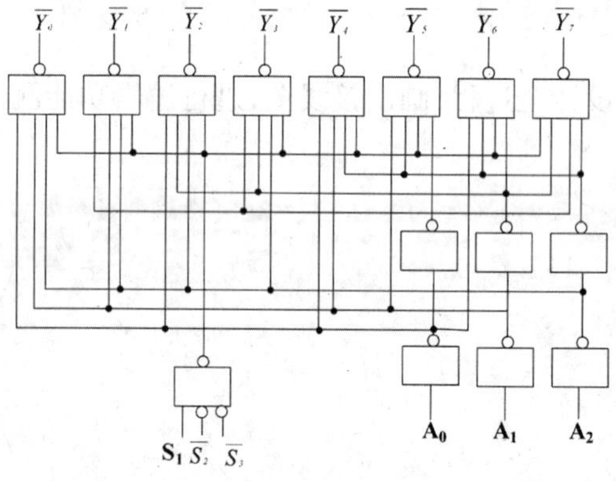

(a)逻辑图

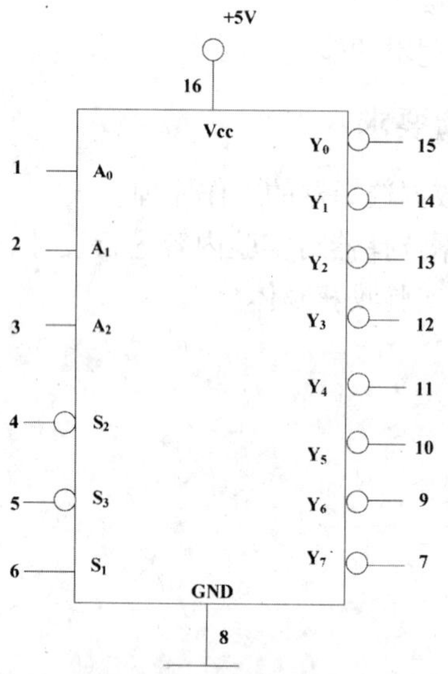

(b)引脚排列

图4-1　3线-8线译码器74LS138

表4-1为74LS138功能表。

当S_1=1，$\overline{S}_2+\overline{S}_3$=0时，译码器使能，地址码所指定的输出端有信号(为0)输出，其他所有输出端均无信号(全为1)输出。当S_1=0，$\overline{S}_2+\overline{S}_3$=×时，或$S_1$=×，$\overline{S}_2+\overline{S}_3$=1时，译码器被禁止，所有输出同时为1。

表4-1　74LS138功能表

输入					输出							
S_1	$\overline{S}_2+\overline{S}_3$	A_2	A_1	A_0	$\overline{Y}_0$	$\overline{Y}_1$	$\overline{Y}_2$	$\overline{Y}_3$	$\overline{Y}_4$	$\overline{Y}_5$	$\overline{Y}_6$	$\overline{Y}_7$
1	0	0	0	0	0	1	1	1	1	1	1	1
1	0	0	0	1	1	0	1	1	1	1	1	1

1	0	0	1	0	1	1	0	1	1	1	1	1
1	0	0	1	1	1	1	1	0	1	1	1	1
1	0	1	0	0	1	1	1	1	0	1	1	1
1	0	1	0	1	1	1	1	1	1	0	1	1
1	0	1	1	0	1	1	1	1	1	1	0	1
1	0	1	1	1	1	1	1	1	1	1	1	0
0	×	×	×	×	1	1	1	1	1	1	1	1
×	1	×	×	×	1	1	1	1	1	1	1	1

二进制译码器实际上也是负脉冲输出的脉冲分配器。若利用使能端中的一个输入端输入数据信息，器件就成为一个数据分配器（又称多路分配器），如图4-2所示。若在S_1输入端输入数据信息，令$\overline{S_2}=\overline{S_3}=0$，地址码所对应的输出就是$S_1$端数据信息的反码。若从$\overline{S_2}$端输入数据信息，令$S_1=1$、$\overline{S_3}=0$，地址码所对应的输出就是$\overline{S_2}$端数据信息的原码。若数据信息是时钟脉冲，则数据分配器便成为时钟脉冲分配器。

图4-2　74LS138作数据分配器

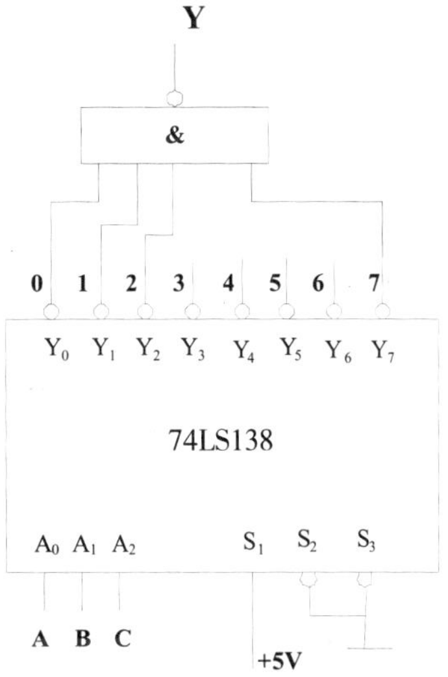

图4-3　译码器实现逻辑函数

根据输入地址的不同组合译出唯一地址，故可用做地址译码器，接成多路分配器，可将一个信号源的数据信息传输到不同的地点。

二进制译码器还能方便地实现逻辑函数，如图4-3所示，它实现的逻辑函数是：$Y=\overline{A}\,\overline{B}\,\overline{C}+\overline{A}\,\overline{B}C+\overline{A}B\overline{C}+ABC$。

利用使能端能方便地将两个3线-8线译码器组合成一个4线-16线译码器，如图4-4所示。

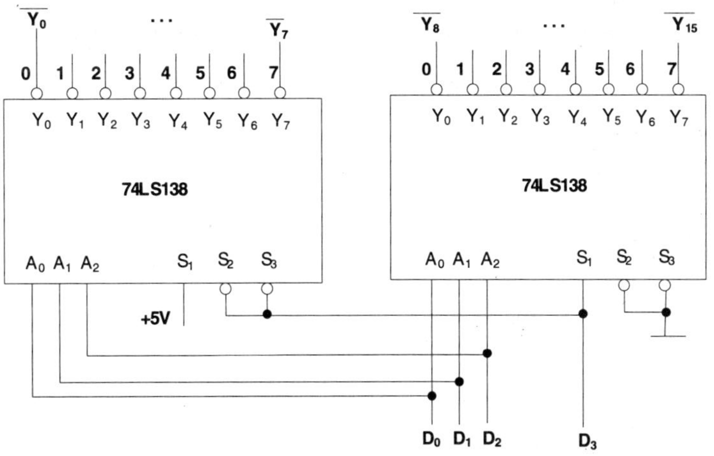

图4-4　用两片74LS138级联产生4线-16线译码器

2. 数码显示译码器

(1)七段发光二极管(LED)数码管

LED数码管是目前最常用的数字显示器,图4-5(a)、(b)分别为共阴管和共阳管的电路,图4-5(c)为两种不同出线形式的引出脚功能图。

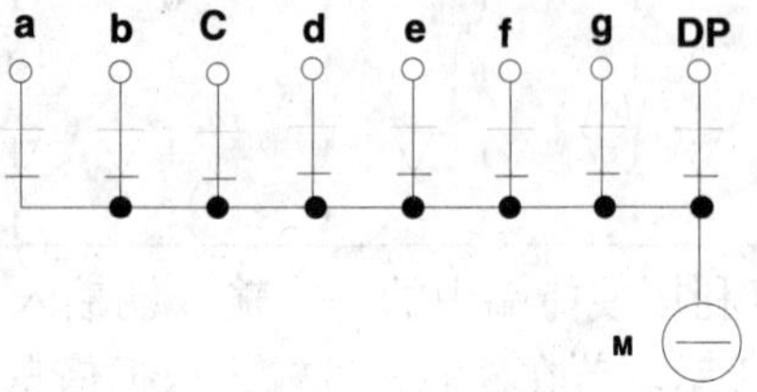

(a)共阴连接("1"电平驱动)

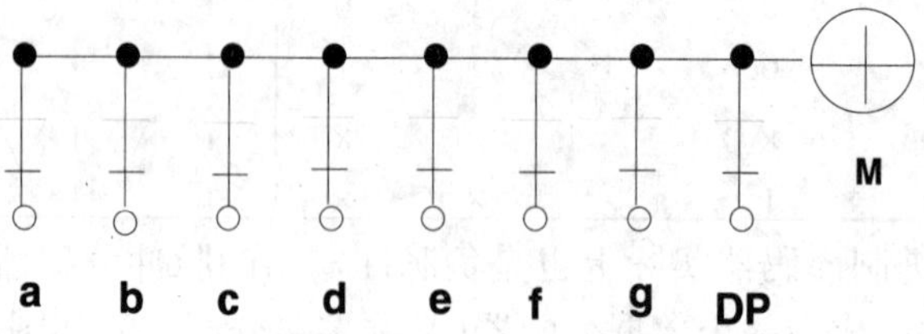

(b)共阳连接("0"电平驱动)

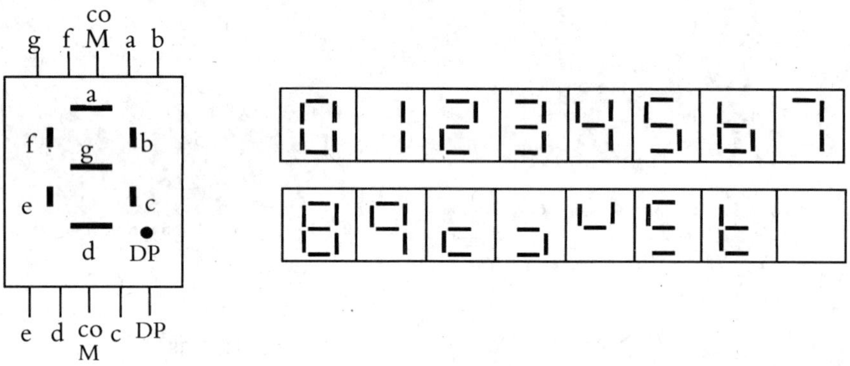

(c)LED显示器(SM4025共阴极,COM接地)及段组合图

图4-5　LED数码管

一个LED数码管可以用来显示一位0~9的十进制数和一个小数点。小型数码管(0.5寸和0.36寸)每段发光二极管的正向压降,随显示光(通常为红、绿、黄、橙色)的颜色不同略有差别,通常约为2 V ~ 2.5V,每个发光二极管的点亮电流在5 ~10mA。LED数码管要显示BCD码所表示的十进制数字就需要有一个专门的译码器。该译码器不但要完成译码功能,还要有相当的驱动能力。

(2)BCD码七段译码驱动器

BCD码七段译码驱动器型号有74LS47(共阳)、74LS48(共阴)、CC4511(共阴)等,本实验采用74LS248 BCD码锁存/七段译码/驱动器,驱动共阴极LED数码管。

图4-6为74LS248(74LS48)引脚排列。其中:

A、B、C、D为BCD码输入端;

a、b、c、d、e、f、g为译码输出端,输出"1"有效,用来驱动共阴极LED数码管;

$\overline{LT}$ 为测试输入端,当$\overline{LT}$ ="0"时,译码器输出全为"1";

$\overline{BI}$ 为消隐输入端,$\overline{BI}$ ="0"时,译码器输出全为"0";

LE为锁定端,LE="1"时译码器处于锁定(保持)状态,译码输出保持在LE=0时的数值,LE=0为正常译码。

表4-2为74LS248的功能表。

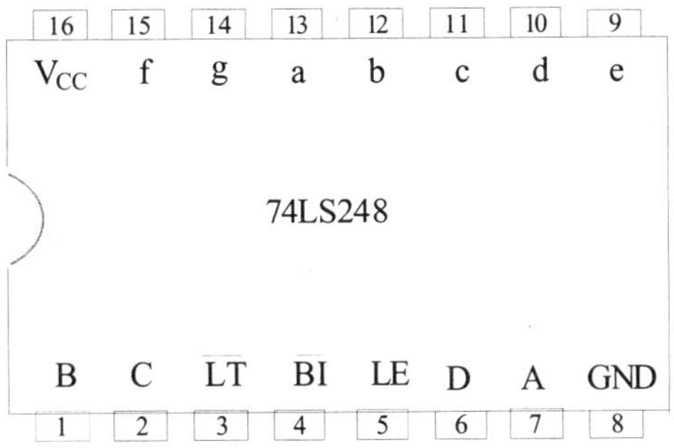

图4-6 74LS248引脚排列

表4-2 七段显示译码器的逻辑功能表

功能（输入）	输入		输入	输出	显示字形
	$\overline{LT}$ $\overline{BI}$	D C B A	LE	a b c d e f g	
0	1 1	0 0 0 0	0	1 1 1 1 1 1 0	0
1	1 1	0 0 0 1	0	0 1 1 0 0 0 0	1
2	1 1	0 0 1 0	0	1 1 0 1 1 0 1	2
3	1 1	0 0 1 1	0	1 1 1 1 0 0 1	3
4	1 1	0 1 0 0	0	0 1 1 0 0 1 1	4
5	1 1	0 1 0 1	0	1 0 1 1 0 1 1	5
6	1 1	0 1 1 0	0	0 0 1 1 1 1 1	6
7	1 1	0 1 1 1	0	1 1 1 0 0 0 0	7
8	1 1	1 0 0 0	0	1 1 1 1 1 1 1	8
9	1 1	1 0 0 1	0	1 1 1 0 0 1 1	9
10	1 1	1 0 1 0	0	0 0 0 1 1 0 1	
11	1 1	1 0 1 1	0	0 0 1 1 0 0 1	
12	1 1	1 1 0 0	0	0 1 0 0 0 1 1	
13	1 1	1 1 0 1	0	1 0 0 1 0 1 1	
14	1 1	1 1 1 0	0	0 0 0 1 1 1 1	
15	1 1	1 1 1 1	0	0 0 0 0 0 0 0	
	0 ×	× × × ×	×	1 1 1 1 1 1 1	
	1 0	× × × ×	×	0 0 0 0 0 0 0	消隐
	1 1	× × × ×	1	锁 存	锁存

三、实验设备与器件

1. 数字电路实验箱（+5V 直流电源；逻辑电平开关；逻辑电平显示器；导线若干）
2. 万用表
3. 集成芯片 74LS138、74LS20、SM4205（LED）

四、实验内容

1. 单片 74LS138 译码器逻辑功能测试。

将译码器使能端S_1、$\overline{S_2}$和$\overline{S_3}$及地址端A_2、A_1和A_0分别接至逻辑电平开关输出口，8个输出端$\overline{Y_0}$，…，$\overline{Y_7}$依次连接在逻辑电平显示器的8个输入口，拨动逻辑电平开关，按表4-1逐项测试74LS138的逻辑功能。

2. 用两片74LS138组合成一个4线—16线译码器，并进行实验，验证其逻辑关系。

3. LED数码管显示。

将四组拨码开关的输出分别接至显示译码器74LS248输入口，LE、$\overline{LT}$、$\overline{BI}$接至"0"、"1"、"1"，按功能表的要求拨动开关，观察LED数码管显示的对应数字是否一致及译码显示是否正常。

4.用74LS138和74LS20实现如下三输出逻辑函数：

$$\begin{cases} Y_1 = AC + \overline{B}C \\ Y_2 = A + \overline{C} \\ Y_3 = A + B + C \end{cases}$$

五、实验要求

1. 复习有关译码器的工作原理。

2. 根据实验任务，对实验内容进行设计，写出设计全过程，画出接线图，进行逻辑功能测试并记录测试结果，总结实验收获及体会。

实验五　触发器及其应用

一、实验目的

1. 掌握基本的RS、JK、D和T触发器的逻辑功能。
2. 掌握集成触发器的逻辑功能及使用方法。
3. 熟悉触发器之间相互转换的方法。

二、实验原理

触发器具有两个稳定状态，用以表示逻辑状态“1”和“0”，在一定的外界信号作用下，可以从一个稳定状态翻转到另一个稳定状态；它是一个具有记忆功能的二进制信息存储器件，是构成各种时序电路的最基本逻辑单元。

1. 基本的RS触发器

图5-1为两个“与非门”交叉耦合构成的基本RS触发器，是无时钟控制低电平直接触发的触发器。基本RS触发器具有置“0”、置“1”和“保持”三种功能。通常称$\overline{S}$为置“1”端，因为$\overline{S}$=0($\overline{R}$=1)时触发器被置“1”；$\overline{R}$称为置“0”端，因为$\overline{R}$=0($\overline{S}$=1)时触发器被置“0”；而当$\overline{S}$=$\overline{R}$=1时状态保持；$\overline{S}$=$\overline{R}$=0时，触发器状态不定，应避免此种情况发生。表5-1为基本RS触发器的功能表。

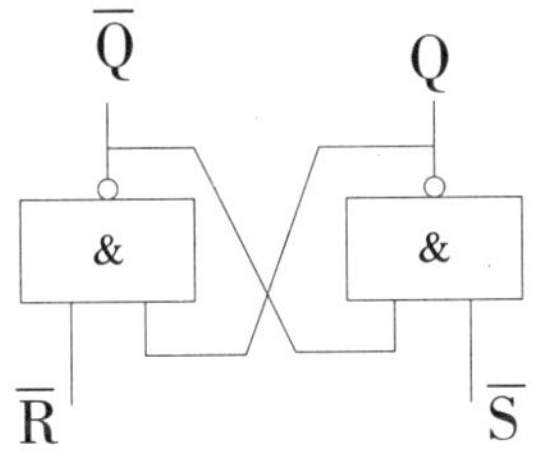

图5-1　基本RS触发器

表5-1　基本RS触发器的功能表

输入		输出	
$\overline{S}$	$\overline{R}$	Q_{n+1}	$\overline{Q_{n+1}}$
0	1	1	0
1	0	0	1
1	1	Q_n	$\overline{Q_n}$
0	0	Φ	Φ

基本RS触发器也可以用两个“或非门”组成，此时为高电平触发有效。

2. JK触发器

在输入信号为双端的情况下，JK触发器是功能完善、使用灵活和通用性较强的一种触发器。本实验采用74LS112双JK触发器，是下降沿触发的边沿触发器。引脚功能及逻辑符号如图5-2所示。

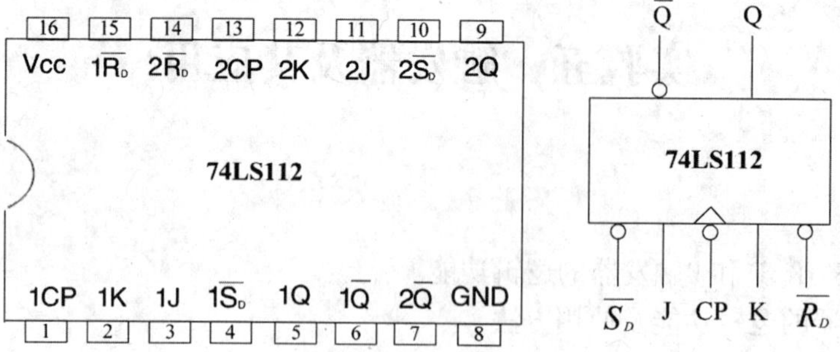

图5-2　74LS112双JK触发器引脚排列及逻辑符号

JK触发器的状态方程为：$Q_{n+1}=J\overline{Q}_n+\overline{K}Q_n$

J和K是数据输入端，是触$Q_{n+1}=J\overline{Q}_n+\overline{K}Q_n$发器状态更新的依据。若$J$、$K$有两个或两个以上输入端时，组成“与”关系。$Q$与$\overline{Q}$为两个互补输出端。通常把Q=0、$\overline{Q}$=1时的状态定为触发器“0”状态，而把$Q$=1、$\overline{Q}$=0定为“1”状态。

下降沿触发的JK触发器的功能如表5-2所示。

表5-2　下降沿触发的JK触发器的功能

输入					输出	
$\overline{S}_D$	$\overline{R}_D$	CP	J	K	Q_{n+1}	$\overline{Q_{n+1}}$
0	1	×	×	×	1	0
1	0	×	×	×	0	1
0	0	×	×	×	Φ	Φ
1	1	↓	0	0	Q_n	$\overline{Q_n}$
1	1	↓	0	1	0	1
1	1	↓	1	0	1	0
1	1	↓	1	1	$\overline{Q_n}$	Q_n
1	1	↑	×	×	Q_n	$\overline{Q_n}$

3. D触发器

在输入信号为单端的情况下，D触发器用起来最方便，其状态方程为：$Q_{n+1}=D$。输出状态的更新发生在CP脉冲的上升沿，故又称为上升沿触发的边沿触发器。触发器的状态只取决于时钟到来前D端的状态。D触发器应用很广，可用作数字信号的寄存、移位寄存、分频和波形发生等。有多种型号可供各种用途而选用。如双D74LS74、四D74LS175和六D74LS174等。图5-3为双D74LS74的引脚排列及逻辑符号。功能见表5-3。

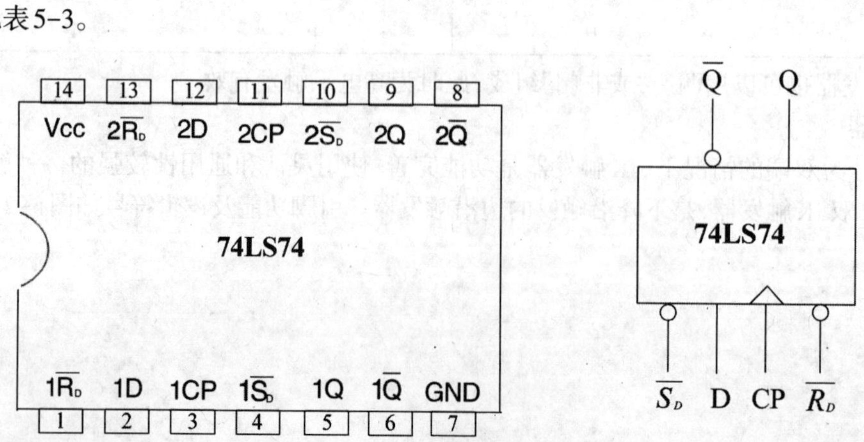

图5-3　双D74LS74的引脚排列及逻辑符号

表5-3 上升沿触发的D触发器的功能

输入				输出	
$\overline{S}_D$	$\overline{R}_D$	CP	D	Q_{n+1}	$\overline{Q}_{n+1}$
0	1	×	×	1	0
1	0	×	×	0	1
0	0	×	×	Φ	Φ
1	1	↑	1	1	0
1	1	↑	0	0	1
1	1	↓	×	Q_n	$\overline{Q}_n$

4. 触发器之间的相互转换

在集成触发器的产品中，每一种触发器都有自己固有的逻辑功能，但是可以利用转换的方法获得具有其他功能的触发器。例如将JK触发器的J、K端连接在一起，并认为它为T端，就得到所需的T触发器，如图5-4(a)所示，T触发器的状态方程为：

$$Q_{n+1}=T\overline{Q}_n+\overline{T}Q_n$$

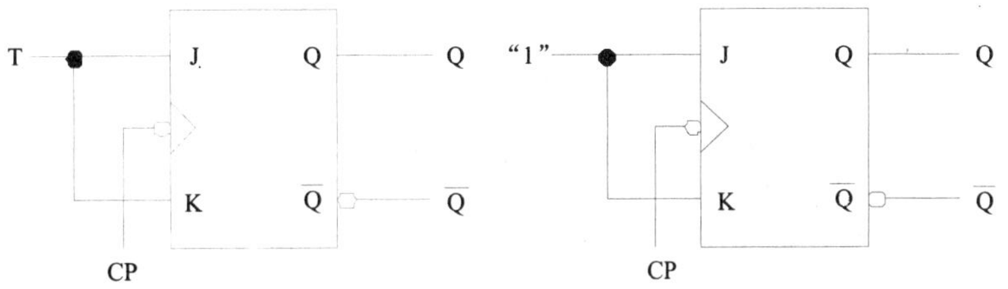

(a)T触发器 (b) T'触发器

图5-4 JK触发器转换为T、T'触发器

由功能表可见：当T=0时，时钟脉冲作用后，其状态保持不变；当T=1时，时钟脉冲作用后，触发器状态翻转。所以，若将T触发器的T端置"1"，即得如图5-4(b)所示的T'触发器，在T'触发器的CP端，每来一个CP脉冲信号，触发器的状态就翻转一次，故称之为反转触发器，广泛用于计数电路中。同样，若将D触发器$\overline{Q}$端与D端相连，便转换成T'触发器，如图5-5所示。JK触发器也可转换为D触发器，如图5-6所示。

T触发器的功能见表5-4。

表5-4 T触发器的功能

输入				输出
$\overline{S}_D$	$\overline{R}_D$	CP	T	Q_{n+1}
0	1	×	×	1
1	0	×	×	0
1	1	↓	0	Q_n
1	1	↓	1	$\overline{Q}_n$

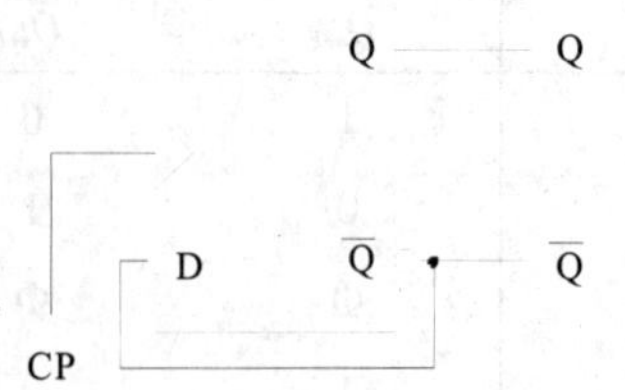

图5-5 D触发器转换成T′触发器

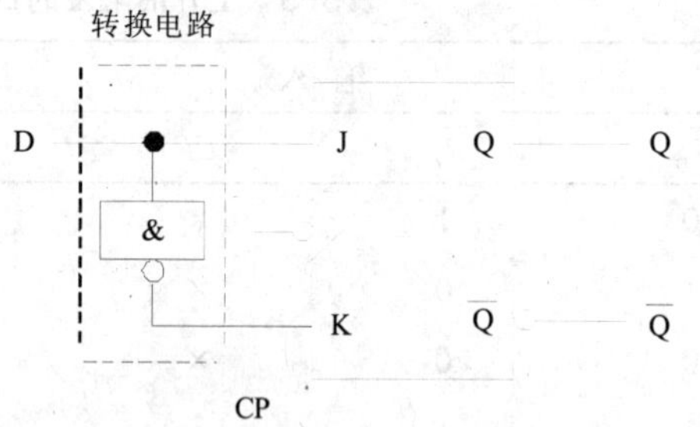

图5-6 JK触发器换成D′触发器

5. CMOS触发器

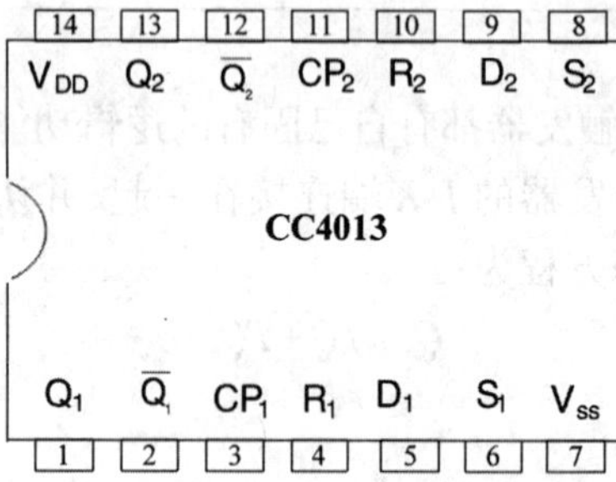

图5-7 双上升沿D触发器

(1)CMOS边沿型D触发器:CC4013是由CMOS传输门构成的边沿型D触发器,是上升沿触发的双D触发器。表5-5为其功能表,图5-7为其引脚排列图。

表5-5 CMOS边沿D触发器的功能

输 入				输 出
S	R	CP	D	Q_{n+1}
1	0	×	×	1
0	1	×	×	0
1	1	×	×	Φ
0	0	↑	1	1
0	0	↑	0	0
0	0	↓	×	Q_n

(2)CMOS边沿型JK触发器:CC4027是由CMOS传输门构成的边沿型JK触发器,是上升沿触发的双JK触发器。表5-6为其功能表,图5-8为其引脚排列图。

表5-6 CMOS边沿型JK触发器的功能

输 入					输 出
S	R	CP	J	K	Q_{n+1}
1	0	×	×	×	1
0	1	×	×	×	0
1	1	×	×	×	Φ
0	0	↑	0	0	Q_n
0	0	↑	1	0	1

0	0	↑	0	1	0
0	0	↑	1	1	$\overline{Q_n}$
0	0	↓	×	×	Q_n

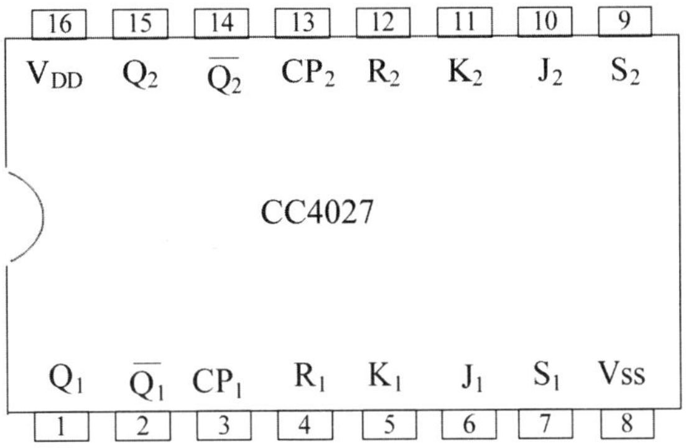

图5-8　双上升沿JK触发器

CMOS触发器的直接置位、复位输入端S和R是高电平有效，当S=1(或R=1)时，触发器将不受其他输入端所处状态的影响，使触发器直接置1(或置0)。但直接置位、复位输入端S和R必须遵守RS=0的约束条件。CMOS触发器在按逻辑功能工作时，S和R必须均置0。

三、实验设备与器件

1. 数字电路实验箱(+5V直流电源;逻辑电平开关;逻辑电平显示器;导线若干)
2. 万用表
3. 双踪示波器
4. 集成芯片74LS112(或CC4027)、74LS00(或CC4011)和74LS74(或CC4013)

四、实验内容

1. 测试基本RS触发器的逻辑功能

按图5-1接线，用两个与非门组成基本RS触发器，输入端$\overline{R}$、$\overline{S}$接逻辑电平开关的输出插口，输出端Q、$\overline{Q}$接逻辑电平显示器输入插口，按表5-7要求测试，并记录之。

表5-7　基本RS触发器逻辑功能测试

$\overline{R}$	$\overline{S}$	Q	$\overline{Q}$
1	1→0		
	0→1		
1→0	1		
0→1			
0	0		

2. 测试双JK触发器74LS112逻辑功能

(1)测试$\overline{R_D}$、$\overline{S_D}$的复位、置位功能。

任取一片JK触发器，$\overline{R_D}$、$\overline{S_D}$、J、K、CP端接逻辑开关输出端口，要求改变$\overline{R_D}$、$\overline{S_D}$（J、K、CP处于任意

状态)，并在$\overline{R_D}$=0($\overline{S_D}$=1)或$\overline{S_D}$=0($\overline{R_D}$=1)作用期间改变J、K、CP的状态，观察Q、$\overline{Q}$状态，自拟表格记录之。

(2)测试JK触发器的逻辑功能。

按表5-8的要求 改变J、K、CP端状态，观察Q、$\overline{Q}$状态变化，观察触发器状态更新是否发生在CP脉冲的下降沿(即CP由1→0)，记录之。

表5-8 JK触发器的逻辑功能测试

J	K	CP	Q_{n+1}	
			Q_n=0	Q_n=1
0	0	0→1		
		1→0		
0	1	0→1		
		1→0		
1	0	0→1		
		1→0		
1	1	0→1		
		1→0		

(3)将JK触发器的J、K端连在一起，构成T触发器。

在CP端输入1kHz连续脉冲，用双踪示波器观察CP、Q、$\overline{Q}$端波形，注意相位关系，描绘之。

3. 测试双D触发器74LS74的逻辑功能

(1)测试$\overline{R_D}$和$\overline{S_D}$的复位、置位功能：测试方法同实验内容2(1)，自拟表格记录。

(2)测试D触发器的逻辑功能：按照表5-9要求进行测试，并观察触发器状态更新是否发生在CP脉冲的上升沿(即由0→1)，并记录之。

(3)将D触发器的$\overline{Q}$端与D端相连接，构成T′触发器。测试方法同实验内容2(3)，并记录之。

表5-9 D触发器逻辑功能测试

D	CP	Q_{n+1}	
		Q_n=0	Q_n=1
0	0→1		
	1→0		
1	0→1		
	1→0		

4. 乒乓球练习电路(选做)

电路功能要求：模拟两名运动员在练球时，乒乓球能够往返运转。

提示：采用双D触发器74LS74设计实验线路，两个CP端触发脉冲分别由两名运动员操作，两触发器的输出状态用逻辑电平显示器显示。

五、实验要求

1. 复习有关触发器内容。
2. 画出接线图，列表整理各类触发器的测试结果，整理其逻辑功能。
3. 总结观察到的波形，并说明触发器的触发方式。
4. 体会触发器的应用，总结实验收获和体会。

实验六　计数器及其应用

一、实验目的

1. 学习用集成触发器构成计数器的方法。
2. 掌握中规模集成计数器的使用及功能测试方法。
3. 运用集成计数器构成1/N分频器。

二、实验原理

计数器是一种实现计数功能的时序部件，它不仅可用来计脉冲数，还常用做数字系统的定时、分频和执行数字运算以及其他特定的逻辑功能。

计数器种类很多，按构成计数器中的各触发器是否使用一个时钟脉冲源来分，有同步计数器和异步计数器；根据计数制的不同，分为二进制计数器、十进制计数器和任意进制计数器；根据计数的增减趋势，可分为加法、减数和可逆计数器；还有可预置数和可编程序功能计数器等。目前，无论TTL还是CMOS集成电路，都有品种较齐全的中规模集成计数器。使用者只要借助于器件手册提供的功能表和工作波形图以及引出端的排列，就能正确地使用这些器件。

1. 用D触发器构成异步二进制加/减计数器

图6-1是用4片D触发器构成的四位二进制异步加法计数器。它的连接特点是将每片D触发器接成T'触发器，再由低位触发器的$\overline{Q}$端和高一位的CP端相连接。

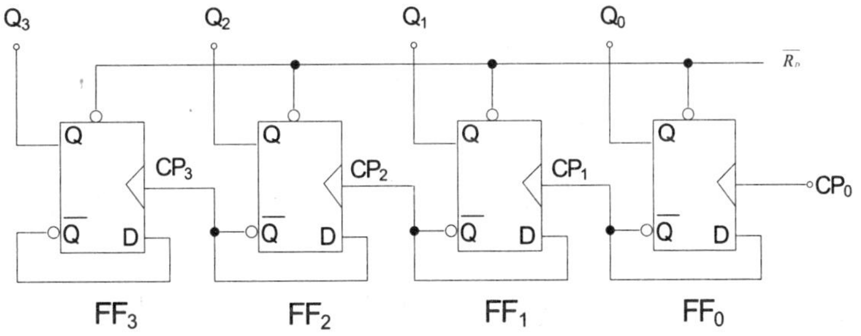

图6-1　四位二进制异步加法计数器

若将图6-1稍加改动，将低位触发器的Q端与高一位的CP端相连接，即构成了一个四位二进制减法计数器。

2. 中规模十进制计数器

74LS192(CC40192)是同步十进制可逆计数器，具有双时钟输入，并具有清除和置数等功能，其引脚排列及逻辑符号如图6-2所示。

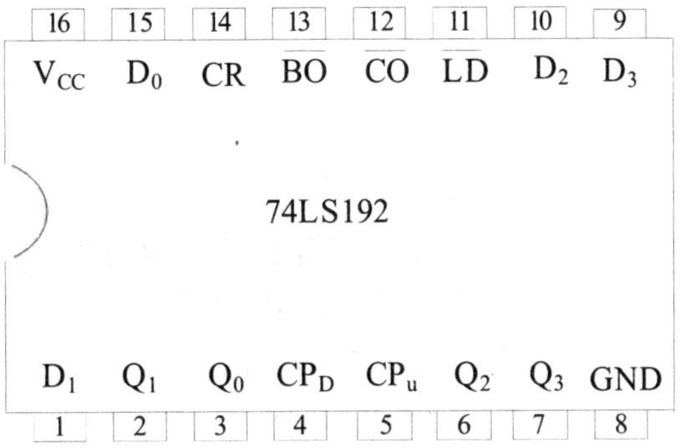

图6-2　74LS192引脚排列

图中：$\overline{LD}$ 为置数端；CP_u为加计数端；CP_D为减计数端；$\overline{CO}$ 为非同步进位输出端；$\overline{BO}$ 为非同步借位

输出端；D_0、D_1、D_2和D_3为计数器输入端；Q_1、Q_2、Q_3和Q_0为数据输出端；CR为清零端。

74LS192(同CC40192，二者可互换使用)的功能如表6-1。

表6-1　74LS192的功能表

输入								输出			
CR	$\overline{LD}$	CP_u	CP_D	D_3	D_2	D_1	D_0	Q_3	Q_2	Q_1	Q_0
1	×	×	×	×	×	×	×	0	0	0	0
0	0	×		d	c	b	a	d	c	b	a
0	1	↑	1	×	×	×	×	加计数			
0	1	1	↑	×	×	×	×	减计数			

当清零端CR为高电平“1”时，计数器直接清零；当CR置低电平则执行其功能。

当CR为低电平且置数端$\overline{LD}$也为低电平时，数据直接从置数端D_0、D_1、D_2和D_3置入计数器。

当CR为低电平且$\overline{LD}$为高电平时，执行计数功能。执行加计数时，减计数端CP_D接高电平，计数脉冲由CP_u输入；在计数脉冲上升沿进行8421码十进制加法计数。执行减计数时，加计数端CP_u接高电平，计数脉冲由减计数端CP_D输入。表6-2为8421码十进制加、减计数器的状态转换表。

表6-2　8421码十进制加、减计数器的状态转换表

加法计数 →

输入脉冲数		0	1	2	3	4	5	6	7	8	9
输出	Q_3	0	0	0	0	0	0	0	0	1	1
	Q_2	0	0	0	0	1	1	1	1	0	0
	Q_1	0	0	1	1	0	0	1	1	0	0
	Q_0	0	1	0	1	0	1	0	1	0	1

← 减法计数

3. 计数器的级联使用

一个十进制计数器只能表示0~9十个数字，为了扩大计数器范围，常用多个十进制计数器级联使用。

同步计数器往往设有进位(或借位)输出端，故可选用其进位(或借位)输出信号驱动下一级计数器。

图6-3是由74LS192利用进位输出$\overline{CO}$控制高一位的CP_u端构成的加数级联图。

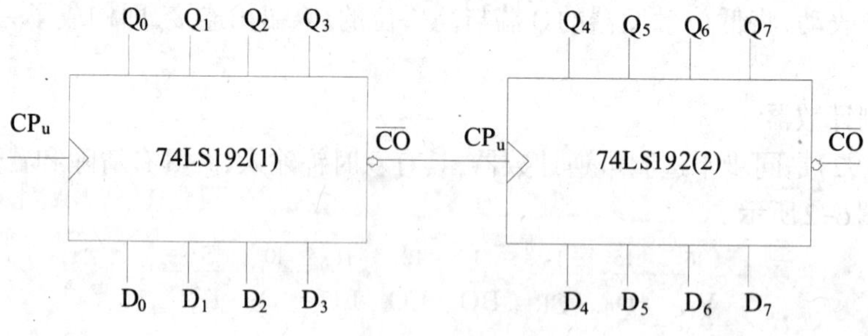

图6-3　74LS192级联电路

4. 实现任意进制计数

(1)用复位法获得任意进制计数器：假定已有N进制计数器，而需要得到一个M进制计数器时，只要$M<N$，用复位法使计数器计数到M时置“0”，即获得M进制计数器。

图6-4是一个由74LS192十进制计数器接成的6进制计数器。

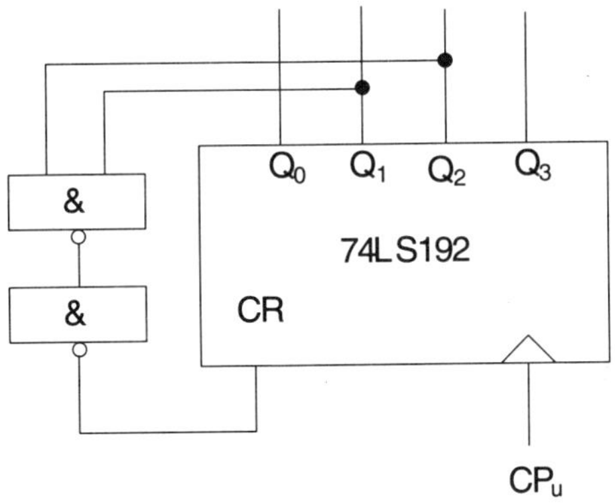

图6-4　六进制计数器

(2)利用预置功能获M进制计数器:图6-5是用三片74LS192组成的421进制计数器。

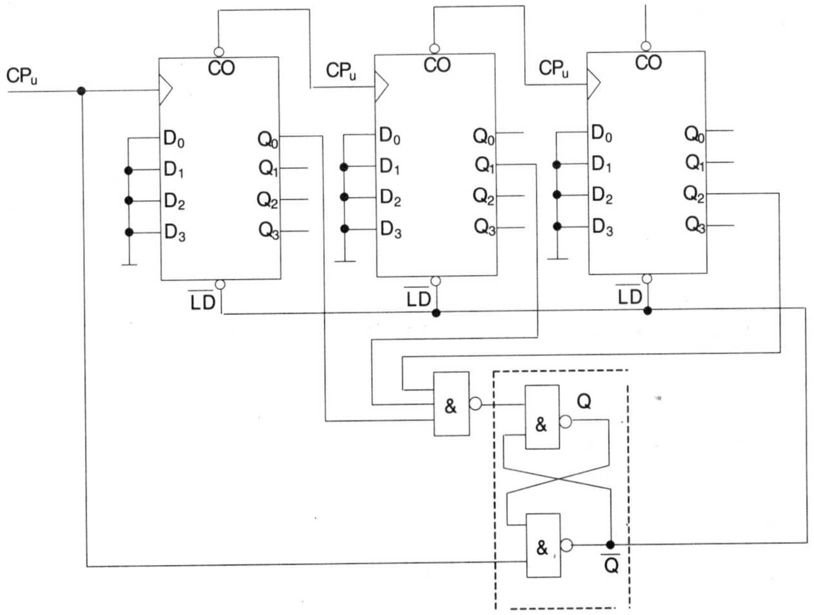

图6-5　421进制计数器

外加的由与非门(虚线框)构成的锁存器可以克服器件计数速度的离散性,保证在反馈置"0"信号作用下计数器可靠置"0"。

图6-6是一个特殊的12进制的计数器电路方案。在数字钟里,对"时"位的计数序列是1、2、…、11、12,1、2、…是12进制的,且无0数。如图所示,当计数到13时,通过与非门产生一个复位信号,使74LS192(2)("时"十位)直接置成0000,而74LS192(1),即"时"个位直接置成0001,从而实现了1~12的计数。

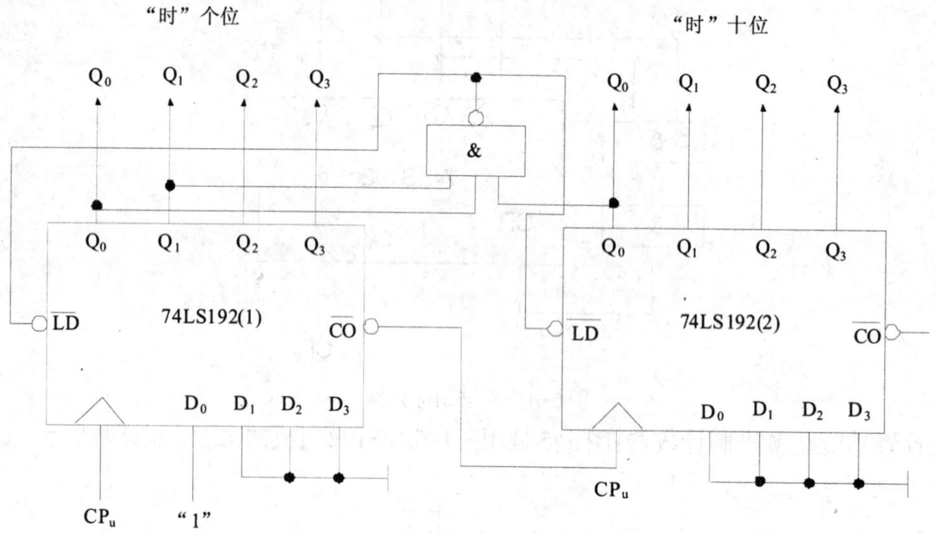

图6-6　特殊的12进制计数器

三、实验设备与器件

1. 数字电路实验箱(+5V直流电源;逻辑电平开关;逻辑电平显示器;译码数字显示;导线若干)
2. 万用表
3. 双踪示波器
4. 集成芯片74LS74×2 (CC4013),74LS192×3(CC40192),74LS00(CC4011)和74LS20(CC4012)

四、实验内容及实验步骤

1.用74LS74或CC4013D触发器构成四位二进制异步加法计数器

(1)按图6-1接线,$\overline{R_D}$ 接至逻辑开关的输出插口,将低位 CP 端接单次脉冲源,输出端 Q_3、Q_2、Q_1、Q_0 接逻辑电平显示输入插口,各 $\overline{S_D}$ 接高电平"1"。

(2)清零后,逐个送入单次脉冲,观察并列表记录 Q_3~Q_0的状态。

(3)将单次脉冲改为1Hz的连续脉冲,观察 Q_3~Q_0的状态。

(4)将1Hz的连续脉冲改为1kHz,并用双踪示波器观察CP、Q_3~Q_0的波形,并描绘之。

(5)将图6-1电路中的低位触发器的 Q 端与高一位的CP端相连接,构成减法计数器,按实验内容(2)、(3)、(4)进行实验,观察并列表记录 Q_3~Q_0的状态。

2.测试74LS192或CC40192同步十进制可逆计数器的逻辑功能

计数脉冲由单次脉冲源提供,清除端 CR、置数端 $\overline{LD}$、数据输入端 D_3、D_2、D_1、D_0分别接逻辑电平开关,输出端 Q_3、Q_2、Q_1、Q_0分别接一个译码显示输入相应插口 A、B、C、D;$\overline{CO}$ 和 $\overline{BO}$ 接逻辑电平显示插口。按表6-1逐项测试并判断该集成芯片的功能是否正常。

(1)清除:令 CR=1,其他输入端为任意态,这时 $Q_3Q_2Q_1Q_0$=0000,译码数字显示为0。清除功能完成后,置 CR = 0。

(2)置数:CR=0,CP_u、CP_D状态任意,在数据输入端任意输入一组二进制数,令 $\overline{LD}$ =0,观察计数译码器显示输出,预置功能是否完成,然后置 $\overline{LD}$ =1。

(3)加计数:CR=0,$\overline{LD}$ = CP_D=1,CP_u 接单脉冲源。清零后送入10个单脉冲,观察译码数字显示是否按8421码十进制状态转换表进行;输出状态变化是否发生在 CP_u 的上升沿。

(4)减计数:CR=0,$\overline{LD}$ = CP_u=1,CP_D 接单次脉冲源。参照(3)步骤进行实验。

(5)如图6-3所示,用两片CC40192组成两位十进制加法计数器,输入1Hz连续计数脉冲,进行由00~99的累积计数,并记录之。

(6)将两位十进制加法计数器改为两位十进制减法计数器，实现由99~00递减计数，并记录之。

(7)按图6-4电路进行实验，并记录之。

(8)按图6-5或图6-6进行实验，并记录之。

(9)(选做)设计一个数字钟的移位60进制计数器并进行实验。

五、实验要求

1. 复习有关计数器部分内容。

2. 绘出各实验内容的详细线路图，拟出各实验内容所需的测试记录表格，记录、整理实验现象及实验所得的有关波形，并对实验结果进行分析。

3. 总结使用集成计数器的体会。

实验七　移位寄存器及其应用

一、实验目的

1. 掌握中规模4位双向移位寄存器逻辑功能及使用方法。
2. 熟悉移位寄存器的应用:实现数据的串行、并行转换和构成环形计数器。

二、实验原理

1. 移位寄存器的工作原理

移位寄存器是一种具有移位功能的寄存器,是指寄存器中所存的代码能够在移位脉冲的作用下依次左移或右移。既能左移又能右移的称为双向移位寄存器,只需要改变左、右移的控制信号便可实现双向移位要求。根据移位寄存器存取信息的方式不同可分为串入串出、串入并出、并入串出和并入并出四种形式。

本实验选用4位双向通用移位寄存器,型号为74LS194或CC40194,两者功能相同,可互换使用,其逻辑符号及引脚排列如图7-1所示。

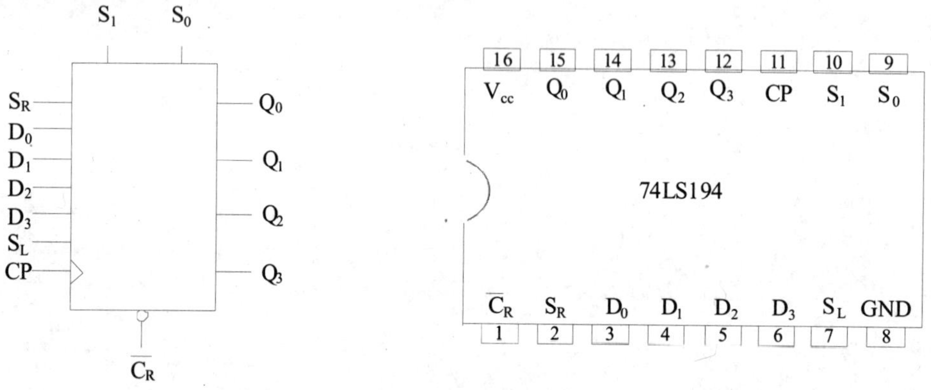

图7-1　74LS194的逻辑符号及引脚功能

其中D_0、D_1、D_2和D_3为并行输入端;Q_0、Q_1、Q_2和Q_3为并行输出端;S_R为右移串行输入端,S_L为左移串行输入端;S_1和S_0为操作模式控制端;$\overline{C_R}$ 为直接无条件清零端;CP为时钟脉冲输入端。

74LS194(CC40194)有五种不同的操作模式:并行送数寄存,右移(方向由$Q_0 \rightarrow Q_3$),左移(方向由$Q_3 \rightarrow Q_0$),保持及清零。

S_1、S_0和$\overline{C_R}$ 端的控制作用见表7-1。

表7-1　74LS194功能表

功能	输入										输出			
	CP	$\overline{C_R}$	S_1	S_0	S_R	S_L	D_0	D_1	D_2	D_3	Q_0	Q_1	Q_2	Q_3
清除	×	0	×	×	×	×	×	×	×	×	0	0	0	0
送数	↑	1	1	1	×	×	a	b	c	d	a	b	c	d
右移	↑	1	0	1	D_{SR}	×	×	×	×	×	D_{SR}	Q_0	Q_1	Q_2
左移	↑	1	1	0	×	D_{SL}	×	×	×	×	Q_1	Q_2	Q_3	D_{SL}
保持	↑	1	0	0	×	×	×	×	×	×	Q_0^n	Q_1^n	Q_2^n	Q_2^n
保持	↓	1	×	×	×	×	×	×	×	×	Q_0^n	Q_1^n	Q_2^n	Q_2^n

2. 移位寄存器的应用

移位寄存器应用很广，可构成移位寄存器型计数器、顺序脉冲发生器、串行累加器；可用作数据转换，即把串行数据转换为并行数据，或把并行数据转换为串行数据等。本实验研究移位寄存器用作环形计数器和数据的串、并行转换。

(1)环形计数器：把移位寄存器的输出反馈到它的串行输入端，就可以进行循环移位。

如图7-2所示，把输出端Q_3和右移串行输入端S_R相连接，设初始状态$Q_0Q_1Q_2Q_3$=1000，在时钟脉冲CP作用下，$Q_0Q_1Q_2Q_3$将依次变为0100→0010→0001→1000→…如表7-2所示。可见它是一个具有4个有效状态的计数器，这种类型的计数器通常称为环形计数器。图7-2电路可以由各个输出端输出在时间上有先后顺序的脉冲，因此也可作为顺序脉冲发生器。

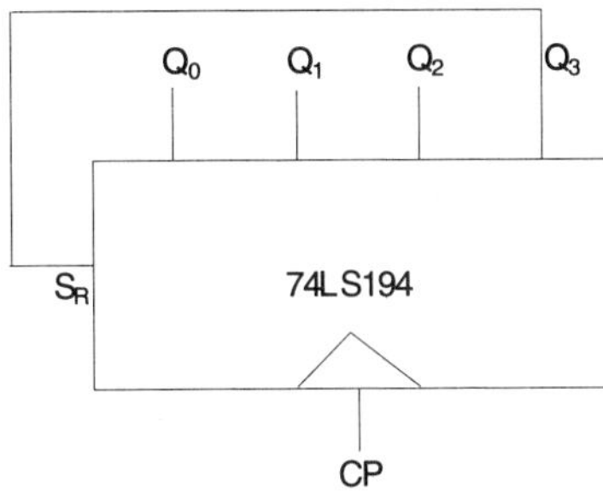

图7-2　环形计数器

表7-2　环形计数器输出状态表

CP	Q_0	Q_1	Q_2	Q_3
0	1	0	0	0
1	0	1	0	0
2	0	0	1	0
3	0	0	0	1

如果将输出Q_0与左移串行输入端S_L相连接，即可达到左移循环移位。

(2)实现数据串行/并行转换。

①串行/并行转换器：串行/并行转换是指串行输入的数码，经转换电路之后变换成并行输出。

图7-3是用两片74LS194(CC40194)四位双向移位寄存器组成的七位串行/并行数据转换电路。

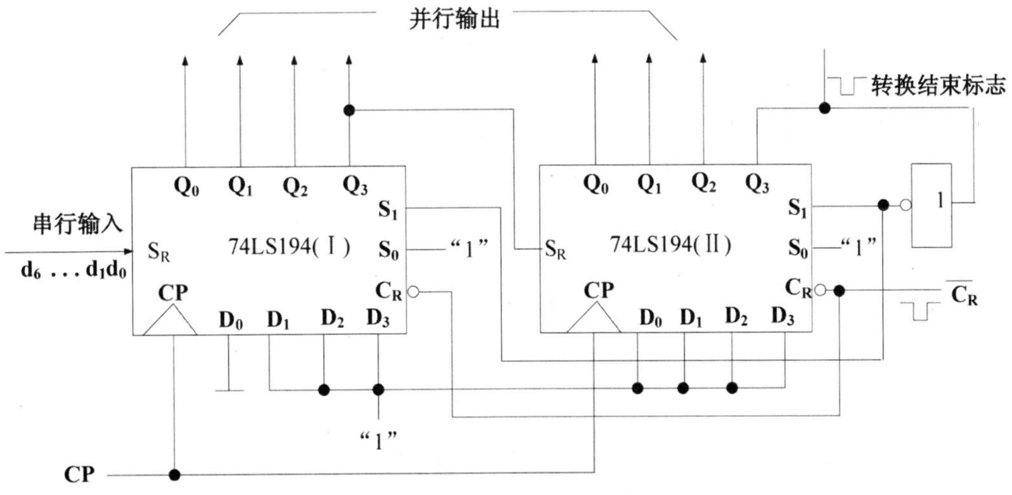

图7-3　七位串行/并行数据转换电路

电路中S_0端接高电平1，S_1受Q_7控制，两片寄存器连接成串行输入右移工作模式，Q_7是转换结束标志。当Q_7=1时，S_1为0，使之成为S_1S_0=01的串入右移工作方式；当Q_7=0时，S_1=1，有S_1S_0=10，则串行送数结束，标志着串行输入的数据已转换成并行输出了。

串行/并行转换的具体过程如下：

转换前，$\overline{C_R}$端加低电平，使(Ⅰ)、(Ⅱ)两片寄存器的内容清零，此时S_1S_0=11，寄存器执行并行输入工作方式。当第一个*CP*脉冲到来后，寄存器的输出状态Q_0~Q_7为01111111，与此同时S_1S_0变为01，转换电路变为执行串入右移工作方式，串行输入数据由Ⅰ片的S_R端加入。随着*CP*脉冲的依次加入，输出状态的变化如表7-3所示。

表7-3　串行/并行转换的状态变化表

CP	Q_0	Q_1	Q_2	Q_3	Q_4	Q_5	Q_6	Q_7	说明
0	0	0	0	0	0	0	0	0	清零
1	0	1	1	1	1	1	1	1	右移操作7次
2	D_0	0	1	1	1	1	1	1	
3	D_1	D_0	0	1	1	1	1	1	
4	D_2	D_1	D_0	0	1	1	1	1	
5	D_3	D_2	D_1	D_0	0	1	1	1	
6	D_4	D_3	D_2	D_1	D_0	0	1	1	
7	D_5	D_4	D_3	D_2	D_1	D_0	0	1	
8	D_6	D_5	D_4	D_3	D_2	D_1	D_0	0	
9	0	1	1	1	1	1	1	1	送数

由表7-3可见，右移操作7次之后，Q_7变为0，S_1S_0又变为11，说明串行输入结束。这时，串行输入的数码已经转换成并行方式输出了。

当再来一个*CP*脉冲时，电路又重新执行一次并行输入，为第二组串行数码转换做好了输出准备。

② 并行/串行转换器：并行/串行转化器是指并行输入的数码经转换电路之后，换成串行输出。

图7-4是用两片74LS194(CC40194)组成的七位并行/串行转换电路，它比图7-3多了两只与非门G_1和G_2，电路工作方式同样为右移。

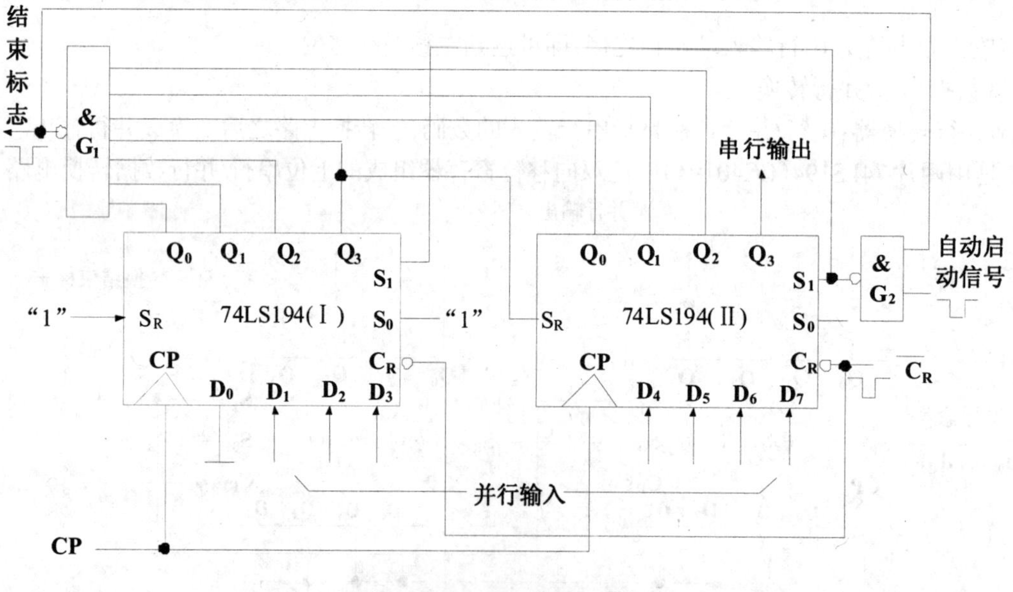

图7-4　七位并行/串行转换电路

寄存器清"0"以后，加一个转换启动信号(负脉冲或低电平)。此时，由于方式控制位S_1S_0为11，转换电路执行并行输入操作。当第一个CP脉冲到来后，$Q_0\ Q_1\ Q_2\ Q_3\ Q_4\ Q_5\ Q_6\ Q_7$的状态为0 $D_1\ D_2\ D_3\ D_4\ D_5\ D_6\ D_7$并行输入数码存入寄存器，从而使得$G_1$输出为1，$G_2$输出为0。结果$S_1S_0$变为01，转换电路随着*CP*脉冲的加入，开始执行右移串行输出。随着*CP*脉冲的依次加入，输出状态依次右移，待右移操作7次后，Q_0 ~ Q_6的状态都为高电平1，与非门G_1输出为低电平，G_2门输出为高电平，S_1S_0又变为11，表示并行/串行转换结束，并为第二次并行输入创造了条件，转化过程如表7-4所示。

表7-4　并行/串行转换电路状态变化表

CP	Q_0	Q_1	Q_2	Q_3	Q_4	Q_5	Q_6	Q_7	串行输出						
0	0	0	0	0	0	0	0	0							
1	0	D_1	D_2	D_3	D_4	D_5	D_6	D_7							
2	1	0	D_1	D_2	D_3	D_4	D_5	D_6	D_7						
3	1	1	0	D_1	D_2	D_3	D_4	D_5	D_6	D_7					
4	1	1	1	0	D_1	D_2	D_3	D_4	D_5	D_6	D_7				
5	1	1	1	1	0	D_1	D_2	D_3	D_4	D_5	D_6	D_7			
6	1	1	1	1	1	0	D_1	D_2	D_3	D_4	D_5	D_6	D_7		
7	1	1	1	1	1	1	0	D_1	D_2	D_3	D_4	D_5	D_6	D_7	
8	1	1	1	1	1	1	1	0	D_1	D_2	D_3	D_4	D_5	D_6	D_7
9	0	D_1	D_2	D_3	D_4	D_5	D_6	D_7							

中规模集成移位寄存器，其位数往往以4位居多，当需要的位数大于4时，可把几片移位寄存器进行级联来扩展位数。

三、实验设备及器件

1. 数字电路实验箱（+5V直流电源；逻辑电平开关；逻辑电平显示器；译码数字显示；导线若干）
2. 万用表
3. 集成芯片74LS194（CC40194）、74LS00（CC4011）和74LS30（CC4068）

四、实验内容及实验步骤

1. 测试74LS194（或CC40194）的逻辑功能

按图7-5接线，$\overline{C_R}$、S_1、S_0、S_L、S_R、D_0、D_1、D_2和D_3分别接至逻辑开关的输出插口；Q_0、Q_1、Q_2和Q_3接至逻辑电平显示输入插口，CP端接单次脉冲源。

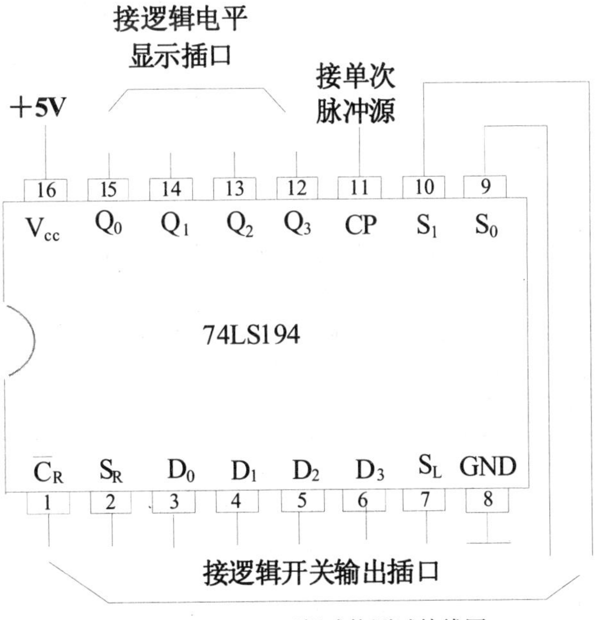

图7-5　74LS194逻辑功能测试接线图

按表7-5所规定的输入状态，逐项进行测试。工作步骤如下：

（1）清除：令$\overline{C_R}$=0，其他输入均为任意态，这时寄存器输出Q_0、Q_1、Q_2和Q_3应均为0。清除后，置$\overline{C_R}$=1。

（2）送数：令$\overline{C_R}=S_1=S_0=1$，送入任意4位二进制数，如$D_0D_1D_2D_3=abcd$；加CP脉冲，观察CP=0、CP由0→1、CP由1→0的3种情况下寄存器输出状态的变化，观察寄存器输出状态变化是否发生在CP脉冲的上升沿。

(3)右移：清零后，令$\overline{C_R}=1$，S_1=0，S_0=1，由右移输入端S_R送入二进制数码如0100，由CP端连续加4个脉冲，观察输出情况，并记录之。

(4)左移：先清零或预置，再令$\overline{C_R}=1$，S_1=1，S_0=0，由左移输入端S_L送入二进制数码如1111，连续加4个CP脉冲，观察输出端情况，并记录之。

(5)保持：寄存器预置任意4位二进制数码$abcd$，令$\overline{C_R}=1$，$S_1=S_0$=0，加CP脉冲，观察寄存器输出状态，以上结果均记录到表7-5中。

表7-5　74LS194逻辑功能测试状态表

清除	模式		时钟	串行		输入	输出	功能总结
$\overline{C_R}$	S_1	S_0	CP	S_L	S_R	D_0 D_1 D_2 D_3	Q_0 Q_1 Q_2 Q_3	
0	×	×	×	×	×	× × × ×		
1	1	1	↑	×	×	a b c d		
1	0	1	↑	×	0	× × × ×		
1	0	1	↑	×	1	× × × ×		
1	0	1	↑	×	0	× × × ×		
1	0	1	↑	×	0	× × × ×		
1	1	0	↑	1	×	× × × ×		
1	1	0	↑	1	×	× × × ×		
1	1	0	↑	1	×	× × × ×		
1	1	0	↑	1	×	× × × ×		
1	0	0	↑	×	×	× × × ×		

2. 环形计数器

自拟实验线路用并行送数法预置寄存器为某二进制数码(如0100)，然后进行右移循环，观察寄存器输出端状态的变化，并记入表7-6中。

表7-6　环形计数器状态变化表

CP	Q_0	Q_1	Q_2	Q_3
0	0	1	0	0
1				
2				
3				
4				

3. 实现数据的串、并行转换

(1)串行输入，并行输出：按图7-3接线，进行右移串入、并出实验，串入数据自定；再改接线路用左移方式实现并行输出。自拟表格，并记录之。

(2)并行输入，串行输出：按图7-4接线，进行右移并入、串出实验，并入数据自定；再改接线路用左移方式实现串行输出。自拟表格，并记录之。

五、实验要求

1. 复习有关寄存器及串行、并行转换器的有关内容。

2. 分析表7–5的实验结果，总结移位寄存器74LS194的逻辑功能并写入表格功能总结一栏中。

3. 画出用两片74LS194构成的七位左移串行/并行转换器线路，分析串/并转换器所得结果的正确性。

4. 画出用两片CC40194构成的七位左移并行/串行转换器线路，分析并/串转换器所得结果的正确性。

5. 根据环形计数器实验内容的结果，画出4位环形计数器的状态转换图及波形图。

6. 思考题。

（1）若进行循环左移，图7–4接线应如何改接？

（2）使寄存器清零，除采用$\overline{C_R}$输入低电平外，可否采用右移或左移的方法？可否使用并行送数法？若可行，如何操作？

第二篇　课程设计

设计一　数字频率计设计

数字频率计是用于测量正弦信号、矩形信号等波形工作频率的仪器，其测量结果直接用数字显示，它具有精度高、测量迅速、读数方便等优点。

设计任务与要求：

本设计要求采用中、小规模集成芯片设计一个具有下列功能的数字频率测量仪。

1. 被测信号的频率范围为1 Hz ~99 Hz，采用两位数码管显示。

2. 显示时间为3 s。

3. 具有清零或复位功能。

设计二　数字钟电路设计

学习数字逻辑中的基本RS触发器、单稳态触发器、时钟发生器及计数、译码显示等单元电路的综合应用。学习数字钟的调试方法。

设计任务与要求：

要求采用中、小规模集成芯片设计一个具有下列功能的数字钟。

1. 准确计时，以数字方式显示时、分、秒。

2. 小时采用24进制，分、秒采用60进制。

3. 具有清零或复位功能。

较高要求：具有校正时间的功能。

设计三　抢答器电路设计

学习数字逻辑中的D触发器、分频电路、多谐振荡器、CP时钟脉冲源等单元电路的综合应用，掌握数字系统设计、调试及故障排除方法。

设计任务与要求：

1.可同时供6 ~ 8位选手或代表队参赛，每队各用一个抢答器按键。

2.节目主持人设置一个控制开关，用来控制系统的清零和抢答开始。

3.抢答器具有数据锁存和显示功能。抢答开始后，若有人按动抢答器按键，编号立即锁存，并显示出选手的号码，同时给出音响提示。此时要封锁其他输入电路，禁止其他选手抢答。

较高要求：抢答器具有定时抢答功能。即每次抢答的时间可以由主持人设定。当主持人启动后，要求定时器减计数。参赛选手在规定的时间内抢答有效，如果无人抢答则本次无效。

设计四　简易交通灯控制电路

设计一个十字路口交通管理器，该管理器自动控制十字路口两组红、黄、绿三色交通灯，指挥各种车辆和行人安全通过。

设计任务与要求：

1. 要求控制一个十字路口的交通灯。
2. 设定南北、东西方向交通灯显示时间一样。
3. 设定红绿灯均显示30 s，红灯绿灯切换时黄灯显示2 s。
4. 要求红黄绿灯用发光二极管表示，并且显示出时间。

设计五　拔河游戏机逻辑电路

设计任务与要求：

1. 拔河游戏机需用15个(或9个)发光二极管排列成一行，开机后只有中间一个点亮，以此作为拔河的中心线，游戏双方各持一个按键，迅速地、不断地按动产生脉冲，谁按得快，亮点向谁的方向移动，每按一次，亮点移动一次。移到任一方终端二极管点亮，这一方就得胜，此时双方按键均无作用，输出保持。只有经复位后才使亮点恢复到中心点。
2. 显示器显示胜者的盘数。

设计六　定时控制器逻辑电路

为了能使仪器在特定的时间内工作，通常需要人在场进行干预才能完成。本设计完成的定时控制器，就是能使你不在场时，仪器也能按时打开和关闭。

设计任务与要求：

设计一个带数字电子钟的定时控制器逻辑电路。

1. 具有电子钟功能，显示为四位数。
2. 可设定定时启动(开始)时间与定时结束(判断)时间。
3. 定时开始，指示灯亮；定时结束，指示灯灭。
4. 定时范围可以选择。

设计七　跑马灯控制器电路

跑马灯控制电路可以按照人们的要求有序地点亮，还可以同声音、色彩等结合起来，使彩光富有音乐、艺术的魅力。

设计任务与要求：

共有8只LED灯，连成一排。要求实现几种灯的组合显示：

模式1：先奇数灯(1、3、5、7灯)亮0.25 s，然后偶数灯(2、4、6、8灯)亮0.25 s，依次循环。

模式2：按照1、2、3、4、5、6、7、8的顺序依次点亮所有灯，间隔时间为0.25 s；然后再按1、2、3、4、5、6、7、8的顺序依次熄灭所有灯，间隔时间为0.25 s。

模式3:按照1/8、2/7、3/6、4/5的顺序依次点亮所有灯,间隔时间为0.25 s,每次同时点亮两只灯;然后再按1/8、2/7、3/6、4/5的顺序依次熄灭所有灯,间隔时间为0.25 s,每次同时熄灭两只灯。

以上模式可以选择。

设计八 饮料自动售卖机的设计

设计任务与要求:

1.自动售卖机。假定该饮料自动售卖机仅提供一种饮料,每盒售价1.5元,该机器上有按键,按下后表示购买该饮料。

2.投币器只能接受1元硬币和5角硬币。

3.具有找零功能,即只找零5角。

4.有两个输出口,一个输出饮料,另一个输出找零。在输出饮料和找零时,使用两个指示灯,分别用于提示取走饮料和找零。

5.在界面上的显著位置显示投币总额和找零值。

设计九 游戏电路——模拟掷骰子

设计任务与要求:

本游戏电路可供两人游戏。游戏者每按动一次按键可得到(1~6)范围内的两个数,并按下列规则决定胜负。

1. 第一场比赛,游戏者每人各按一次按键,所得两数之和为7和11者胜,若无人取胜,则进行第二场比赛。

2. 第二场比赛,游戏者每人各按一次按键,所得两数之和与第一场比赛相同者获胜,所得两数之和为7或11者负。若无人获胜或者负,则重复进行,直到出现胜者为止。

设计十 游戏电路——模拟乒乓球比赛

设计任务与要求:

本游戏电路可供两人游戏。

1. 左、右双方各持一按键作为"球拍",实验板上一行16只发光二极管为"乒乓球台",其中那只发光的发光二极管代"乒乓球"所在位置。

2. 左、右双方均可"发球"。"发球"时,"球"应在"球台"发球方的端点保持不动,"挥拍"时"球"才可逐步左移或右移,若"击球"键恰好在"球"到达对方端点时按下,则发出短促的"击球声","球"即向相反方向移动,若按键偏早或偏晚,"击球"无效,无"击球声"发出,"球"将继续向前运行直至"出界"(即亮点消失)。记分板上给胜者加1分。

3. 球速度分4级或2级。比赛规则可自定,胜负应有指示。

附　录

附录一　双踪通用示波器使用手册

一、注意

1. 不要将亮度调得太亮

不要将光点或扫描线调得太亮。太亮会使眼睛过度疲劳，并且会损坏示波管表面的荧光层。

2. 不要加入过大的电压

各输入端及经探头输入的电压值如下，绝不要加入超过规定的高电压。

直接输入　　300V（DC+ACpeak 1kHz）

乘10（经探头）　400V（DC+ACpeak 1kHz）

乘1（经探头）　300V（DC+ACpeak 1kHz）

外触发输入　　300V（DC+ACpeak）

外消隐　　30V（DC+ACpeak）

3.使用探头时应注意

若使用探头作为测试信号输入连接时，应注意探头的衰减开关位置；当处于“1”位置时，示波器的带宽将下降（约为6MHz）；当处于“10”位置时，示波器的带宽才能达到使用手册的要求。

二、控制与连接

本仪器所有的控制件均位于前、后面板上，其名称和用途详述如下：

1. 电源和示波管系统的控制件

（1）电源开关（POWER）

电源开关按进去为电源开，按出为电源断。

（2）电源指示灯

电源接通后指示灯亮。

（3）聚焦控制（FOCUS）

当辉度调到适当的亮度后，调节聚焦控制直至扫描线最佳。虽然聚焦在调节亮度时能自动调整，但有时有稍微漂移，应用手动调节以获得最佳聚焦状态。

（4）基线旋转控制（TRACE ROTATION）

用于调节扫描线和水平刻度线平行。

（5）辉度控制（INTENSITY）

此旋钮用来调节辉度电位器，改变辉度。顺时针方向旋转，辉度增加；反之，辉度减小。

2. 垂直偏转系统的控制件

（8）CH1输入

BNC端子用于垂直轴信号输入。当示波器工作于X-Y方式时，输入到此端的信号变成X轴信号。

（9）CH2输入

类同CH1，但当示波器工作在X-Y方式时，输入到此端的信号作为Y轴信号。

（10）（11）输入耦合开关（AC—GND—DC）

此开关用于选择输入信号送至垂直轴放大器的耦合方式。

AC:在此方式时,信号经过一个电容器输入,输入信号的直流分量被隔离,只有交流分量被显示。

GND:在此方式时,垂直轴放大器输入端接地。

DC:在此方式时,输入信号直接送至垂直轴放大器输入端而显示,包含信号的直流成分。

(12)(13)伏/度 选择开关(VOLTS/DIV)

该开关用于选择垂直偏转因数,使显示波形置于一个易于观察的幅度范围。

当10:1探头连接于示波器的输入端时,荧屏上的读数要乘10。

(14)(15)微调(在VOLTS/DIV选择开关的中部)(拉出×5扩展 控制)

当旋转此旋钮时,可小范围连续改变垂直偏转灵敏度,逆时针方向旋转到底时,其变化范围应大于2.5倍。

此旋钮拉出时,垂直系统的增益扩展5倍,最高灵敏度可达1mV/DIV。

(16)CH1位移旋钮(POSITION)

此旋钮用于调节CH1信号垂直方向的位移。顺时针方向旋转波形上移,逆时针方向旋转波形下移。

(17)CH2位移(倒相控制)

位移功能同CH1,但当旋钮拉出时,输入到CH2的信号极性被倒相。

(18)工作方式选择开关(CH1,CH2,ALT,CHOP,ADD)

此开关用于选择垂直偏转系统的工作方式。

CH1:只有加到CH1通道的信号能显示。

CH2:只有加到CH2通道的信号能显示。

ALT:加到CH1、CH2通道的信号能交替显示在荧光屏上。此工作方式用于扫描时间短的两通道观察。

CHOP:在此工作方式时,加到CH1、CH2通道的信号受约250kHz自激振荡电子开关的控制,同时显示在荧光屏上。此工作方式用于扫描时间长的两通道观察。

ADD:在此工作方式时,加到CH1、CH2通道的信号的代数和在荧光屏上显示。

(19)CH1输出端(在后板)

此输出端输出CH1通道信号的取样信号。

(20)(21)直流平衡调节控制

用于直流平衡调节。

3. 水平偏转系统的控制件

(22)TIME/DIV选择开关

扫描时间范围从0.2μs/DIV到0.2s/DIV,分19档;X-Y位置用于示波器工作在X-Y状态;此时,X(水平)信号连接到CH1输入端,Y(垂直)信号连接到CH2输入端,偏转范围从1mV/DIV到5V/DIV,带宽缩小到500kHz。

(23)扫描微调控制(SWP VAR)

此旋钮在校准位置时,扫描因数按TIME/DIV指示读出,不在校准位置时,扫描因数能连续变化,变化范围应大于2.5倍。

(24)位移(POSITION)(拉出×10扩展 控制)

本旋钮用于水平移动扫描线,顺时针旋转时,扫描线向右移动;反之,扫描线向左移动。

此旋钮拉出时,扫描因数扩展10倍,即TIME/开关指示的是实际扫描因数的十倍。

这样通过调节该旋钮就可以观察所需信号放大10倍的波形(水平方向),并可将屏幕外所需观察信号移到屏幕内。

4. 触发系统

(25)触发源选择开关(SOURCE)

此开关用于选择扫描触发信号源;内触发(INT):加到CH1或CH2的信号作为触发源;

电源触发(LINE):取电源频率作为触发源;

外触发(EXT):外触发信号加到外触发输入端作为触发源。外触发用于垂直方向上的特殊信号的触发。

(26)内触发选择开关(INT TRIG)

此开关用于选择扫描的内触发源:

CH1:加到CH1的信号作为触发信号;

CH2:加到CH2的信号作为触发信号;

VERT MODE(组合方式):用于同时观察两个波形,同步触发信号交替取自CH1和CH2。

(27)外触发输入插座(TRIG IN)

本插座用于扫描外触发信号的输入。

(28)触发电平控制旋钮(LEVEL)

此旋钮通过调节触发电平来确定扫描波形的起始点,亦能控制触发开关的极性;按进去为"+"极性,拉出为"-"极性。

(29)触发方式选择开关(MODE)

自动(AUTO):本状态仪器始终自动触发,显示扫描线。有触发信号时,获得正常触发扫描,波形稳定显示。无触发信号时,扫描线将自动出现。

常态(NORM):当触发信号产生时,获得触发扫描信号,实现扫描;无触发信号时,应当不出现扫描线。

TV(V):此状态用于观察电视信号的全场波形。

TV(H):此状态用于观察电视信号的全行波形。

注:只有当电视同步信号是负极性时,TV(V)、TV(H)才能正常工作。

5. 其他

(30)外增辉输入插座(在后板)

此输入端用于外增辉信号输入。它使直流耦合加入正信号辉度降低,加入负信号辉度增加。

(31)校正0.5V端子(CAL .5V)

输出1kHz,0.5V的校正方波;用于校正探头电容补偿。

(32)接地端子

示波器的接地端子。

6. 如何调出扫描线

仪器通电前应检查所用交流电源是否符合要求,并置各控制旋钮如下:

电源开关(1)	关
辉度(5)	反时针旋转到底
聚焦(3)	居中
AC-GND-DC　(10)　(11)	GND
垂直位移(16)　(17)	居中(旋钮按进)
垂直工作方式(18)	CH1
触发方式(29)	自动(AUTO)
触发源(25)	内(INT)
内触发(26)	CH1
TIME / DIV(22)	0.5ms / DIV
水平位移(24)	居中

完成上述准备工作后,打开电源。15秒后,顺时针旋转辉度旋钮,扫描线将出现。如果立即开始使用,调聚焦旋钮使扫描亮线最细。

如果打开电源而不使用仪器,逆时针旋转辉度控制旋钮降低亮度也使聚焦模糊。

注:通常观察时将下列带校准功能的旋钮置"校准"位置。

微调(14) (15)	旋到箭头所指方向，在这种情况下VOLS / DIV被校准；可直接读出数据
扫描位移 (24)	该旋钮处于按下状态，在这种情况下TIME / DIV处于不扩展状态
扫描微调 (23)	旋到箭头所指方向，在这种情况下TIME / DIV被校准

调节CH1或CH2位移旋钮，移动扫描亮线到示波管中心，与水平刻度线平行。有时，扫描线受大地磁力线及周围磁场的影响，发生一些微小的偏转，此时可调节基线旋转电位器，使基线与水平刻度线平行。

三、一般测量

1. 观察一个波形的情况

当不观察两个波形的相位差或除X-Y工作方式以外的其他工作状态时，仅用CH1或CH2。控制旋钮置如下状态：

垂直工作方式	CH1(或CH2)
触发方式	自动(AUTO)
触发信号源	内(INT)
内触发	CH1(或CH2)

在此情况下，通过调节触发电平，所有加到CH1或CH2通道上的频率在25Hz以上的重复信号能被同步和观察。无输入信号时，扫描亮线仍然显示。

若观察低频信号(大约25Hz以下)，则置触发方式常态(NORM)，再调节触发电平旋钮能获得同步。

2. 同时观察两个波形

垂直工作方式开关置交替或断续时就可以方便地观察两个波形。交替用于观察重复频率高的信号，断续用于观察重复频率低的信号。当测量相位差时，需要用相位超前的信号作为触发信号。

附录二　部分集成电路引脚

一、74LS系列

74LS00四 2 输入与非门

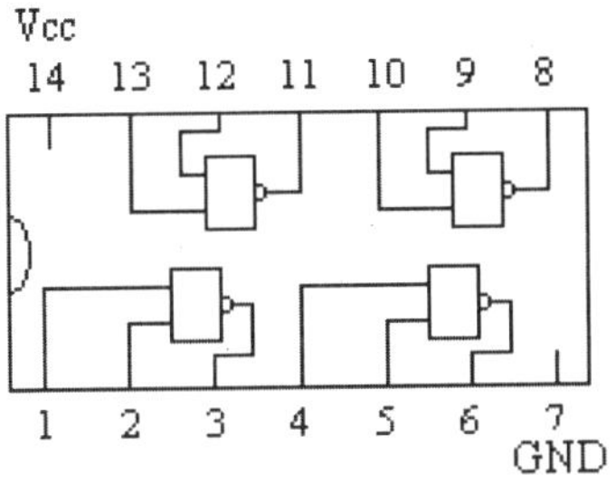

74LS86四 2 输入或门

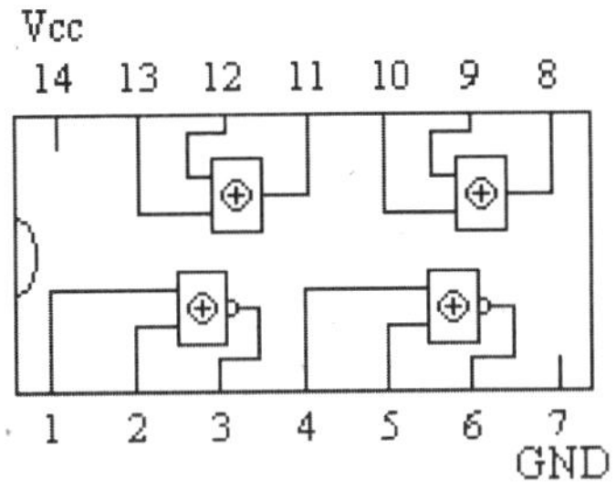

74LS08四 2 输入与门

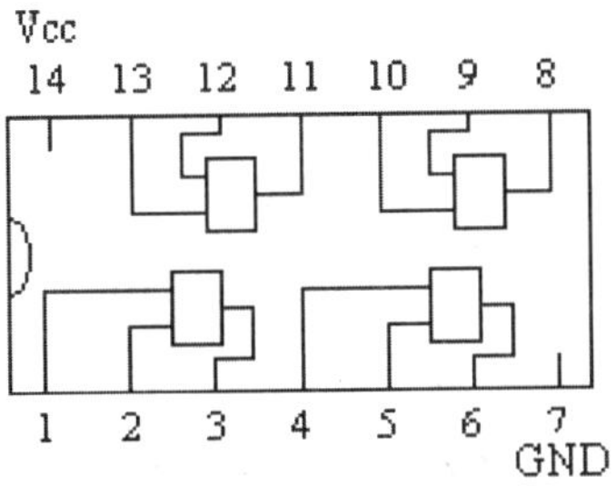

74LS90

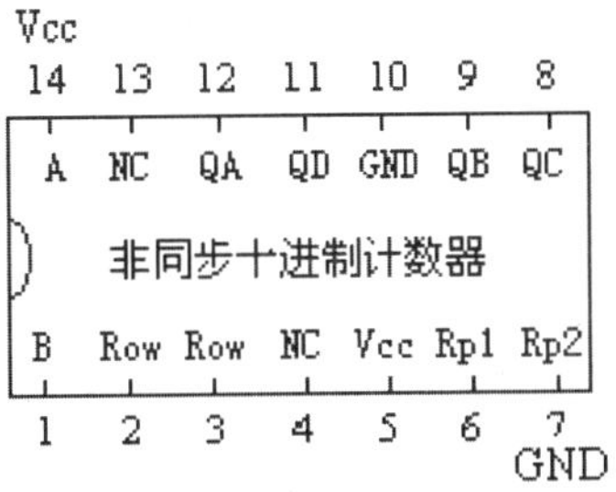

74LS20双 4 输入与非门

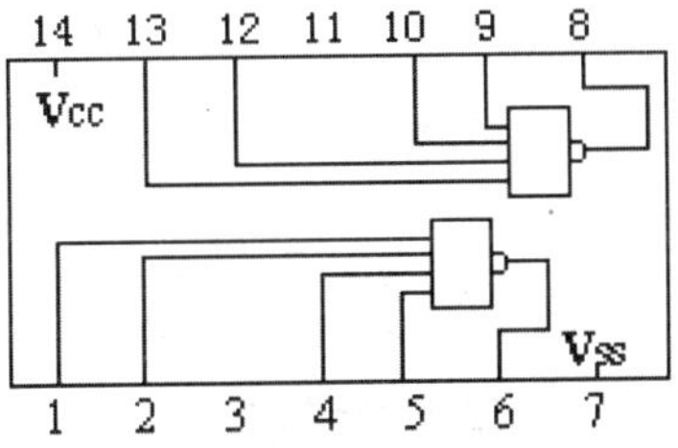

74LS112双 JK 触发器

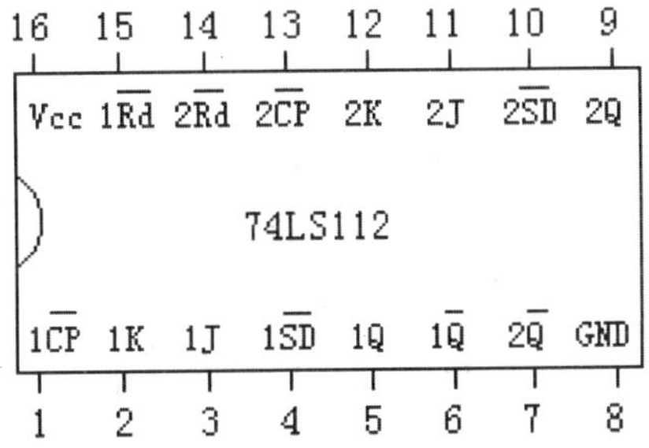

74LS74门

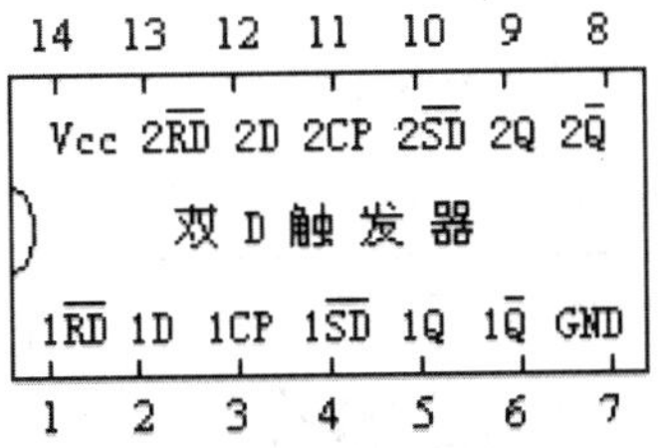

74LS138

74LS03 四 2 输入与非门

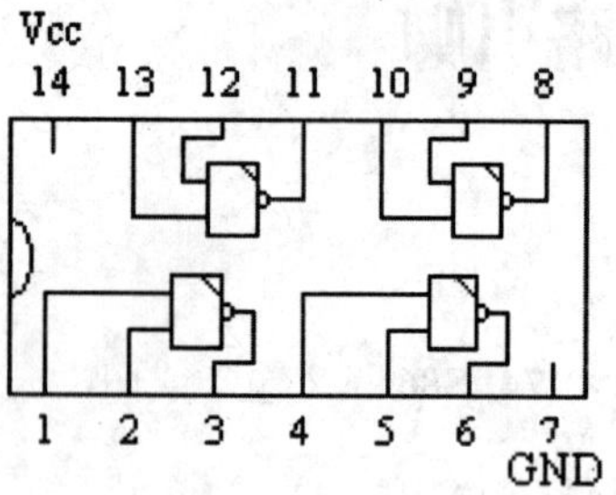

74LS04 六反向器

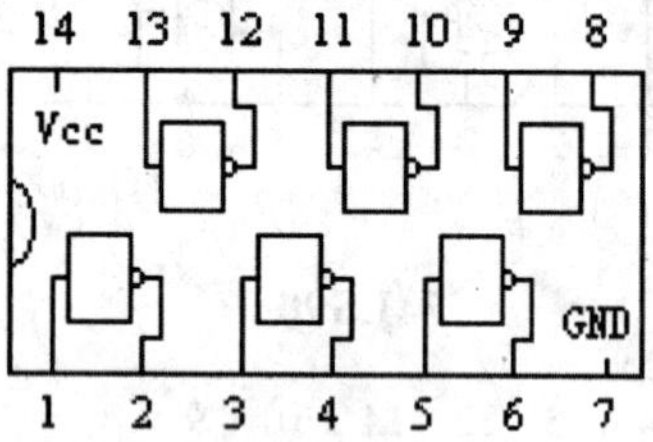

74LS125

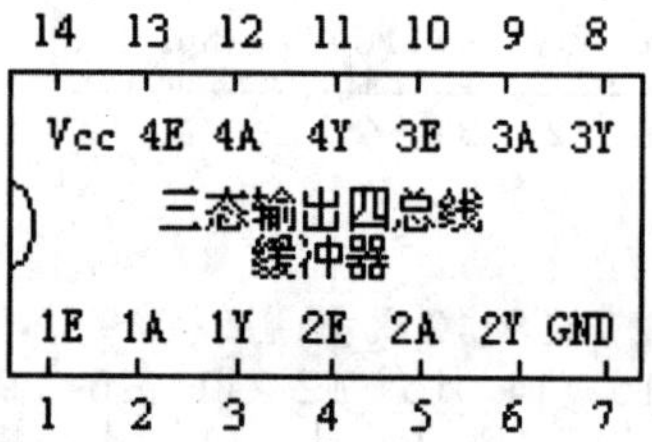

74LS32 四 2 输入或门

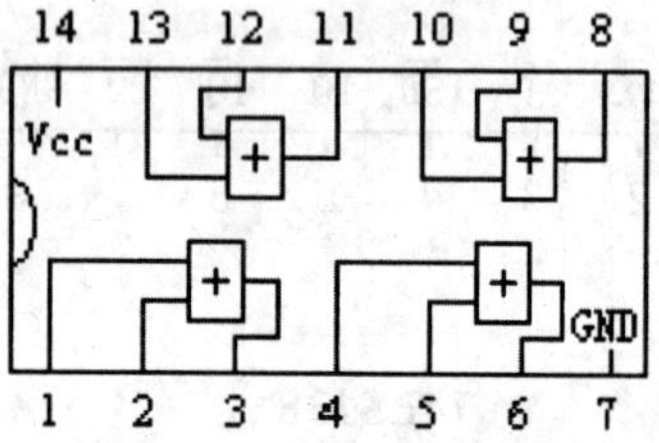

74LS183

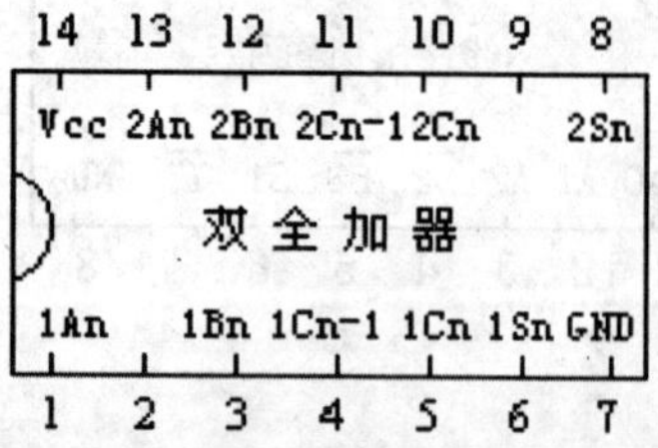

74LS151

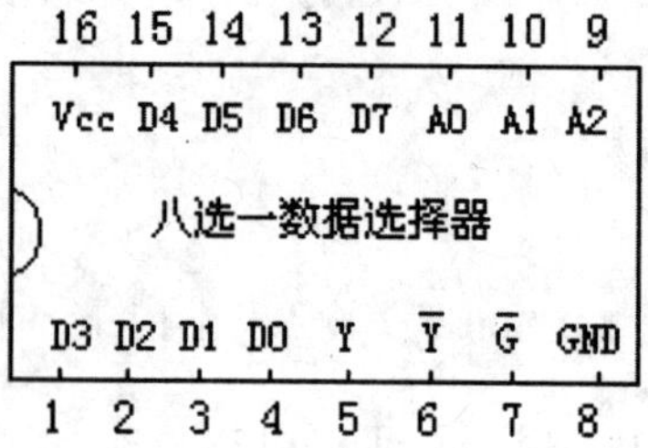

74LS153

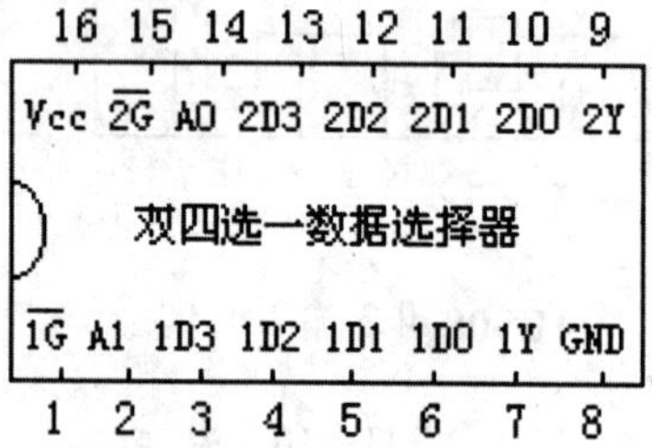

74LS194

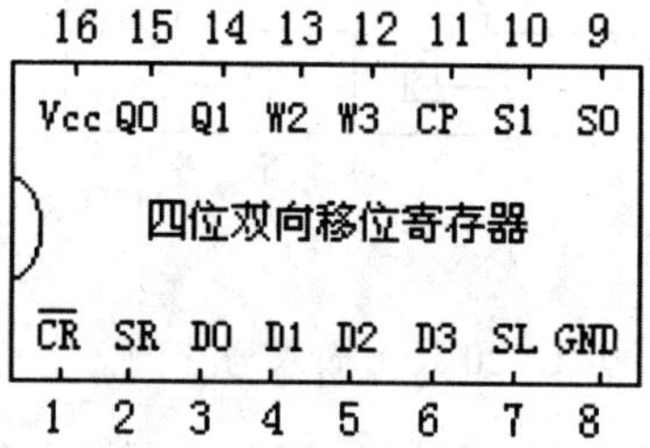

74LS193

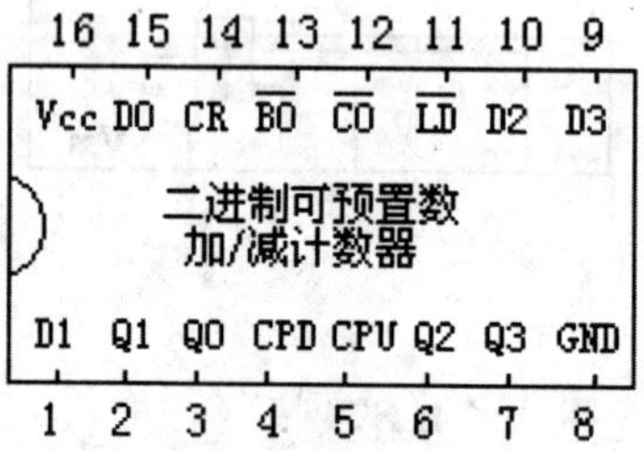

74LS192

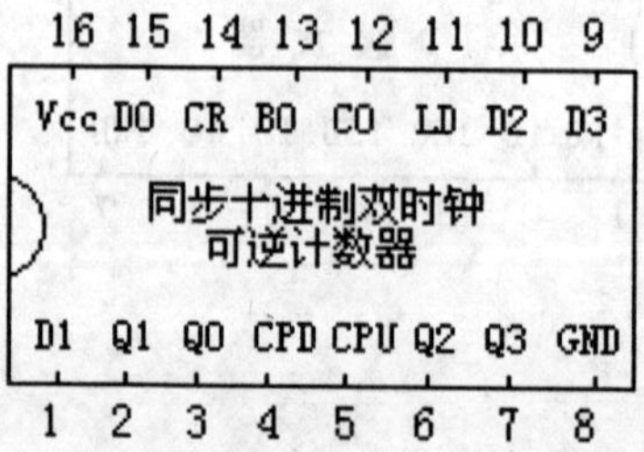

74LS00 四 2 输入与非门

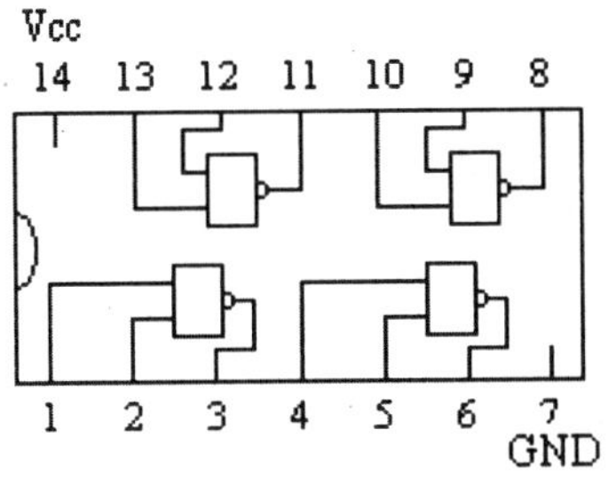

74LS86 四 2 输入或门

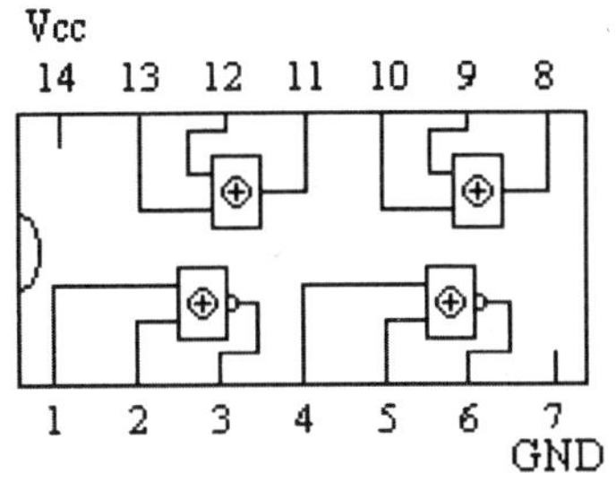

74LS08 四 2 输入与门

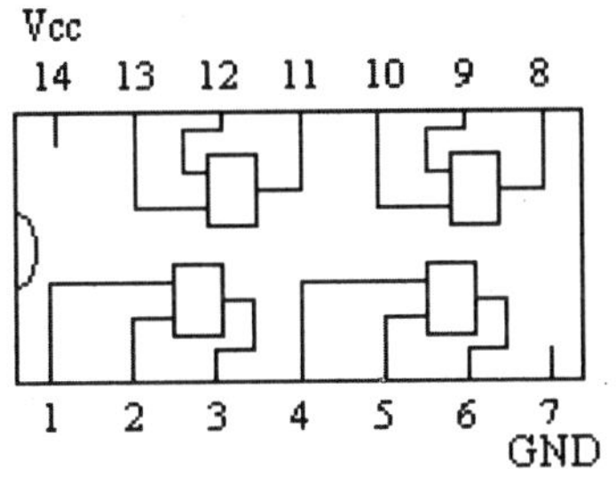

74LS90

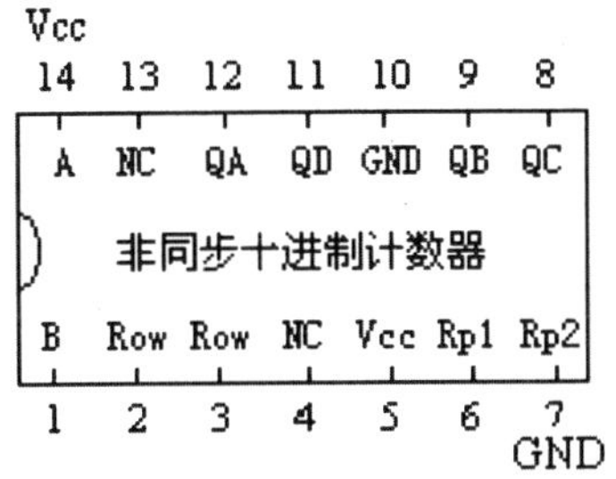

74LS20 双 4 输入与非门

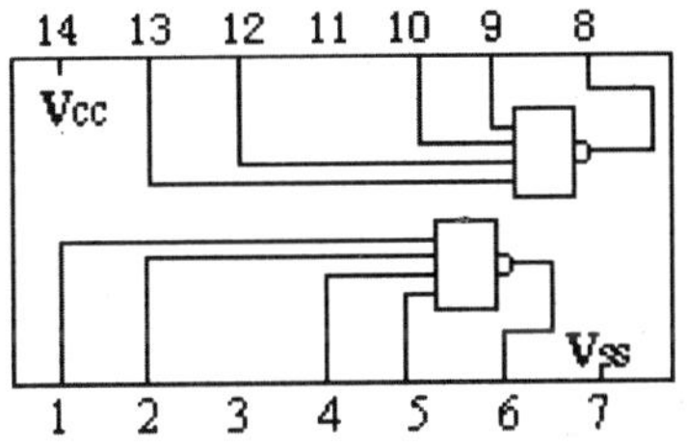

74LS112 双 JK 触发器

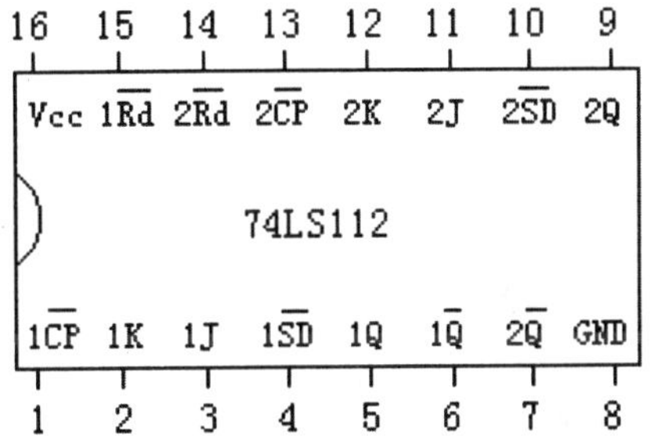

74LS74 门

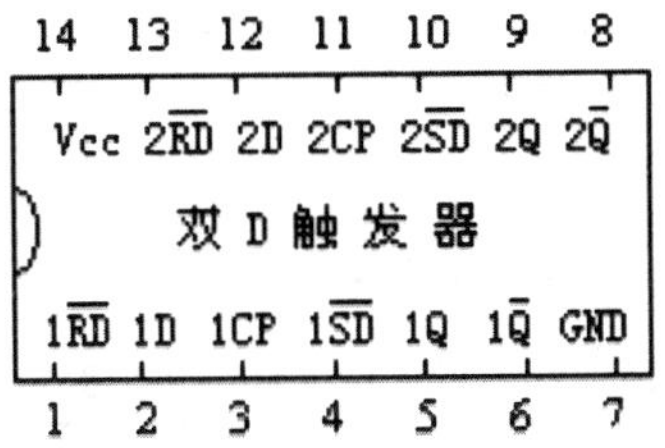

74LS138

74LS196

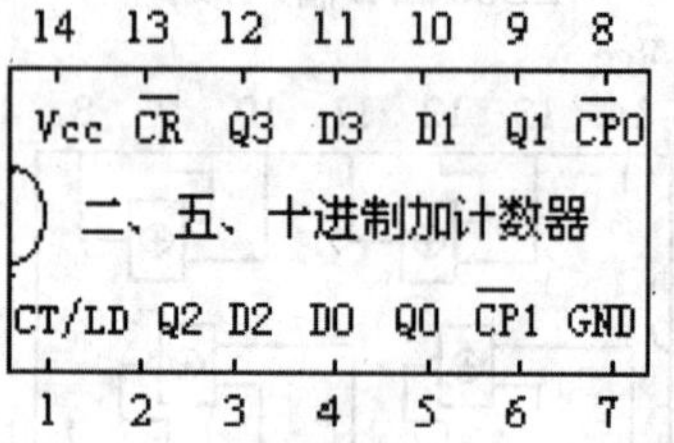

DAC0832

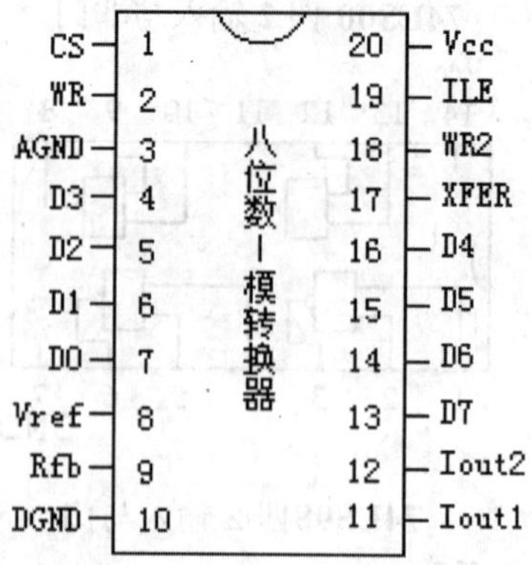

二、CD4000系列

CD4001 四 2 输入或非门

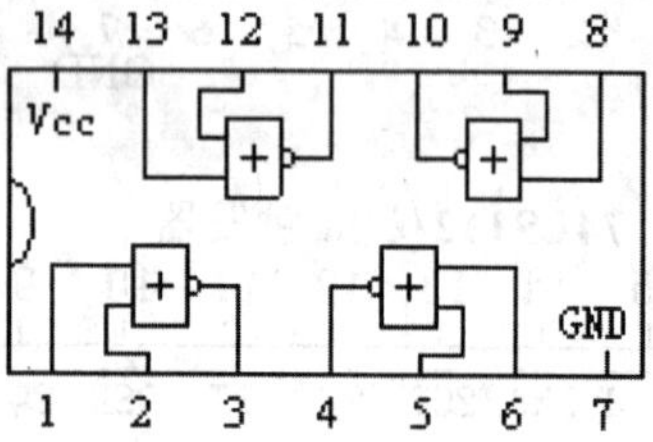

CC4071 四 2 输入或门

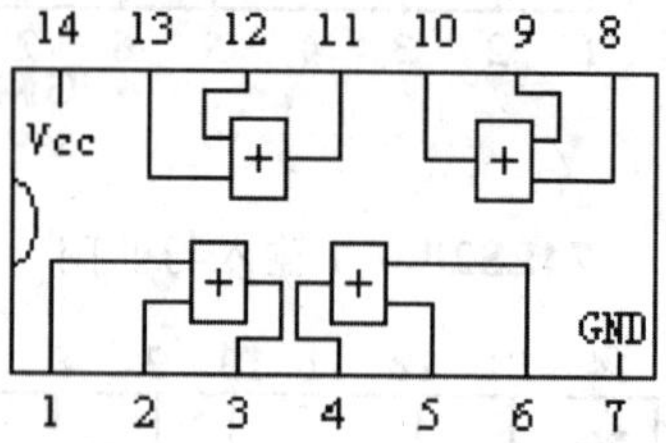

CD4011 四 2 输入与非门

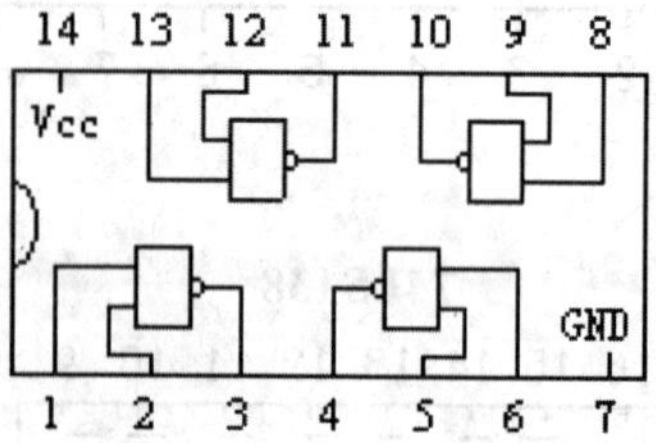

CD4082 双四输入与门

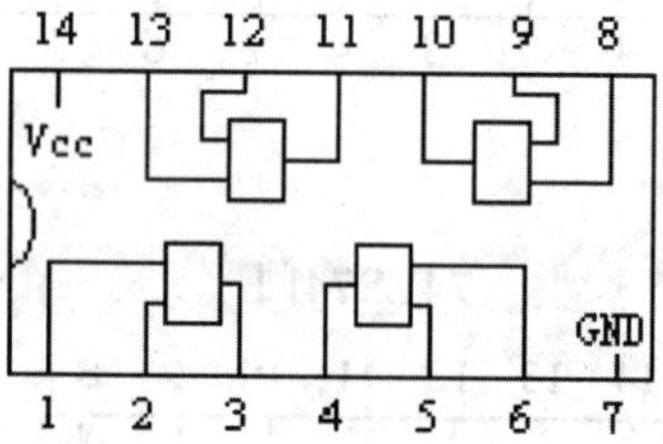

CD4012 双四输入与非门

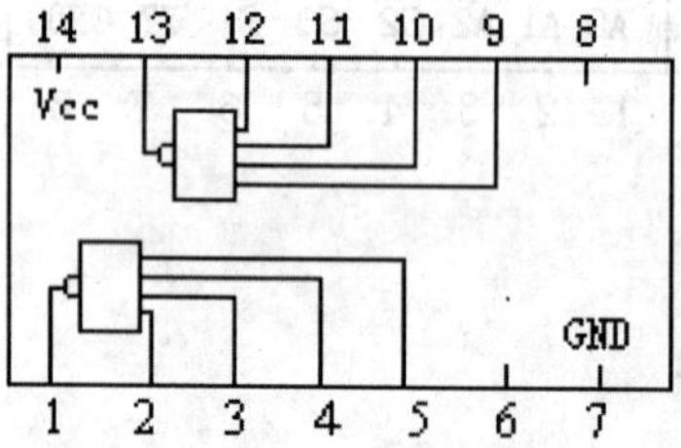

CD4013

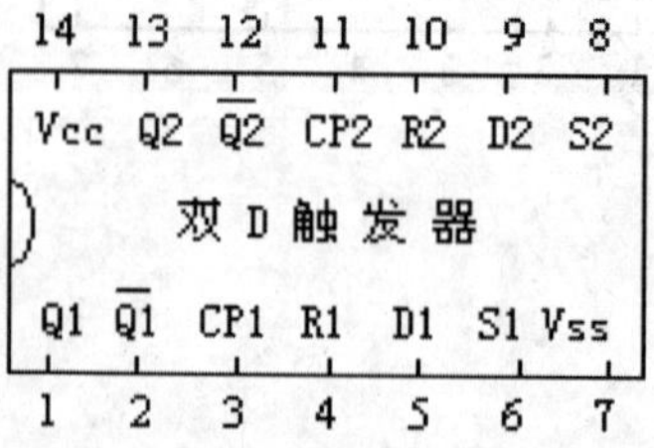

CC4030 四异或门

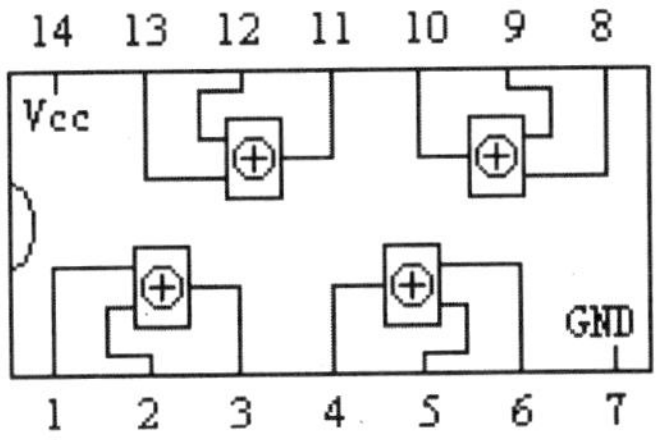

CD4017

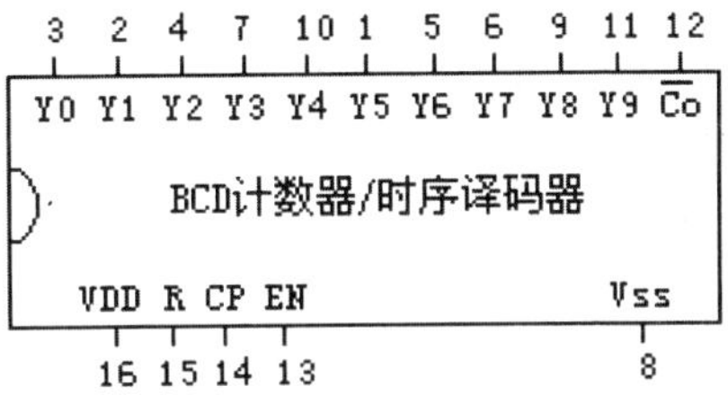

CC4060 六反相器

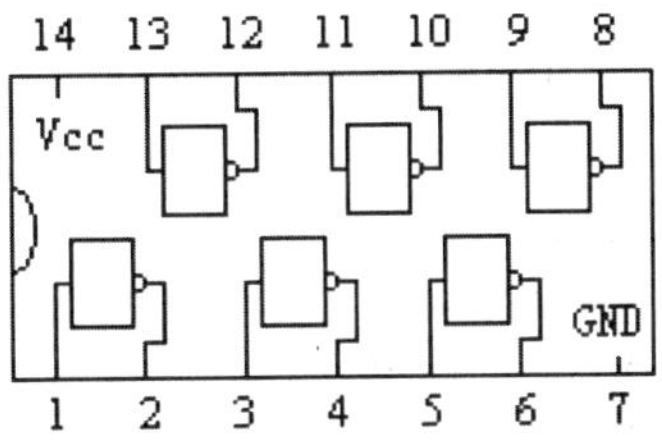

CD4022

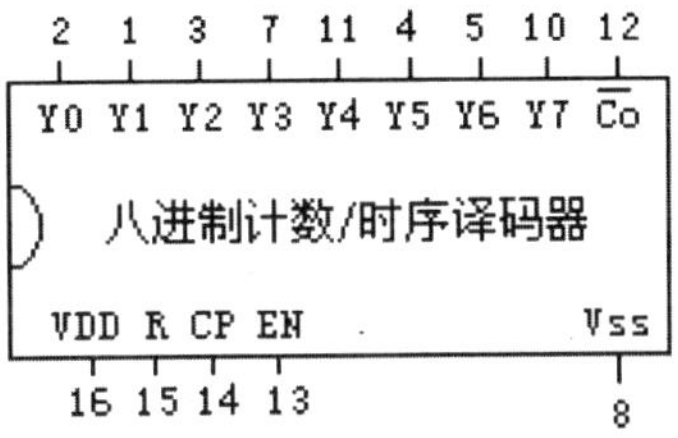

CD4024

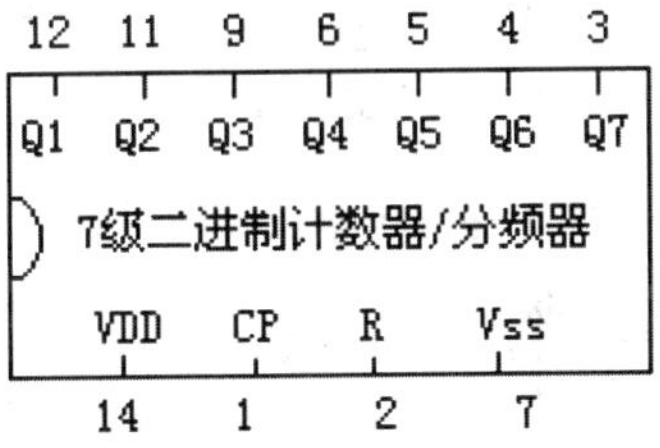

双时钟 **BCD** 可预加/减计数器

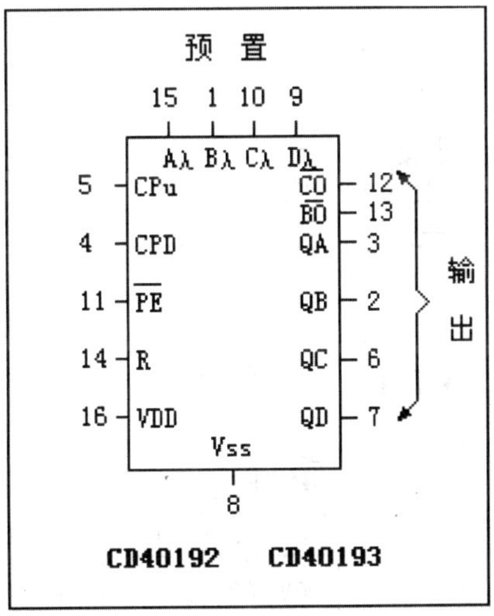

CD4020

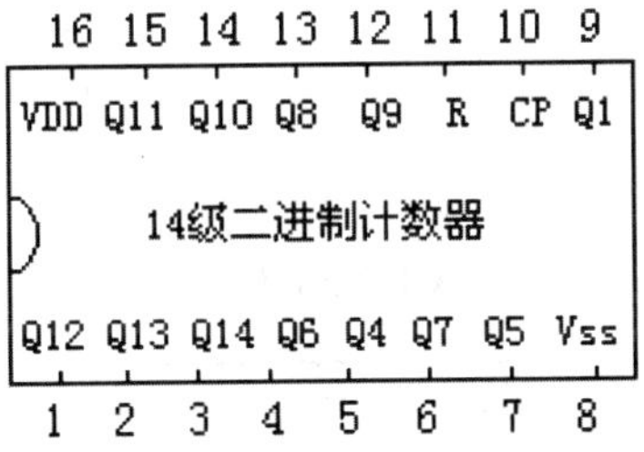

CD4027

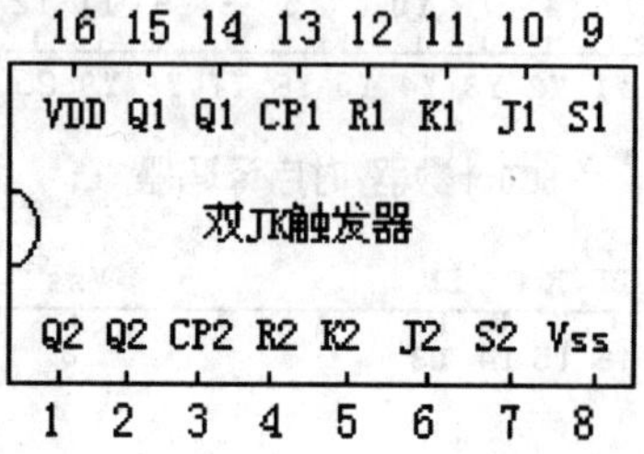

三位半双积分模数（**A/D**）转换器

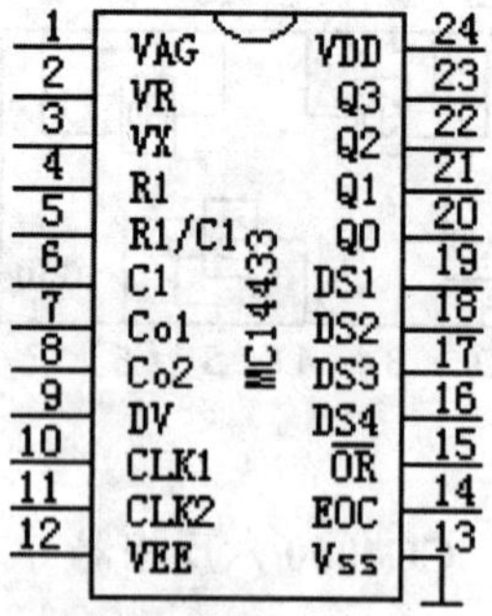

CD4028

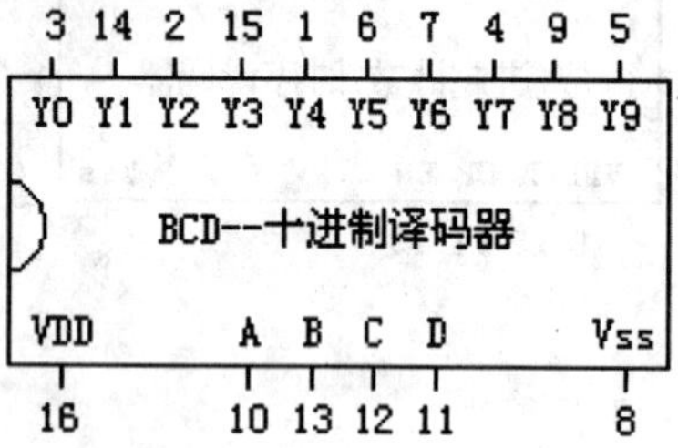

CD4093 施密特触发器

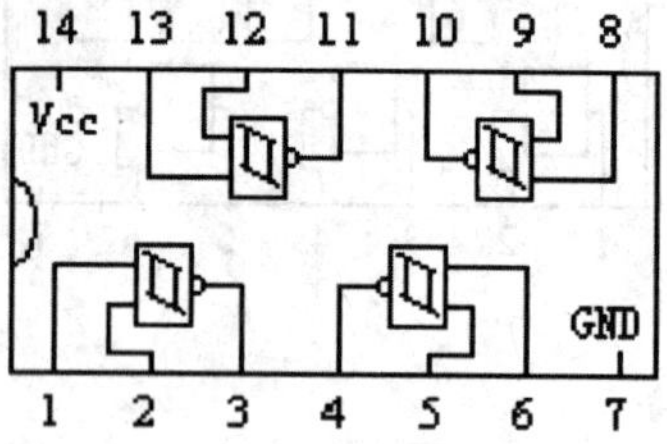

CD40106 六施密特触发器

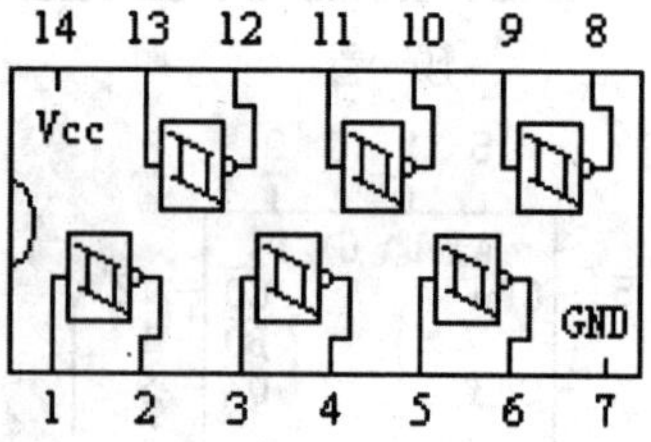

CD14528（CC4096）

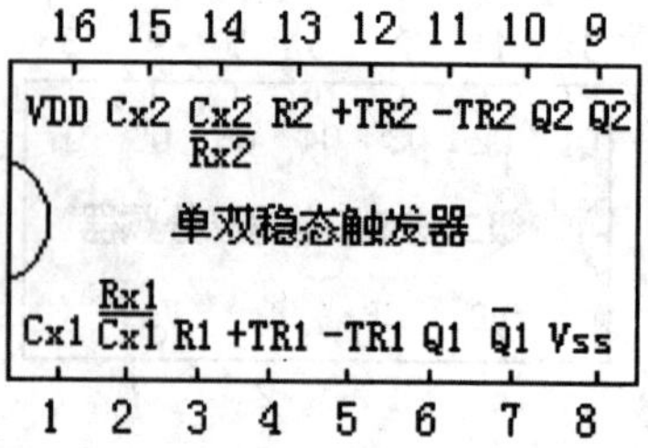

三、CD4500系列

CD4510 十进制可预置同步加/减计数器

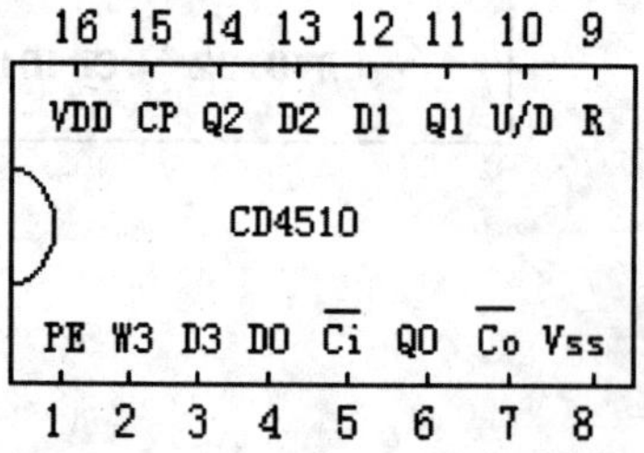

CD4511 BCD码锁存7段译码器

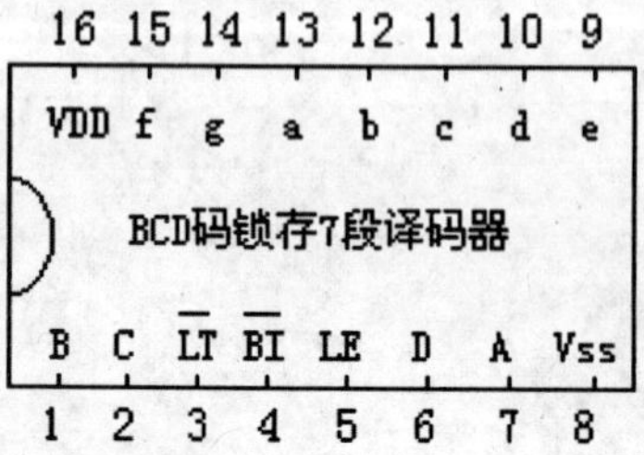

CD4514

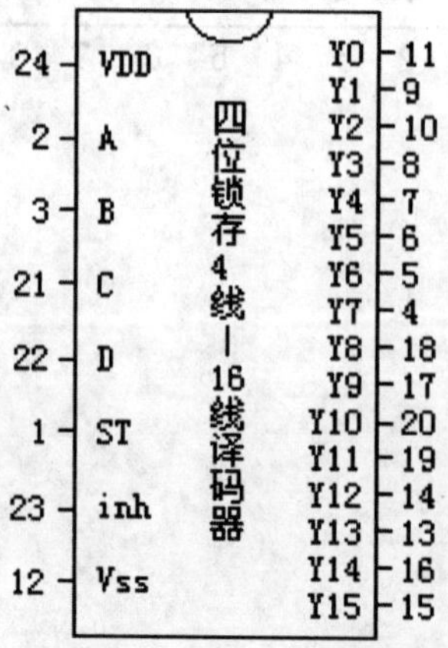

CD4518

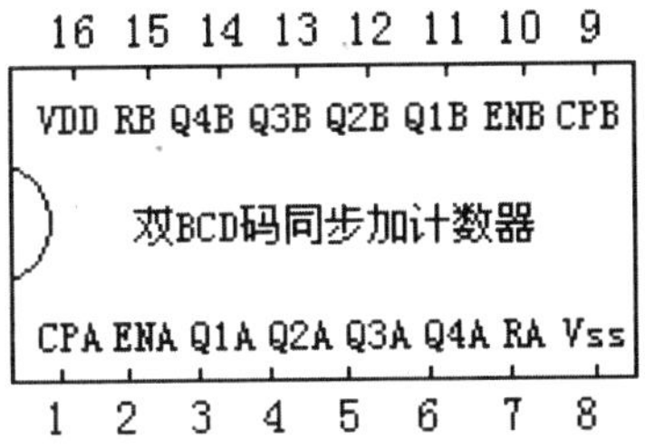

CD4516

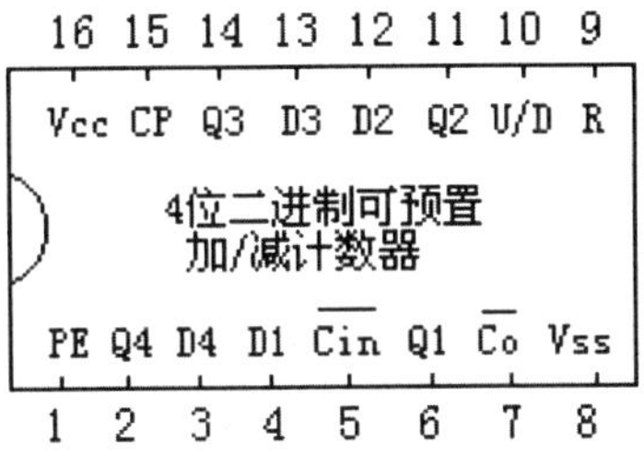

CD4553

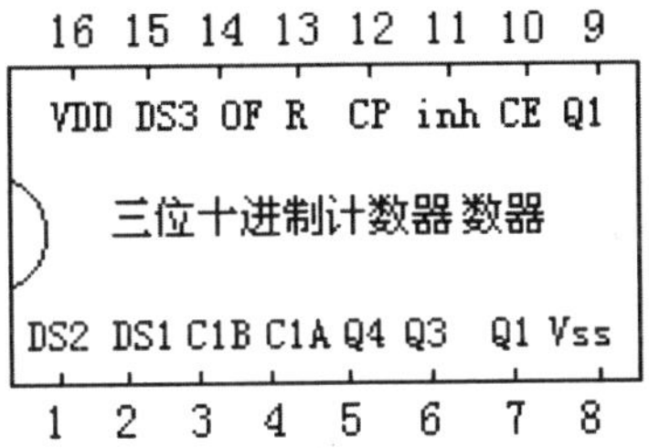

CD4512

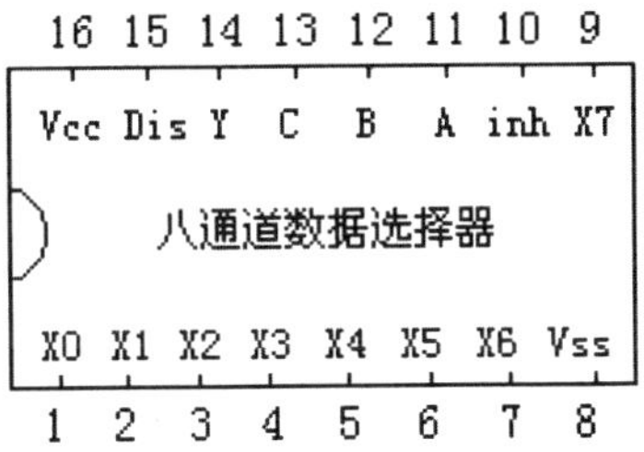

CD40160

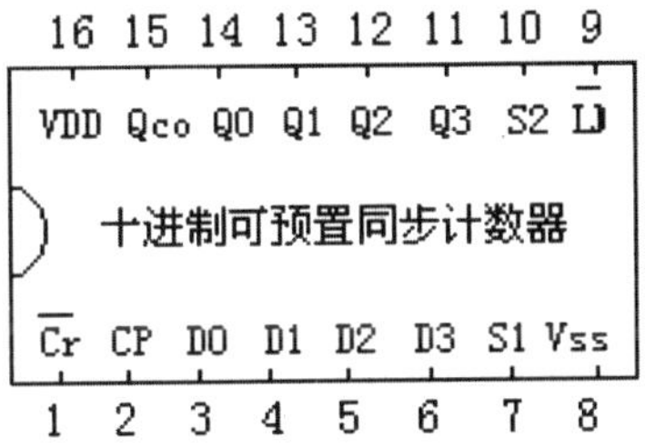

CD3130

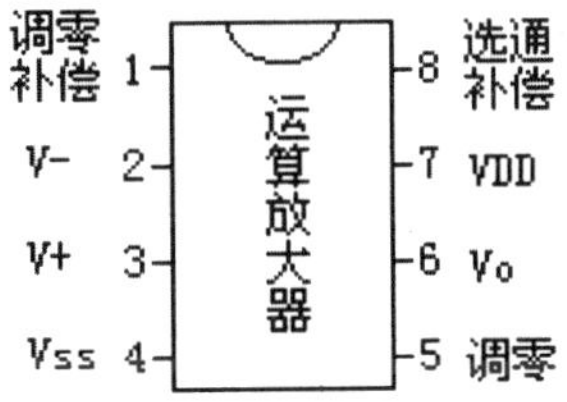

555时基电路

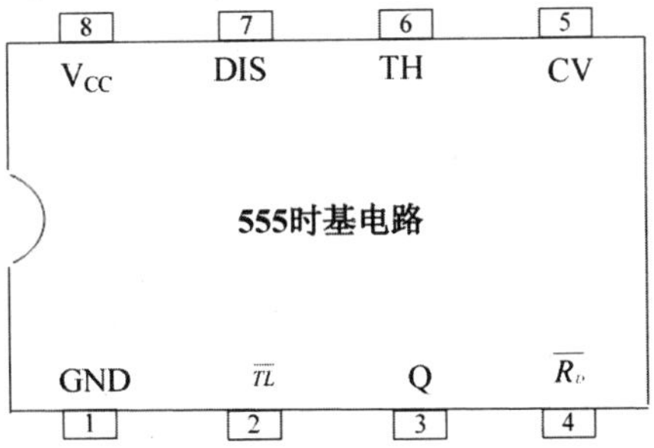

参考文献

[1] 李维. 数字电路课程设计及实验[M]. 大连:大连理工大学出版社,2008.
[2] 徐国华. 模拟及数字电子技术实验教程[M]. 北京:北京航空航天大学出版社,2008.
[3] 徐莹隽,常春,曹志香等. 数字逻辑电路设计实践[M]. 北京:高等教育出版社,2008.
[4] 贺敬凯. Verilog HDL数字设计教程[M]. 西安:西安电子科技大学出版社,2010.

第二部分

计算机组成原理

第一篇　验证性实验

实验一　数据通路实验

一、实验目的

了解计算机组成原理实验系统的硬件结构，初步了解总线的数据通路及奇偶运用规则。

二、实验原理

系统数据总线作为计算机传递信息的通道是连接各个功能部件的纽带，在计算机中起着至关重要的作用。模型机的工作过程就是计算机各个功能部件之间的信息，通过数据通路不断有序流动的过程，如图1-1所示。

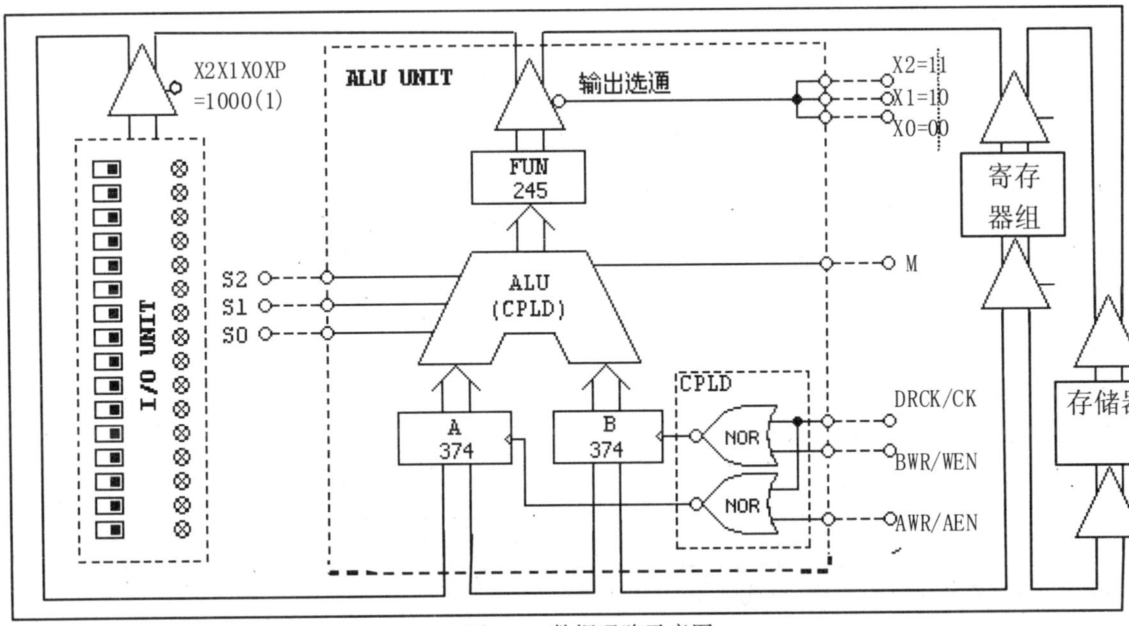

图1-1　数据通路示意图

在“手动搭接态”，图中的控制信号X2X1X0XP由实验连接对应的二进制开关控制，有效（“0”）时，相应逻辑部件数据允许输出到数据总线，实现数据输出操作；AWR/AWEN、BWR/WEN有效时，通过【单拍/STEP】按钮产生的脉冲把总线上的数据打入，相应逻辑部件允许接收数据总线上的数据，实现数据输入操作。

三、实验设备

Dais-CMX计算机组成原理与体系结构实验箱或DJ-CPTH超强型计算机组成原理与系统结构实验箱

四、实验内容

1.实验连线

K23~K0置“1”,灭M23~M0控位显示灯。然后按下表要求“搭接”部件控制电路。

2.实验模式

手动搭接状态,操作方法参见附录一。

表1-1 数据通路连线表

连线	信号孔	接入孔	作用	有效电平
1	DRCK	CLOCK	手动实验状态的时钟源(Dais-CMX机型)	上升沿打入
2	X2	K1	源部件译码输入端X2	三八译码 八中选一 低电平有效
3	X1	K2	源部件译码输入端X1	
4	X0	K3	源部件译码输入端X0	
5	XP	K4	源部件奇偶标志:0=偶寻址,1=奇寻址	
6	M	K5	运算控制位:0=算术运算,1=逻辑运算	
7	S2	K6	运算状态位S2	
8	S1	K7	运算状态位S1	
9	S0	K8	运算状态位S0	
10	AWR/AEN	K9	A寄存器写使能	低电平有效
11	BWR/WEN	K10	B/W暂存器写使能	低电平有效
12	J1座	J3座	将K23-K16接入DBUS[7:0](CPTH机型)	实验模式手动

3.将55H写入寄存器A

(1)置数据开关:55H

(2)置控制信号

X2	X1	X0	XP
1	0	0	0

使开关数据输出到数据总线,总线数据灯自动显示为55H。

(3)置控制信号

AWR/AEN	BWR/WEN
0	1

然后按【单拍/STEP】按钮产生的脉冲把数据总线上的数据55H输入到寄存器A。

4.将A的内容通过ALU输出到数据总线

(1)置控制信号

M	S2	S1	S0
1	1	1	1

使ALU=A。

(2)置控制信号。

X2	X1	X0	说明
1	1	0	Dais-CMX08+机型
1	0	0	CPTH 机型

使ALU的值输出到数据总线,总线数据灯自动显示为55H。

五、实验要求

1.实验目标

(1)将66H写入寄存器B。

(2)将B(W)的内容通过ALU输出到数据总线(MS2S1S0=1000,ALU=B/W)。

2.思考题

(1)画出计算机结构简图。

(2)什么是正逻辑?什么是负逻辑?

(3)什么是数据通路?如何建立数据通路?

实验二 运算器与寄存器实验(手动搭接)

一、实验目的

1.熟悉通用寄存器的数据通路,了解通用寄存器的构成和运用。

2.掌握八位运算器的数据传输格式,验证运算功能发生器及进位控制的组合功能。

二、实验原理

寄存器的作用是用于保存数据的,因为我们的模型机是8位的,因此在本模型机中大部分寄存器是8位的,标志位寄存器(Cy, Z)是二位的。通用寄存器数据通路如图2-1所示。

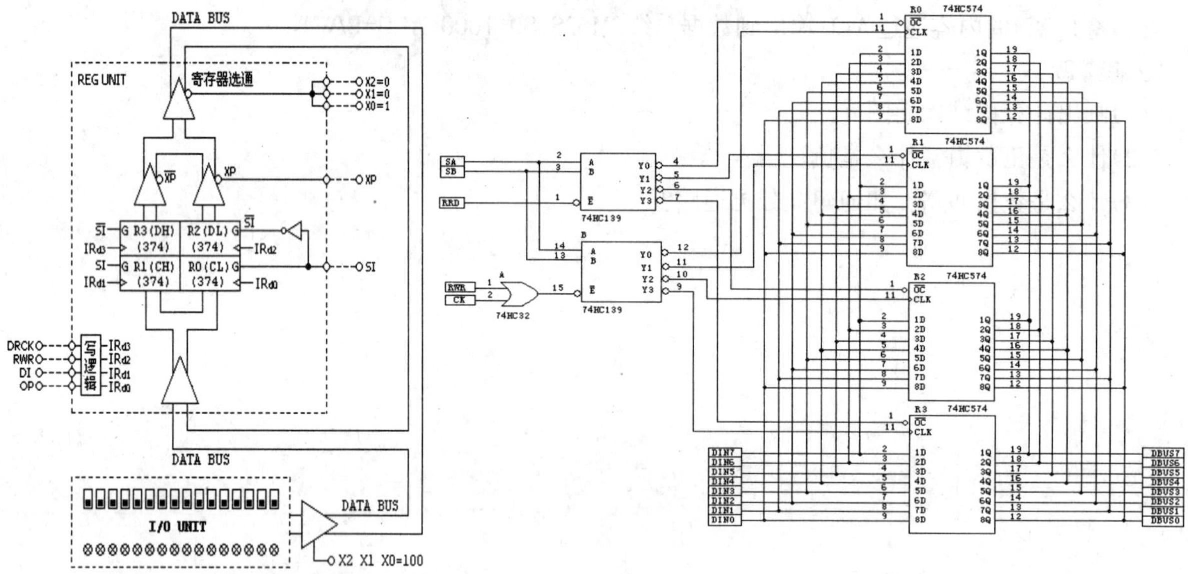

(a)Dais-CMX08机型 (b)CPTH机型

图2-1 通用寄存器数据通路

表2-1 ALU运算器编码表

算术运算

M	S2	S1	S0	功能
0	0	0	0	*A+B+C*
0	0	0	1	*A-B-C*
0	0	1	0	*RLC*
0	0	1	1	*RRC*
0	1	0	0	*A+B*
0	1	0	1	*A-B*
0	1	1	0	*RL*
0	1	1	1	*RR*

逻辑运算

M	S2	S1	S0	功能
1	0	0	0	*B*
1	0	0	1	*/A*
1	0	1	0	*A-1*
1	0	1	1	*A=0*
1	1	0	0	*A#B*
1	1	0	1	*A&B*
1	1	1	0	*A+1*
1	1	1	1	*A*

运算器数据通路图如实验一中图1-1所示,ALU由一片CPLD实现,可实现多种算术和逻辑运算,通

过M,S2,S1,S0来选择(表2-1),运算数据由寄存器A及寄存器B/W给出,运算结果经过三态门与数据总线相连。

三、实验设备

Dais-CMX计算机组成原理与体系结构实验箱或DJ-CPTH超强型计算机组成原理与系统结构实验箱

四、实验内容

1.实验连线

K23~K0置“1”,灭M23~M0控位显示灯。然后按表2-2和实验一中表1-1的要求“搭接”部件控制电路。

表2-2 数据通路连线表

连线	信号孔	接入孔	作用	有效电平
1	DI/SB	K11	寄存器地址信号	
2	OP/SA	K12		
3	RWR	K13	通用寄存器写使能	低有效
4	SI/RRD	K14	源寄存器地址/寄存器读使能(低有效)	
5	D7…D0	L7…L0	观察寄存器数据输出(CPTH机型)	

2.寄存器读写操作

(1)将11H写入R0寄存器。

置数据开关:11H;

置控制开关:数据11H输出到数据总线;

X2	X1	X0	XP
1	0	0	0

置控制开关:设置目的地址,选择寄存器R0。

RWR	DI/SB	OP/SA
0	0	0

然后按【单拍/STEP】按钮产生的脉冲把数据总线上的数据11H输入寄存器R0。改变目的地址,将数据22H、33H、44H分别写入R1、R2、R3寄存器。

(2)读R0寄存器

置控制开关:设置源地址,选择寄存器R0。

X2	X1	X0	SI	XP	RWR	SB	SA
0	0	1	0	0	0	0	0
Dais-CMX08+机型					CPTH机型		

然后按【单拍/STEP】按钮产生的脉冲把数据总线上的数据11H输入到寄存器R0。改变源寄存器地址,依次读出R1、R2、R3寄存器的内容。

(3)算术运算

数据11H写入寄存器A:操作方法见实验一。

数据22H写入寄存器B/W:操作方法见实验一。

置控制信号:

M	S2	S1	S0	说明
0	1	0	0	F=A加B(Dais-CMX08+机型)
	0	0	0	F=A加W(CPTH机型)

改变控制信号,检验"表2-1 ALU运算器编码表"中所列的各项运算功能。

注意观察:运算器在加上控制信号及数据(A、B/W)后,立刻给出运算结果,不需要时钟。

五、实验要求

1.实验目标

(1)R0=33H　R1=44H　R2=55H　R3=66H　A=77H　B/W=88H

(2)R0+R1→R0　　R2+R3→R2

(3)R1左移3次→R1　　R3左移3次→R3

2.思考题

(1)ALU输入、运算、输出数据通路所需的控制信号有哪些?

(2)通用寄存器读写操作的数据通路及控制信号有哪些?

(3)验证表2-3中所列的运算功能。

表2-3　ALU运算器真值表

运算控制	运算表达式	M	S2	S1	S0	*A*	*B*	运算结果
带进位算术加	*A+B+C*	0	0	0	0	55	77	FUN=(CC)
带借位算术减	*A-B-C*	0	0	0	1	55	77	FUN=(DE)
带进位左移	*RLC A*	0	0	1	0	55	77	FUN=(AA)
带进位右移	*RRC A*	0	0	1	1			FUN=(　)
算术加	*A+B*	0	1	0	0			FUN=(　)
算术减	*A-B*	0	1	0	1			FUN=(　)
左移	*RL A*	0	1	1	0			FUN=(　)
右移	*RR A*	0	1	1	1			FUN=(　)
取B值	*B*	1	0	0	0	55	77	FUN=(77)
A取反	*NOT A*	1	0	0	1	55	77	FUN=(AA)
A减1	*A-1*	1	0	1	0	55	77	FUN=(54)
清零	*0*	1	0	1	1			FUN=(　)
逻辑或	*A OR B*	1	1	0	0			FUN=(　)
逻辑与	*A AND B*	1	1	0	1			FUN=(　)
A加1	*A+1*	1	1	1	0			FUN=(　)
取A值	*A*	1	1	1	1			FUN=(　)

在给定*A*=55H、*B*=77H的情况下,K23~K0置"1",改变运算器的功能设置位M S2 S1 S0,观察运算器的输出,填入表格中,并和理论分析进行比较、验证。

实验三　存储器读写实验(手动搭接)

一、实验目的

熟悉和了解存储器组织与总线组成的数据通路及控制方法。

二、实验原理

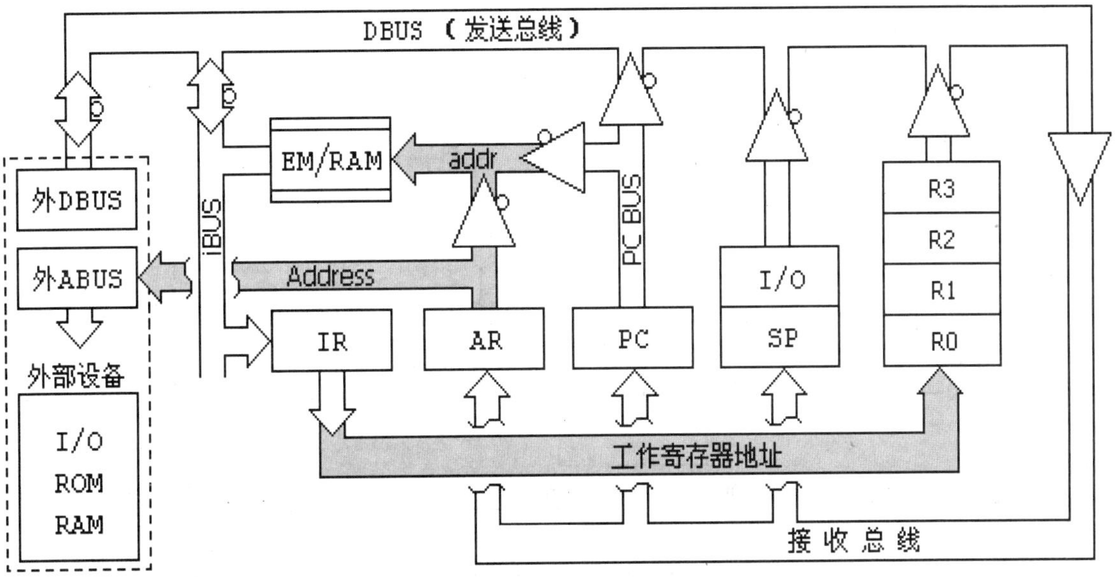

图3-1　地址总线组成通路Dais-CMX

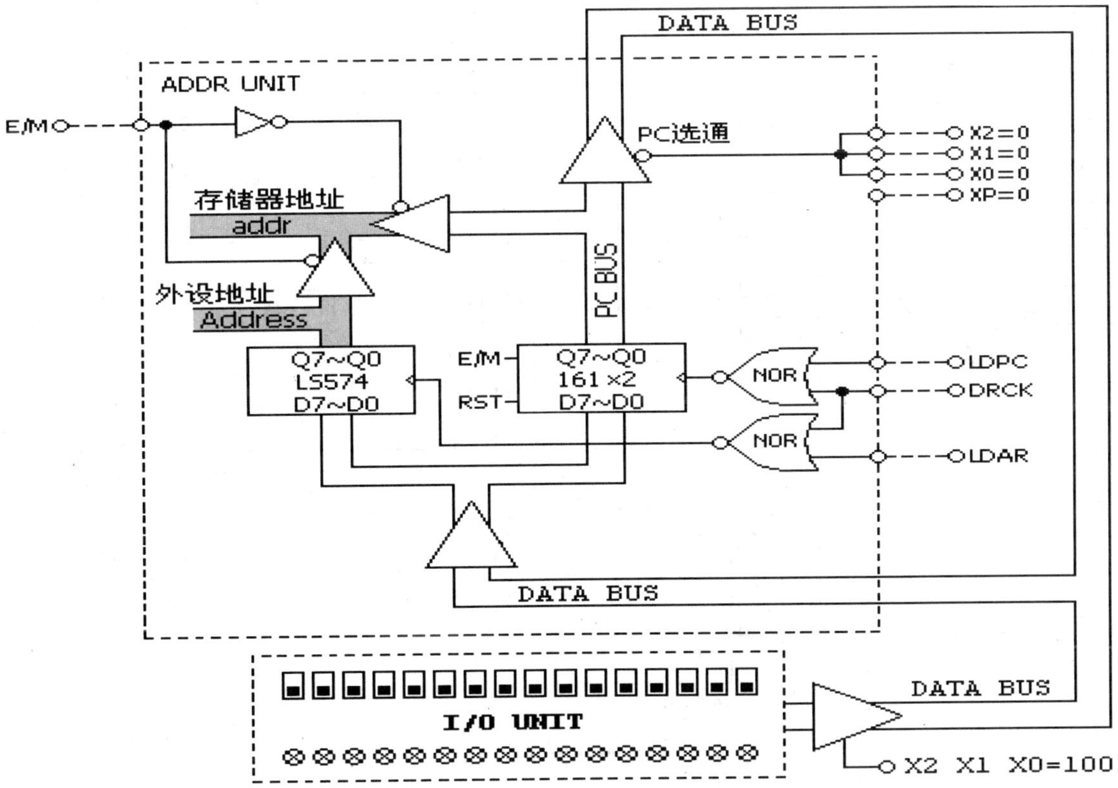

图3-2　地址部件控制电路Dais-CMX

存储器是计算机的存储部件,用于存放程序和数据。存储器是计算机信息存储的核心,是计算机必不可少的部件之一,计算机就是按存放在存储器中的程序自动有序不间断地进行工作。

存储器单元按地址访问。地址总线的作用是传递地址信息,输出当前数据总线上发送信息的源地址或接收信息的目的地址。如图3-1所示,本系统设有程序与数据两条地址总线,通过PC计数器提供程序存储器地址,并由地址寄存器AR传递数据存储器地址及外设地址,通过指令总线送AR形成指令定义的内存地址。

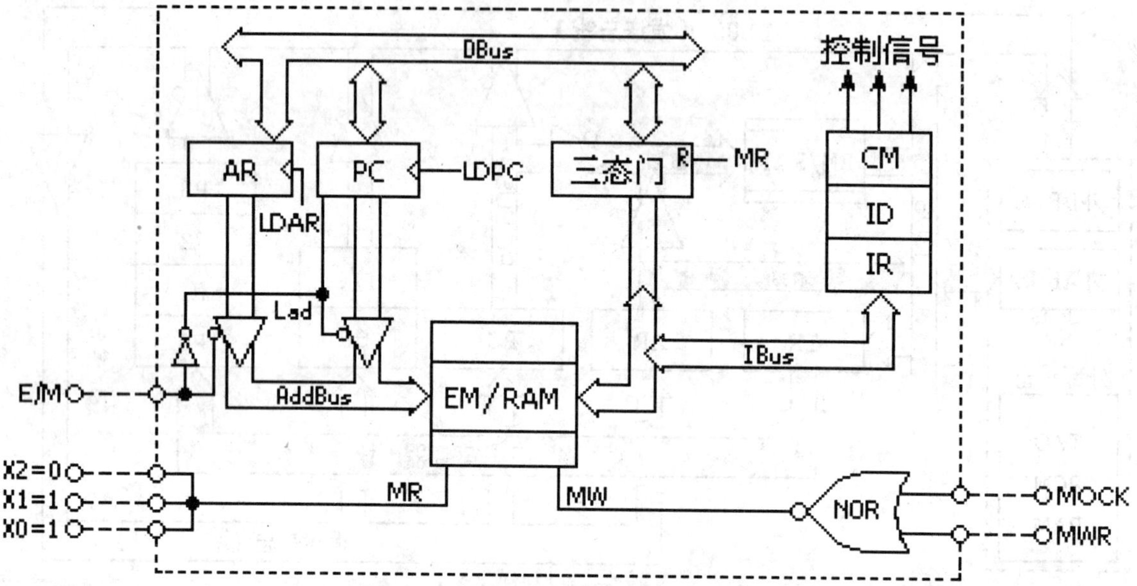

图3-3 存储器数据通路 Dais-CMX

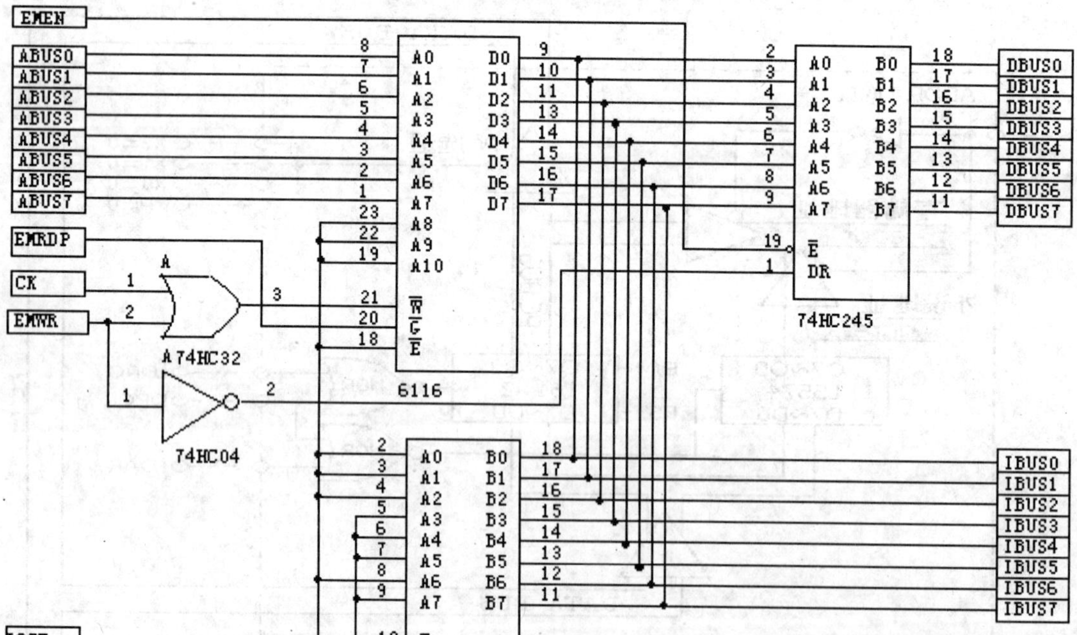

图3-2 存储器数据通路CPTH

系统从提高存储器存储效率的角度设计数据通路,按现代计算机中最为典型的分段存储理念把存储器组织划分为程序段、数据段、内存或堆栈段,由此派生了数据总线(DBUS)、指令总线(IBUS)、微总线(uBUS)等与现代计算机设计规范相吻合的实验环境。

实验所用的存储器电路原理如图3-1、图3-2、图3-3、图3-4所示,该存储器组织由一片6116构成具有段概念的信息存储体系,该存储体系Addr由PC指针和AR/MAR指针分时提供,E/M控位为"1"时选通PC,反之选通AR/MAR。该存储器可动态变更程序源与数据源,把我们的教学实验提高到能与现代计算机设计规范相匹配且接轨的层面。

图3-3所示存储器由两个部分组成,详见下表:

分类	存储容量	寻址范围
程序段	256字节	0~0FF
数据段	256字节	0~0FF

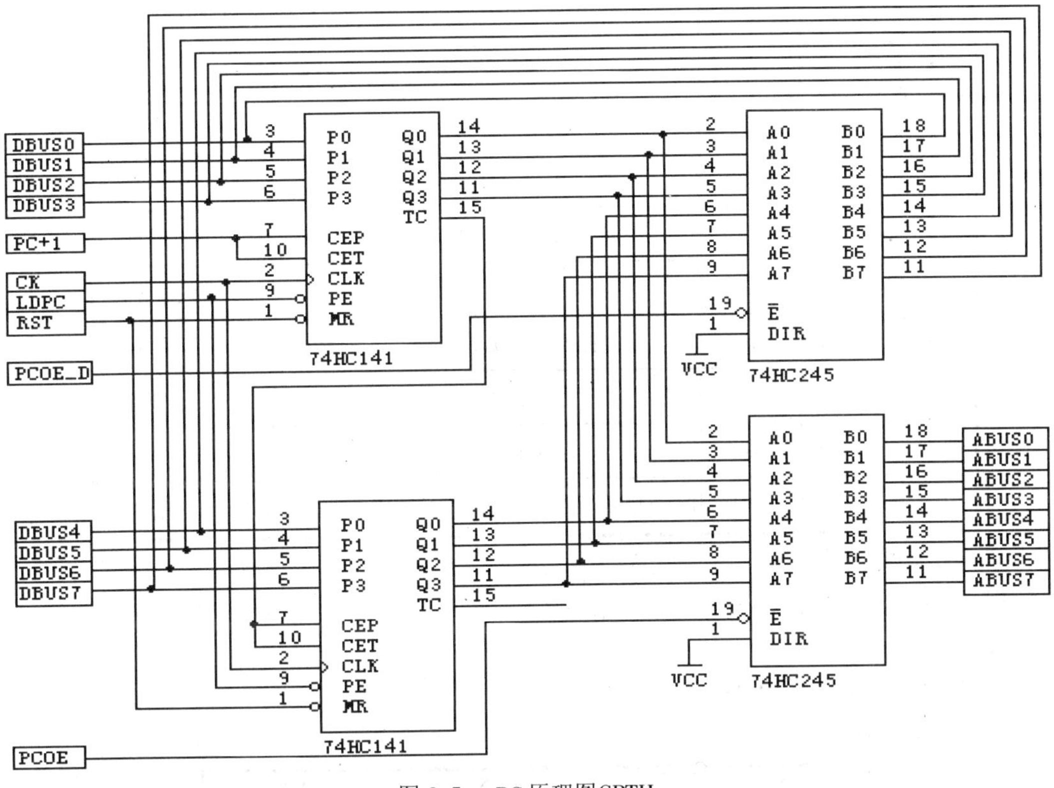

图 3-5 PC原理图CPTH

三、实验设备

Dais-CMX计算机组成原理与体系结构实验箱或DJ-CPTH超强型计算机组成原理与系统结构实验箱

四、实验内容

1.实验连线

K23~K0置"1",灭M23~M0控位显示灯。然后按表3-1要求"搭接"部件控制电路。

表3-1 连线表

连线	信号孔	接入孔	作用	有效电平
1	MOCK	CLOCK	单元手动实验状态的时钟来源	上升沿打入

连线	信号孔	接入孔	作用	有效电平
2	X2	K1	源部件译码输入端X2	三八译码 八中选一 低电平有效
3	X1	K2	源部件译码输入端X1	
4	X0	K3	源部件译码输入端X0	
5	XP	K4	I/O部件奇偶标志:0=偶寻址,1=奇寻址	
6	E/M	K4	Addr地址段定义:0=AR指针,1=PC指针	
7	MWR	K5	存储器写使能:0=存储器写,1=存储器读	
8	LDAR	K6	AR地址寄存器写使能	低电平有效
9	LDPC	K7	PC装载(当E/M=0)与PC+1(当E/M=1)	低电平有效
10	J2	J3	将K23-K16接入DBUS[7:0](CPTH)	
11	IREN	K1	IR、uPC写允许(CPTH)	低电平有效
12	PCOE	K2	PC输出地址(CPTH)	低电平有效
13	MAROE	K3	MAR输出地址(CPTH)	低电平有效
14	MAREN	K4	MAR写允许(CPTH)	低电平有效
15	EMEN	K4	存储器与数据总线相连(CPTH)	低电平有效
16	EMRD	K5	存储器读允许(CPTH)	低电平有效
17	EMWR	K6	存储器写允许(CPTH)	低电平有效
18	CK	已连接	PC、MAR、存储器写、IR、uPC工作脉冲(CPTH)	上升沿有效

2.存储器分段读写操作

(1)数据段写操作:将数据88H写入数据段01H单元

①传送地址。

置地址信号:I/O开关置为01H;

置控制信号:I/O输出允许;

X2	X1	X0	XP
1	0	0	0

置控制信号:LDAR=0(AR输入允许),然后按“单拍”按钮产生脉冲将01H存入地址寄存器AR。

②传送数据。

置数据信号:I/O开关置为88H;

置控制信号:I/O输出允许;

X2	X1	X0	XP
1	0	0	0

置控制信号:数据段输入允许。

E/M	MWR	LDAR
0	0	1

然后按“单拍”按钮产生脉冲将88H存入数据段01H号单元。按上述流程,可将99H、AAH、BBH分别写入数据段的02H、03H、04H号单元。

(2)数据段读操作:读出数据段地址为01H的单元内容

①传送地址。

置地址信号:I/O开关置为01H;

置控制信号:I/O输出允许;

X2	X1	X0	XP
1	0	0	0

置控制信号:LDAR=0(AR输入允许),然后按"单拍"按钮产生脉冲将01H存入地址寄存器AR。

②传送数据。

置控制信号:数据段输出允许。

X2	X1	X0	E/M	LDAR
0	1	1	0	1

按上述流程,可依次读出数据段的02H、03H、04H号单元的内容。

(3)程序段写操作:将数据77H写入程序段01H单元

①传送地址。

置地址信号:I/O开关置为01H;

置控制信号:I/O输出允许;

X2	X1	X0	XP
1	0	0	0

置控制信号:PC输入允许。

E/M	LDPC	MWR
0	0	1

然后按"单拍"按钮产生脉冲将01H存入程序计数器PC。

②传送数据。

置数据信号:I/O开关置为77H;

置控制信号:I/O输出允许;

X2	X1	X0	XP
1	0	0	0

置控制信号:程序段输入允许。

E/M	LDPC	MWR
1	1/0	0

然后按"单拍"按钮产生脉冲将77H存入程序段01H号单元。按上述流程,可将66H、55H、44H分别写入程序段的02H、03H、04H号单元。

(4)程序段读操作:读程序段01H号单元内容

①传送地址。

置地址信号:I/O开关置为01H;

置控制信号:I/O输出允许;

X2	X1	X0	XP
1	0	0	0

置控制信号:PC输入允许。

E/M	LDPC	MWR
0	0	1

然后按“单拍”按钮产生脉冲将01H存入程序计数器PC。

②传送数据。

置控制信号:程序段输出允许。

X2	X1	X0	E/M	LDPC	MWR
0	1	1	1	0	1

程序段01H号单元的内容77H传送到数据总线。此时每按一次“单拍”按钮,PC+1可依次读出程序段02H、03H、04H号单元的内容。

3.存储器读写操作(CPTH)

(1)存储器写操作:将数据11H写入存储器01H单元

①传送地址。

置地址信号:I/O开关置为01H;

置控制信号:MAR输入允许。

IREN	PCOE	MAROE	MAREN	EMEN	EMRD	EMWR
1	1	1	0	1	1	1

然后按“STEP”键,将01H存入地址寄存器MAR。

②传送数据。

置数据信号:I/O开关置为11H;

置控制信号:存储器输入允许。

IREN	PCOE	MAROE	MAREN	EMEN	EMRD	EMWR
1	1	0	1	0	1	0

然后按“STEP”键,将11H存入存储器01H号单元。按上述流程,可将99H、AAH、BBH分别写入存储器02H、03H、04H号单元。

(2)存储器读操作:读存储器01H单元内容

①传送地址。

置地址信号:I/O开关置为01H;

置控制信号:MAR输入允许。

IREN	PCOE	MAROE	MAREN	EMEN	EMRD	EMWR
1	1	1	0	1	1	1

然后按“STEP”键,将01H存入地址寄存器MAR。

②传送数据。

置控制信号:存储器输出允许;

IREN	PCOE	MAROE	MAREN	EMEN	EMRD	EMWR
1	1	0	1	1	0	1

则EM[01H]被读出：11 H。

③)EM[01H]内容写入IR及uPC。

置控制信号：

IREN	PCOE	MAROE	MAREN	EMEN	EMRD	EMWR
0	1	0	1	1	0	1

然后按"STEP"键，将EM[01H]写入IR及uPC：IR=11H，uPC=10H。按上述流程，可依次读出存储器02H、03H、04H号单元内容并写入IR及uPC。

五、实验要求

1.实验目标

(1)代码段00H~0FH单元的分别写入：80H~8FH。

(2)数据段00H~0FH单元的分别写入：90H~9FH。

(3)分段连续读出所写的内容，见表3-2。

2.思考题

(1)如何实现代码段的连读连写操作？

(2)如何实现数据段的连读连写操作？

表3-2　内存分布

	地址	内容		地址	内容
代码段	00H	80H	数据段	00H	90H
	01H	81H		01H	91H
	02H	82H		02H	92H
	03H	83H		03H	93H
	04H	84H		04H	94H
	05H	85H		05H	95H
	06H	86H		06H	96H
	……	……		……	……
	0FH	8FH		0FH	9FH
	……	……		……	……
	FFH	……		FFH	……

实验四　IR、通用寄存器及I/O口读写实验(手动在线)

一、实验目的

1.熟悉与了解标准双向I/O构成原理,掌握手动在线方式下I/O口读写及数据通路的应用。
2.熟悉通用寄存器的数据通路,掌握手动在线方式通用寄存器的构成与控制信号的应用。
3.完成算术、逻辑、移位运算实验,掌握手动在线方式下ALU控制信号的应用。

二、实验原理

手动“在线”态,按微控制器设计规范定义和命名部件的控制信号,用二进制开关模拟微操作,围绕微控制模式展开实验。使学生逐步建立微控制器的概念,为模型机的设计和实现奠定基础。

“在线”方式下,控制器与部件之间已建立了“主从式”控制关系,也就是说控制器已进入载体工作状态,因此“在线”方式下对于控制器已定义部件的“实验电路连接”是不允许的,属非法操作。在进入手动“在线”实验前,必须判断当前实验环境是否处于“手动”“在线”状态,若否,则首先卸去所有的实验连接,再按照附录一提供的操作方法,把实验箱工作状态设置为“手动”“在线”状态。然后才能进入手动“在线”示例的实践操作。

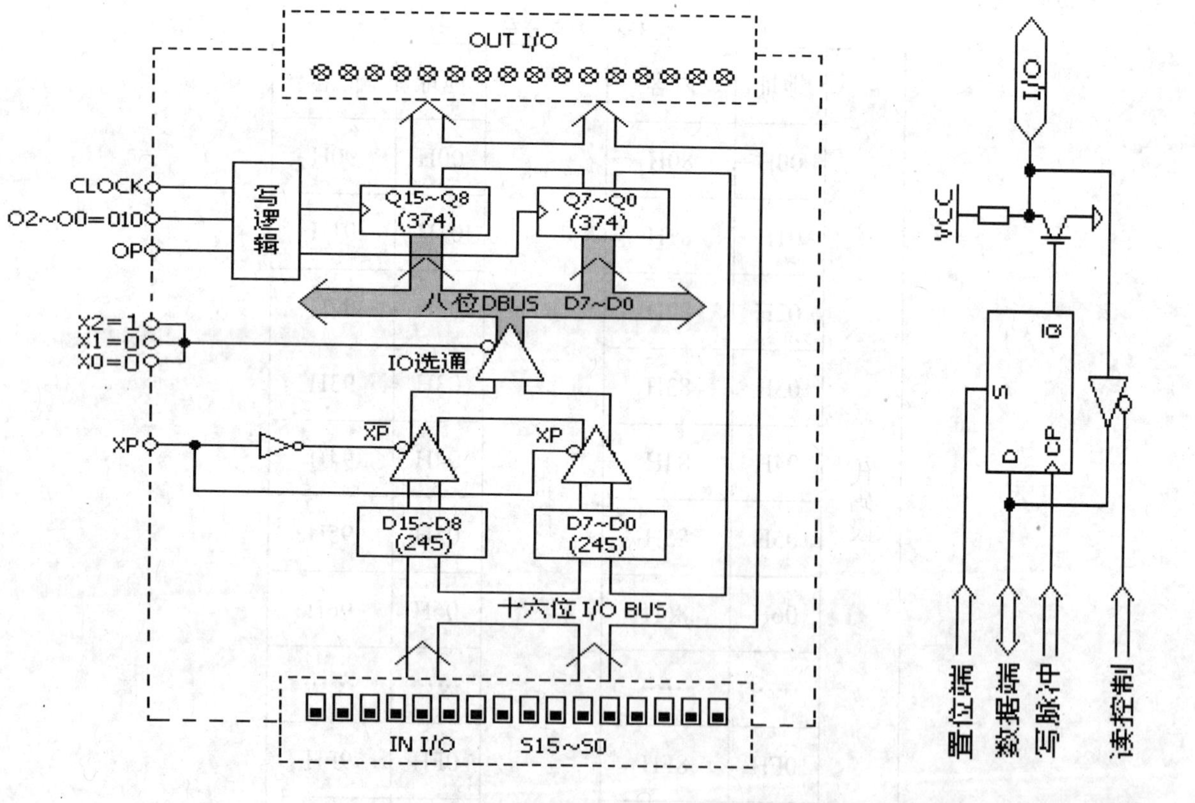

(a)　I/O口数据通路　　　　(b)　准双向 I/O电路

图4-1　I/O口数据通路及准双向I/O电路

Dais-CMX08⁺向用户提供的是按准双向原理设计的十六位I/O口,当该位为“1”时才能用作输入源,上电或复位(手动态按【返回】键),该十六位I/O口被置位(即为“0FFFFH”)。通常情况下,在用作输入的时候就不能再有输出定义。电路结构如图4-1(b)所示。该口外接十六位二进制数据开关,适用于外部数据的输入,该口跨接十六个发光二极管和经缓冲驱动的四个七段显示,能以二进制和十六进制两种方式显示I/O口的输入输出状态。发光管在高电平“1”时点亮发光。

实验中所用的I/O口数据通路如图4-1(a)所示。I/O的输入经2片74LS245缓冲与数据总线相连，I/O口的输出由2片74LS574锁存后输出，锁存器的输入端与数据总线相连。

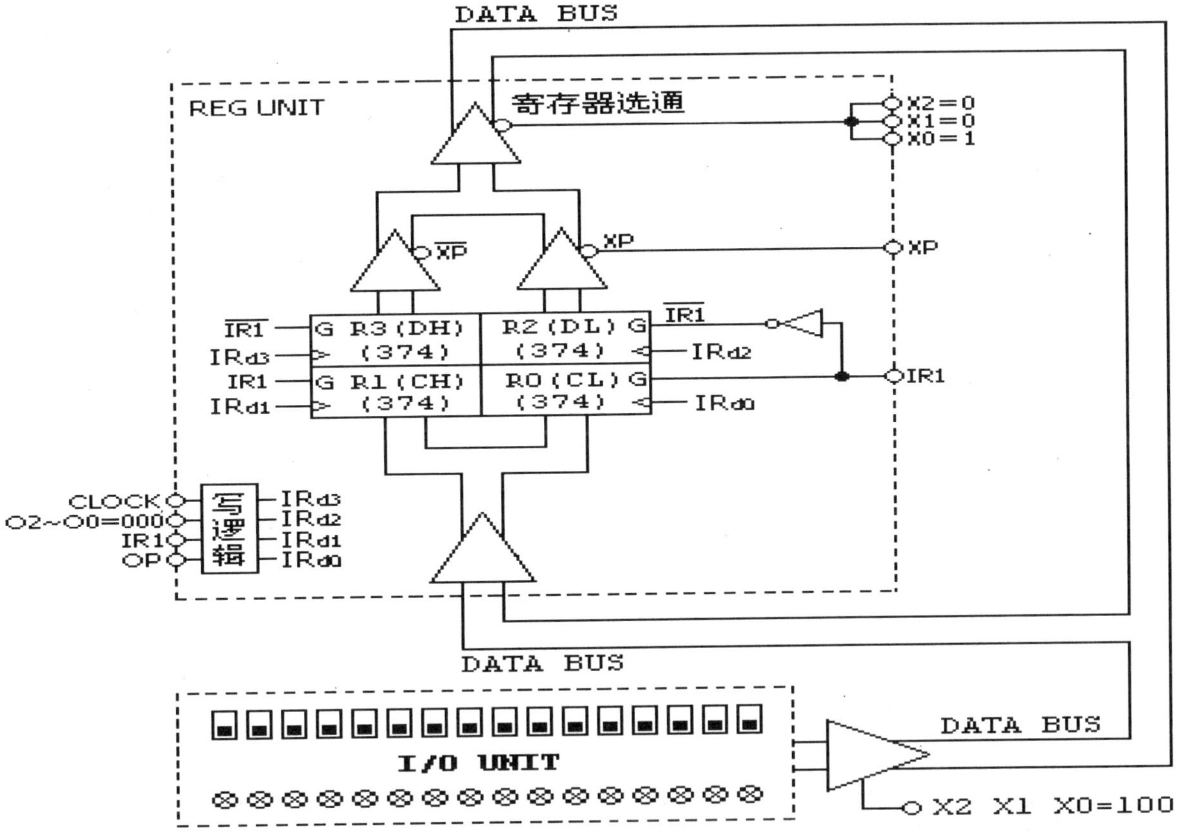

图4-2　通用寄存器数据通路

实验中所用的通用寄存器数据通路如图4-2所示。由四片8位字长的74LS374组成R1 R0(CX)、R3 R2(DX)通用寄存器组。图中X2X1X0=001时选通通用寄存器组，IR1、XP为源寄存器编码。图中O2O1O0=000时为寄存器数据写选通，IR1、OP为目的寄存器写编码。DRCK信号为寄存器组打入脉冲，上升沿有效。准双向I/O端口用于置数操作，经2片74LS245三态门与数据总线相连。

IR1为指令寄存器IR的第1位，IR的数据通路参见实验三中图3-1地址部件控制电路。

实验中所用的运算器数据通路如图4-3所示。ALU运算器由CPLD描述。运算器的输出FUN经过74LS245三态门与数据总线相连，运算源寄存器A和暂存器B的数据输入端分别由2个74LS574锁存器锁存，锁存器的输入端与数据总线相连，准双向I/O输入输出端口用来给出参与运算的数据，经2片74LS245三态门与数据总线相连。

图4-3中A、B寄存器的写控制由O2~O0编码定义，按【单拍】按钮完成运算源的数据打入。

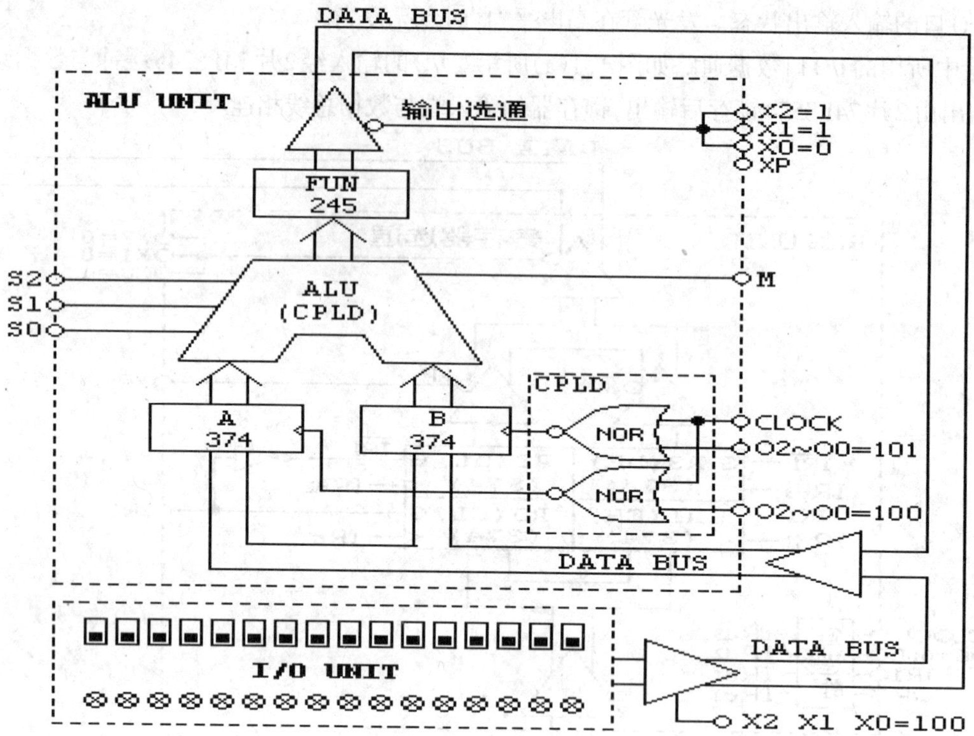

图 4-3 运算器数据通路

三、实验设备

Dais-CMX 计算机组成原理与体系结构实验箱

四、实验内容

1.I/O口读写

(1)在线方式I/O的寻址定义

I/O口源编址

源编码			I/O编址	注释
X2	X1	X0	XP	
1	0	0	0	S7~S0读
			1	S15~S8读

I/O口目的编址

目的编码			I/O编址	注释
O2	O1	O0	OP	
0	1	0	0	S7~S0写
			1	S15~S8写

(2)I/O口奇送偶(S15~S8送S7~S0)

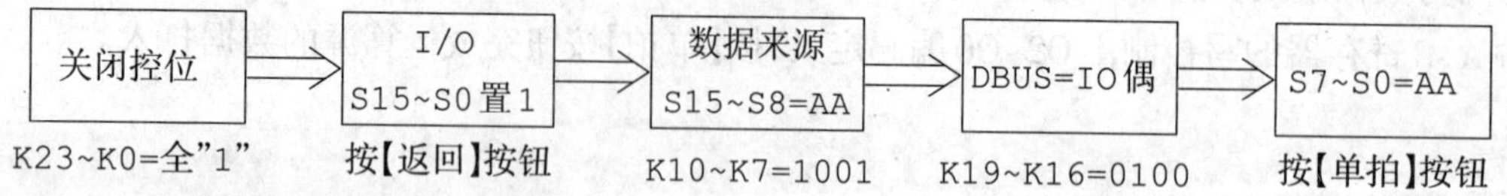

(3)I/O口偶送奇(S7~S0送S15~S8)

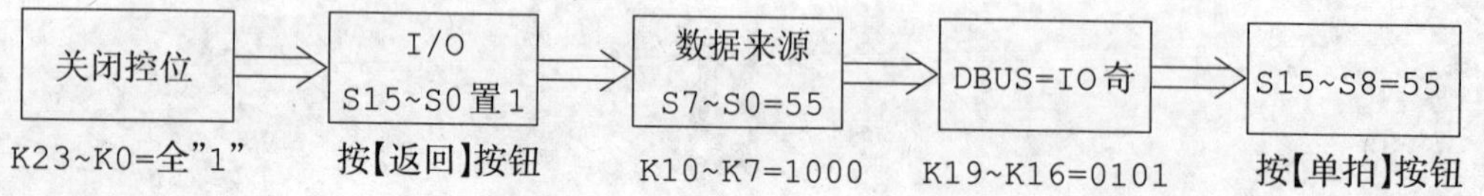

2.通用寄存器R0~R3写操作

(1)通用寄存器写编码

目标使能	通用寄存器目的编址			功能说明
K19~K17	指令寄存器	K16	T	
O2~O0	IR1(位)	OP		
000	0	0	↑	R0写
	0	1	↑	R1写
	1	0	↑	R2写
	1	1	↑	R3写

(2)R1R0写流程

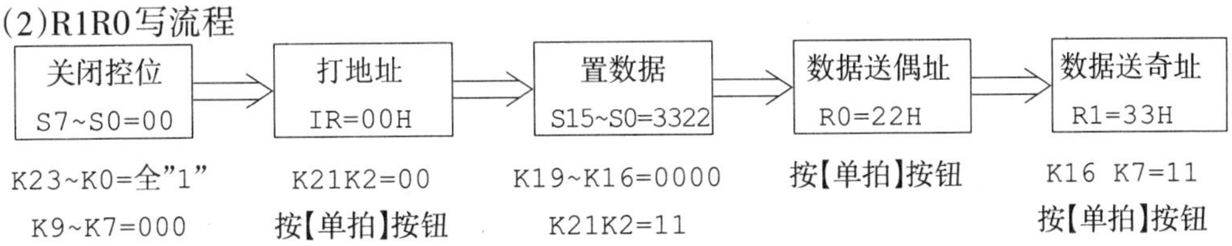

(3)R3R2写流程

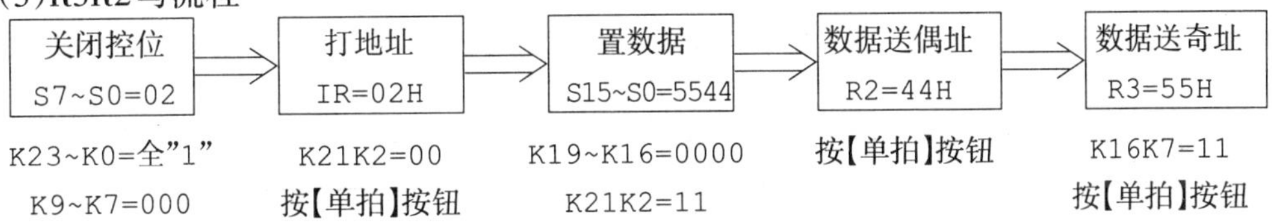

3.通用寄存器R0~R3读操作

(1)通用寄存器读编码

源使能			通用寄存器源编址		功能说明
K10	K9	K8	指令寄存器	K7	
X2	X1	X0	IR1(位)	XP	
0	0	1	0	0	R0送总线
			0	1	R1送总线
			1	0	R2送总线
			1	1	R3送总线

(2)R1R0读流程

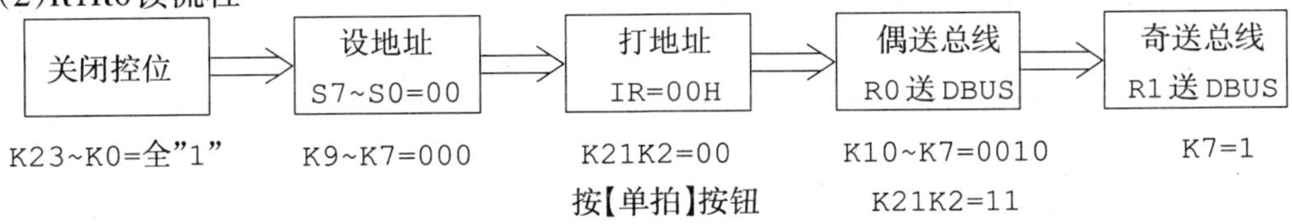

(3)R3R2读流程

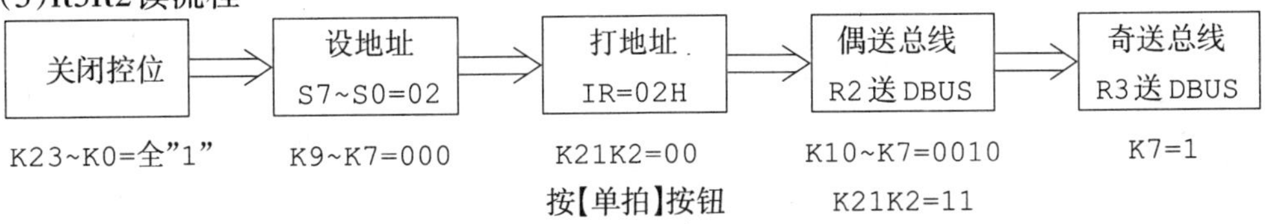

4.算术运算

(1)运算源寄存器写操作

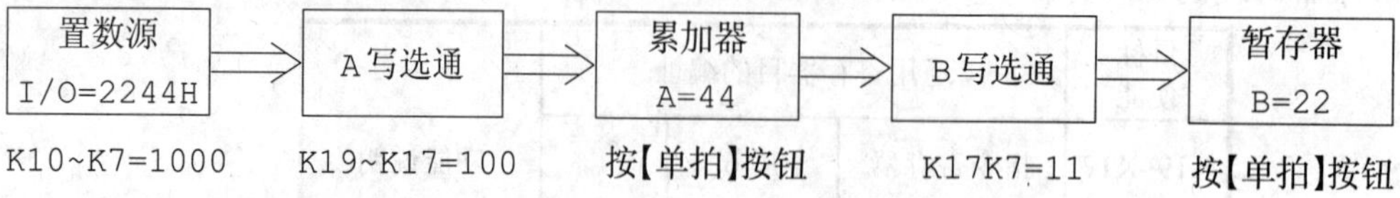

(2)运算源寄存器读操作

关闭A、B写使能,令K19~K17=111,按下流程分别读A、B。

(3)加法与减法运算

令M CN S2 S1 S0„为算术加,FUN及总线单元显示A+B的结果

令M CN S2 S1 S0,为算术减,FUN及总线单元显示A-B的结果。

五、实验要求

1.实验目标

(1)22H→R0　33H→R1　　44H→R2　　55H→R3

(2)R0+R1→I/OH　R2+R3→I/OL

2.思考题

分析并验证表4-1的功能。

表4-1　手动在线模式

O2~O0	IR1	OP	T	功能	O2~O0	IR1	OP	T	功能
000	0	0	↑		100	0	0	↑	
	0	1	↑			0	1	↑	
	1	0	↑			1	0	↑	
	1	1	↑			1	1	↑	
001	0	0	↑		101	0	0	↑	
	0	1	↑			0	1	↑	
	1	0	↑			1	0	↑	
	1	1	↑			1	1	↑	
010	0	0	↑		110	0	0	↑	
	0	1	↑			0	1	↑	
	1	0	↑			1	0	↑	
	1	1	↑			1	1	↑	
011	0	0	↑		111	0	0	↑	
	0	1	↑			0	1	↑	
	1	0	↑			1	0	↑	
	1	1	↑			1	1	↑	

实验五 代码段、数据段和堆栈段的读写实验(手动在线)

一、实验目的

1.熟悉和了解存储器组织与总线组成的数据通路。
2.掌握手动在线方式下,代码段、数据段和堆栈段的读写及读写数据通路的建立方法。

二、实验原理

存储器是计算机的存储部件,用于存放程序和数据。存储器是计算机信息存储的核心,是计算机必不可少的部件之一,计算机就是按存放在存储器中的程序自动有序不间断地进行工作。

本系统从提高存储器存储信息效率的角度设计数据通路,按现代计算机中最为典型的分段存储理念把存储器组织划分为程序段、数据段、内存段等,由此派生了数据总线(DBUS)、指令总线(IBUS)、微总线(uBUS)等与现代计算机设计规范相吻合的实验环境。

实验所用的存储器电路原理如实验三中图3-3所示,该存储器组织由一片6116构成具有段概念的信息存储体系,该存储体系Addr由IP指针和AR指针分时提供,E/M控位为"1"时选通IP,反之选通AR。该存储器可动态变更程序源与数据源,把我们的教学实验提高到能与现代计算机设计规范相匹配和接轨的层面。

1. 存储器组织分类表

本系统存储器由三个部分组成,详见下表:

分类	存储容量	寻址范围
程序段	256字节	0~0FF
数据段	256字节	0~0FF
堆栈段	256字节	0~0FF

2. 存储器源与目的寻址

存储器源寻址

源选通			源控制			注释
X2	X1	X0	E/M	R/M	MW	
0	1	1	1	1	1	程序段读
			0	1	1	数据段读
			0	0	1	堆栈段读

存储器目的寻址

目的选通			目的控制			注释
O2	O1	O0	E/M	R/M	MWR	
111			1	1	0	程序段写
			0	1	0	数据段写
			0	0	0	堆栈段写

注:按【单拍】按钮写入

三、实验设备

Dais-CMX计算机组成原理与体系结构实验箱

四、实验内容

1. 存储器数据段读写操作

(1)数据段写操作

K23~K0置全"1",按下流程对数据存储器0~1单元写入11H、22H。

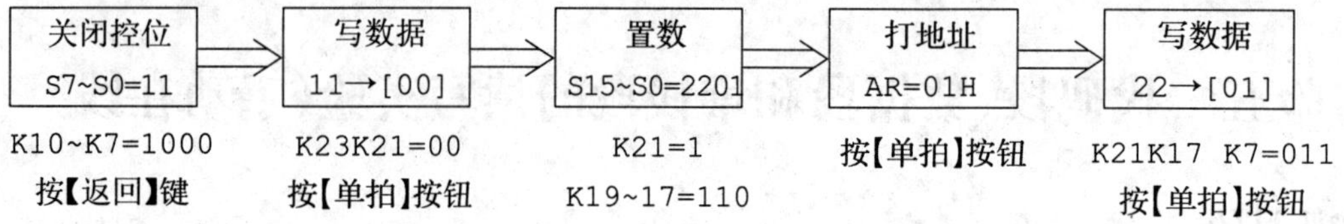

(2)数据段读操作

数据存储器0~1单元读出流程:

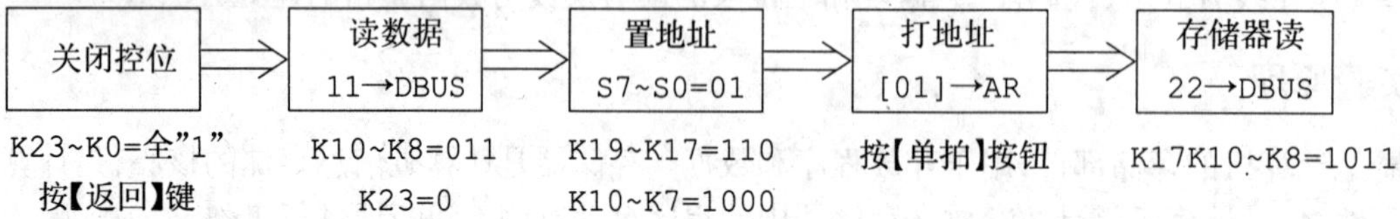

2.存储器程序段读写操作

(1)程序段写操作

程序段0~1单元写入55 AA流程:

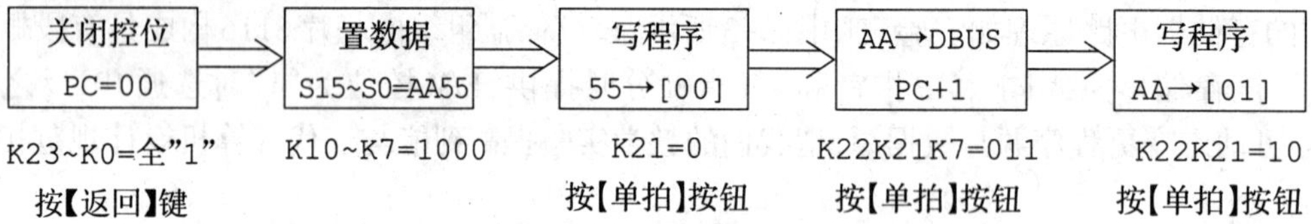

(2)程序段读操作

PC装载及PC+1读操作流程:

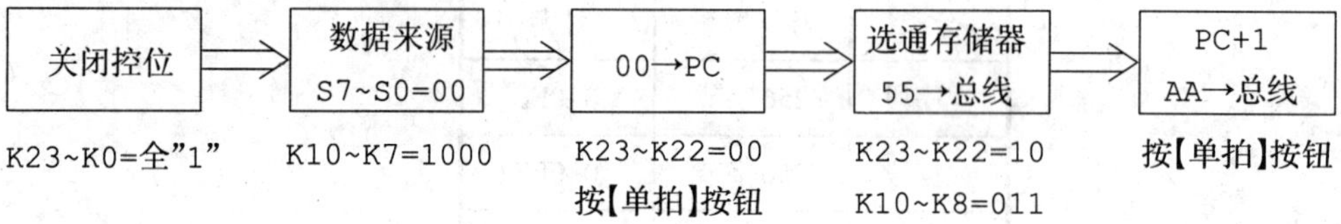

3.存储器堆栈段读写操作

(1)堆栈段写操作流程

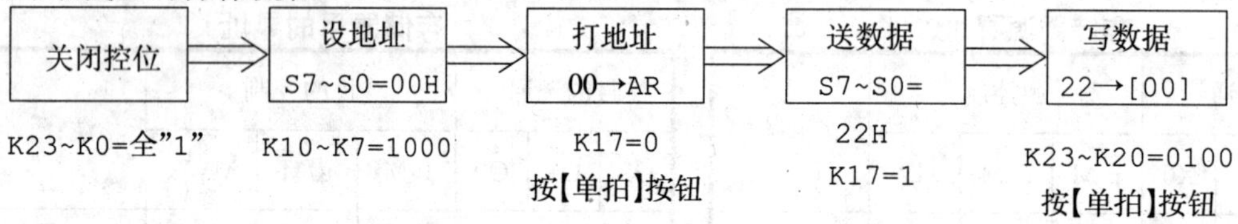

(2)堆栈段读操作流程

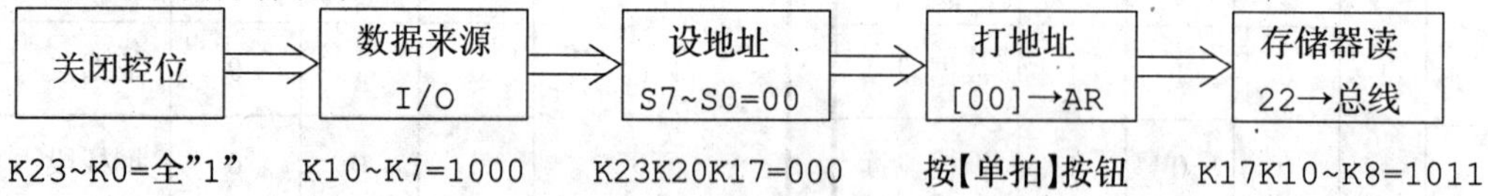

4.存储器组织的分段读出

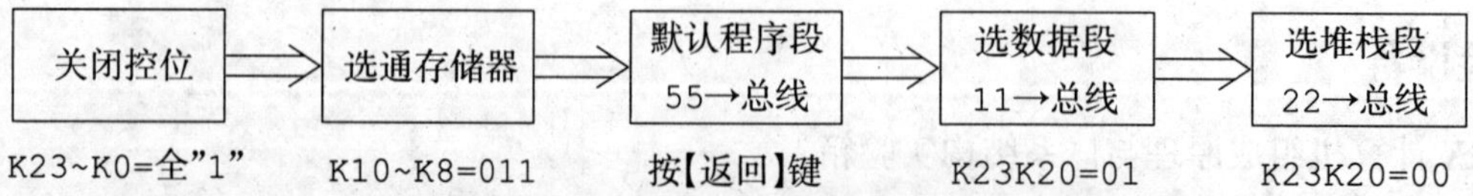

由上述流程可以看出存储器组织0地址单元有三个不同的内容,其中55为程序段内容、11为数据段内容、22为堆栈段内容。当K23 K20=11时,选通程序段。

说明:实验前若当前AR为0,可省略设地址与打地址环节。

五、实验要求

1.实验目标

(1)代码段00H~0FH单元的分别写入:80H~8FH。

(2)数据段00H~0FH单元的分别写入:90H~9FH。

(3)堆栈段00H~0FH单元的分别写入:A0H~AFH。

(4)分段连续读出所写的内容。

2.思考题

分析并验证表5-1功能:

表5-1　手动在线模式

X2~X0	IR1	XP	功能	X2~X0	IR1	XP	功能
000	0	0		100	0	0	
	0	1			0	1	
	1	0			1	0	
	1	1			1	1	
001	0	0		101	0	0	
	0	1			0	1	
	1	0			1	0	
	1	1			1	1	
010	0	0		110	0	0	
	0	1			0	1	
	1	0			1	0	
	1	1			1	1	
011	0	0		111	0	0	
	0	1			0	1	
	1	0			1	0	
	1	1			1	1	

实验六　控制器读写实验

一、实验目的

1.掌握微程序控制器的组成及工作过程。

2.通过单步方式执行若干条微指令的实验，理解微程序控制器的工作原理。

二、实验原理

控制器是计算机的指挥和控制中心，由它把计算机的运算器、存储器、I/O设备等联系成一个有机的系统，并根据程序所设定的微指令序列对各部件的具体要求，适时地发出各种命令，控制计算机各部件有条不紊地进行工作。

如图6-1所示，本系统控制器由组合逻辑与存储逻辑集合组成。两者按独立控制器的规范与标准设计，既可单独控制，亦可交替互补（混合）控制，在国内率先把PLA控制理念融入微控制器的设计与实现中。

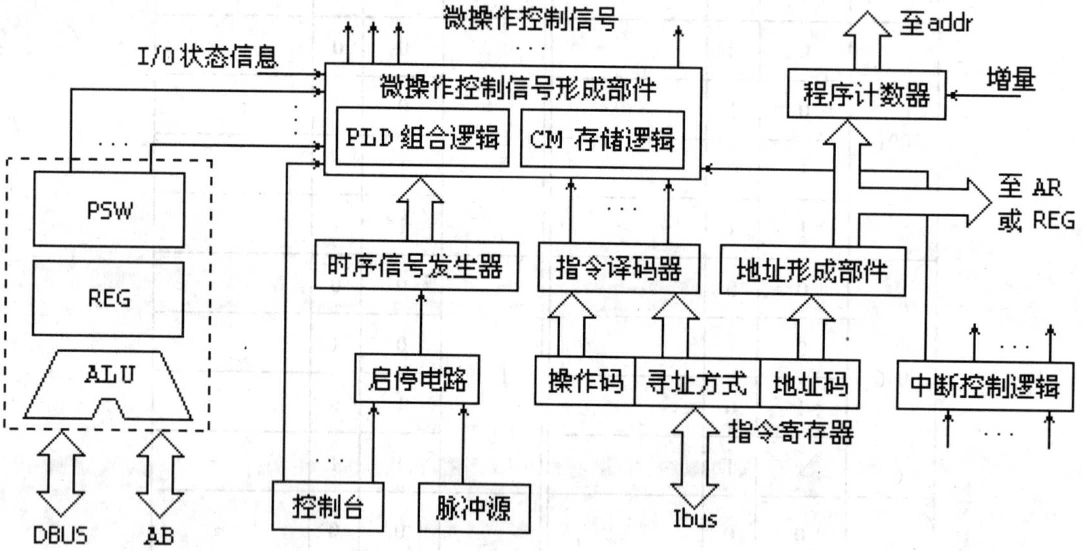

图 6-1　控制器组成框图

1.组合逻辑型与存储逻辑型

如图6-1所示的PLD框为组合逻辑型控制器，由可编程器件XC9572独立组成，在器件编程环境的支撑下完成微操作控制信号的设计与下载，以取得最高操作速度为设计目标。它的缺点是繁琐、杂乱、缺乏规律性，且不易修改和扩充，缺乏灵活性。组合逻辑控制器实质上是一个组合逻辑电路，它将一组输入逻辑信号转换成一组输出控制信号，可称为硬布线控制器。

如图6-1所示的CM框为存储逻辑型微程序控制器，它是采用存储逻辑来实现的，也就是把微操作信号代码化，使每条机器指令转化成为一段微程序，存入控制存储器中，微操作控制信号由微指令产生。

微程序控制器的设计思想和组合逻辑的设计思想截然不同。它具有设计规整，调试、维修以及更改扩充指令方便的优点，易于实现自动化设计，已成为当前控制器的主流。但是，由于它增加了一级控制存储器，所以指令的执行速度比组合逻辑控制器慢。

如图6-1所示，本系统控制器由组合逻辑与存储逻辑集合组成PLA控制器，它是吸收前两种的设计思想实现的。PLA控制器实际上也是一种组合逻辑控制器，但它又与常规的组合逻辑控制器的硬联结构不同，它是程序可编的，某一微操作控制信号由存储逻辑控制器产生。

组合逻辑控制器由大规模可编程器件的软逻辑设计定义，涉及器件的开发环境，我们在基于"RISC"处理器构成的模型机实验中再加以论证。这里以微程序控制器为例展开控制器的原理组成与顺序控制实验。

2.微程序控制器的组成结构

微程序控制的实质是用程序设计的思想方法来组织微操作控制逻辑，用规整的存储逻辑代替繁杂的组合逻辑。把各条指令的微操作序列以二进制编码字的形式设计成微程序，存放在控制存储器中，通过读取并执行相应的微程序实现一条指令的功能。这就是微程序控制的基本概念。

(1)控制存储器CM

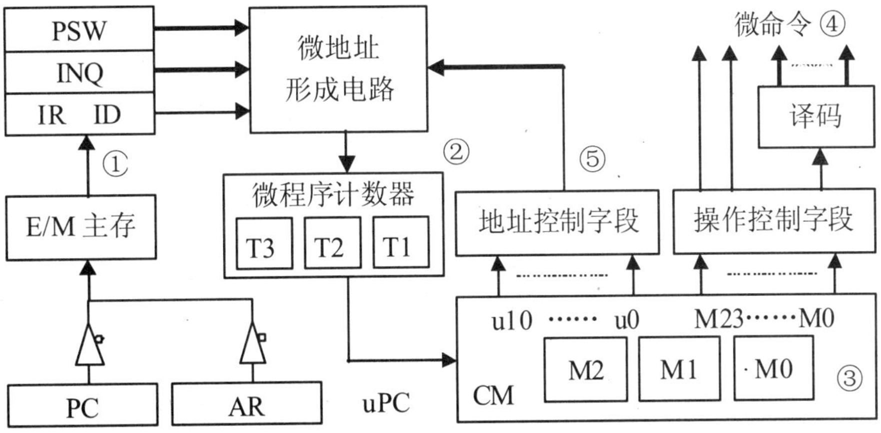

图 6-2　微程序控制器原理图

如图6-2所示的CM框为微程序控制器，由2片6264和1片6116共三片静态存储器平行组成。它们的地址通路由微程序计数器uPC供给，其寻址范围为0~7FF。控制器设有段微址，2片6264的数据端在段微址的指示下分时输出下址与微控制信息，并和6116的数据端平行组成24个途经三态门隔离驱动的微控制位(M23~M0)。

<table>
<tr><td>直控字段</td><td>目的字段</td><td>运算字段</td><td>源字段</td><td rowspan="2">识别字段</td></tr>
<tr><td>保留段</td><td colspan="3">后续微地址字段</td></tr>
<tr><td>M23~M19</td><td colspan="3">M18……M8</td><td>M7~M0</td></tr>
</table>

(2)微程序计数器uPC

图6-2所示的微程序计数器框由3片161构成按字方式寻址的uPC计数器，计数器的输入端通过微总线(uBUS)从指令译码器ID、微控制器(CM)的下址段捕捉非因变分量，从运算标志PSW、中断请求标志INQ等标志捕捉因变分量。计数器的输出端组成12位微地址总线，控制微程序存储器的寻址。其中ua11为段微址，电路构造中与2片6264的地址端"A11"相连，它"0"状态输出微控制信息，"1"状态输出后续微地址。它的清零端由中央处理器单元直控，上电时uPC计数器自动清零，在手动实验中按【返回】键可实现计数器的手动清零。

3.微程序的执行过程

图6-2所标示的字号表示微程序控制的全部工作过程。

①启动取指微指令或微程序，根据程序计数器PC所提供的指令地址，从EM主存中取出所要执行的机器指令，送入指令寄存器IR、指令译码器ID中，并且完成PC+1，指向机器指令的下址单元。

②根据ID译码器中的指令码，把微地址形成电路产生的机器指令起始微地址打入uPC。

③从uPC所指定的CM控制存储器单元分时输出微操作控制字段与后续微地址控制字段。

④微指令的操作控制字段经译码或直接产生一组微命令,控制有关功能部件完成微程序所规定的微操作。

⑤微指令的下址段及当前PSW、INQ等标志送往微地址形成电路,产生下条微指令的地址,进入读取与执行下条微指令。如此循环,直到一条机器指令的微程序全部执行完毕。

4. 微指令格式及编码

本系统采用字段直接编码法,把微指令操作控制字段划分为若干个子字段,每个子字段的所有微命令进行统一编码。

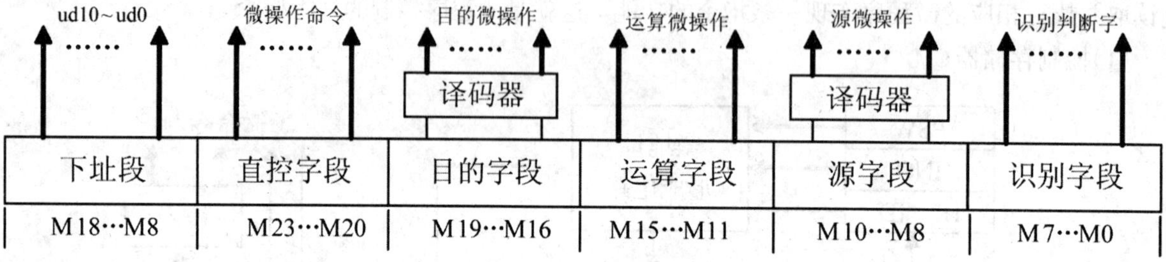

图6-3 微指令控制格式

如图6-3所示,本控制器微指令字长35位,其中24个操作控制位分别由识别判断字段、运算控制字段、源寻址字段、目的寻址字段及直接控制字段组成。在下址捕捉时段由M18~M8输出字为十一位的后续微地址。

(1)识别字段

①M4、M1、M0分别定义Iμ、Icz、Ids,组成下址识别字段。它们的编码如表6-1所示。

表6-1 手控态识别字段编码表

M4	M1	M0	说明
Iμ	Icz	Ids	
0	1	1	微址加1
0	0	0	执行周期微变址
0	0	1	无条件任意变址
1	0	1	带进位标志变址
1	0	0	带零标志位变址

②M2定义为取指控位IR。

表6-2 取指控制一览表

M23	M21	M2	T2	T3	T4	说明
IP	MWR	IR				
0	1	0	↑			打操作码
0	1	0		↑		PC+1
0	1	0			↑	打操作数

*注释:当IP为"1"时PC不变,当MWR为"0"时执行指令寄存器写入操作。

③M3定义为中断控位IE,见中断控制实验部分相关表格。

(2)运算字段

M15~M11组成M、CN、S2、S1、S0运算控制字段,运算控制编码见实验二表2-2。

(3)源控制段

M10~M8组成X2、X1、X0源寻址段。

(4)目的控制段

M19~M17组成O2、O1、O0目的寻址段。

(5)直接控制字段

①M6定义为字操作控位W,在通用寄存器、I/O及运算源寄存器的源与目的寻址中,W="0"时,当前的源或目的操作面向奇址单元;若W="1",源与目的操作由本身的奇偶性决定。

②M7定义为源奇偶特性控位XP,在寄存器、I/O及运算寄存器的源寻址中,当XP="0"时源为偶寻址;若XP="1",源为奇寻址,形成偶递奇、奇递偶的八位字节总线。

③M16定义为目的奇偶控位OP,在寄存器、I/O及运算寄存器的目的寻址中,当OP="0"时为目的偶寻址,以偶字节为操作目标;若OP="1",为目的奇寻址,以奇字节为操作目标。

④M5定义为运算源控位ALU,当ALU="1"时运算器以A、B寄存器为源;若ALU="0",运算器以当前源编码的定义部件为源。

⑤M20定义为寄存器与内存选择控位R/M,当R/M="1"时选择工作寄存器;若R/M="0",选择内存。

⑥M21定义为EM/RM/IM主存及指令寄存器IR写命令MWR,当MWR="0"、IR="1"时执行存储器的写入操作;当MWR="0"、IR="0"时执行指令寄存器IR写入操作。

⑦M22定义为程序计数器使能控位IP,当IP="1"时程序计数器PC处于保持状态;当IP="0"时,遇E/M="0"执行PC地址的装载,若E/M="1",执行PC+1。

⑧M23定义为程序与数据的段地址选择控位E/M,当E/M="1"时,主存以当前程序指针PC为Addr地址总线;当E/M="0"时,主存以当前AR为Addr地址总线。

(6)下址段

由M18~M8组成μD10~μD0共十一位下址微总线,在下址形成时段M18~M8输出后续微地址总线。

三、实验设备

Dais-CMX 计算机组成原理与体系结构实验箱

四、实验内容

通过微指令建立下列三段数据通路:

I/OL→A

I/OH→B

A+B→R0

1.分析各段数据通路所需的控制信号(微命令)

(1)I/OL→A

建立该段数据通路需要两个控制信号:一是I/O单元低8位输出允许信号(微命令,记为I/OLout)有效,由前述的实验过程可知当X2X1X0XP=1000(M10…M7)时I/OLout有效;二是寄存器A输入允许信号(微命令,记为Ain)有效,即O2O1O0=100(M19…M17)。

(2)I/OH→B

建立该段数据通路需要两个控制信号:一是I/O单元高8位输出允许信号(微命令,记为I/OHout)有效,即X2X1X0XP=1001(M10…M7);二是寄存器B输入允许信号(微命令,记为Bin)有效,即O2O1O0=

101(M19…M17)。

(3)A+B→R0

建立该段数据通路需要三个控制信号:一是ALU执行加法运算(微命令,记为ALU+)有效,即MS2S1S0=0100(M15…M11);二是ALU输出允许信号(微命令,记为ALUout)有效,即X2X1X0=110(M10…M8);三是寄存器R0输入允许信号(微命令,记为R0in)有效,即O2O1O0=000(M19…M17)。

2.编写微指令:填写各段数据通路所需的控制信号见表6-3

表6-3　三段数据通路所对应的微指令

数据通路	下址字段	控制字段						控制字(H)(任意位取1)
		M23-20	M19-16	M15-12	M11-8	M7-4	M3-0	
I/OL→A	?…?	****	100*	*****	*100	0***	****	F9 FC 7F
I/OH→B	?…?	****	101*	*****	*100	1***	****	FB FC FF
A+B→R0	?…?	****	000*	0*110	*110	****	****	F0 66 ??

3.写微指令

将表6-4所示的微指令写入控制存储器(图6-2 CM)中,具体输入方法参见附录一键盘操作指南。

(1)000H单元微指令

控制器的入口——转移执行001H单元存储的微指令。

(2)001H微指令

实现无条件转移——转640H单元执行微指令。

(3)微程序与入口地址

640H、641H、642H三条微指令组成一段微程序,微程序的功能是建立三段数据通路,完成"I/OL+I/OH→R0"操作。640H称为微程序的入口地址。

(4)下址字段

隐含了后续微地址,屏蔽高5位。若为全1时执行微地址+1,否则为转移微地址,同时要求控制位M4M1M0=001。

表6-4　微控制存储器相关单元微指令

微地址	下址字段	控制字段
000H		
001H	FE 40H	FF FF EDH
002H		
……		
640H	FF FFH	F9 FC 7FH
641H	FF FFH	FB FC FFH
642H	F8 01H	F0 66 EDH
……		
7FFH		

4.执行微指令

(1)I/O置为7766H;

(2)按"单步",注意观察A、B、FUN及M23~M0的变换并解释,并重复3次;

(3)改变I/O值,重复步骤(2);

(4)根据以上操作,绘制微程序执行流程图。

五、实验要求

1.实验目标

(1)编写微程序通过S15~S0设置指令寄存器IR的值(微入口地址620H)。

(2)编写微程序完成下列功能(入口地址680H):

I/OH→A

A+4 →R0

A+5 →R1

A+6 →R2

A+7 →R3

2.思考题

(1)编写微程序写如表6-5所示的代码段,然后验证。

(2)编写微程序写如表6-5所示的数据段,然后验证。

(3)编写微程序写如表6-5所示的堆栈段,然后验证。

表6-5　内存分布

<table>
<tr><td rowspan="12">代码段</td><td>地址</td><td>内容</td><td rowspan="12">数据段</td><td>地址</td><td>内容</td><td rowspan="12">堆栈段</td><td>地址</td><td>内容</td></tr>
<tr><td>00H</td><td>80H</td><td>00H</td><td>90H</td><td>00H</td><td>A0H</td></tr>
<tr><td>01H</td><td>81H</td><td>01H</td><td>91H</td><td>01H</td><td>A1H</td></tr>
<tr><td>02H</td><td>82H</td><td>02H</td><td>92H</td><td>02H</td><td>A2H</td></tr>
<tr><td>03H</td><td>83H</td><td>03H</td><td>93H</td><td>03H</td><td>A3H</td></tr>
<tr><td>04H</td><td>84H</td><td>04H</td><td>94H</td><td>04H</td><td>A4H</td></tr>
<tr><td>05H</td><td>85H</td><td>05H</td><td>95H</td><td>05H</td><td>A5H</td></tr>
<tr><td>06H</td><td>86H</td><td>06H</td><td>96H</td><td>06H</td><td>A6H</td></tr>
<tr><td>……</td><td>……</td><td>……</td><td>……</td><td>……</td><td>……</td></tr>
<tr><td>0FH</td><td>8FH</td><td>0FH</td><td>9FH</td><td>0FH</td><td>AFH</td></tr>
<tr><td>……</td><td>……</td><td>……</td><td>……</td><td>……</td><td>……</td></tr>
<tr><td>FFH</td><td>……</td><td>FFH</td><td>……</td><td>FFH</td><td>……</td></tr>
</table>

实验七　取指、译码和执行微程序设计

一、实验目的

1.掌握微程序控制器控制的计算机系统中取指、译码和执行的过程及数据通路建立。

2.通过控制器实验，理解计算机内部工作过程。

二、实验原理

1.取指微操作流程

取指周期是每条指令都要经历的周期，因此取指周期的操作称为公共操作。在取指周期完成将现行指令从存储器中取出送往指令寄存器IR，并执行PC+1→PC后，指向程序指令的下址。

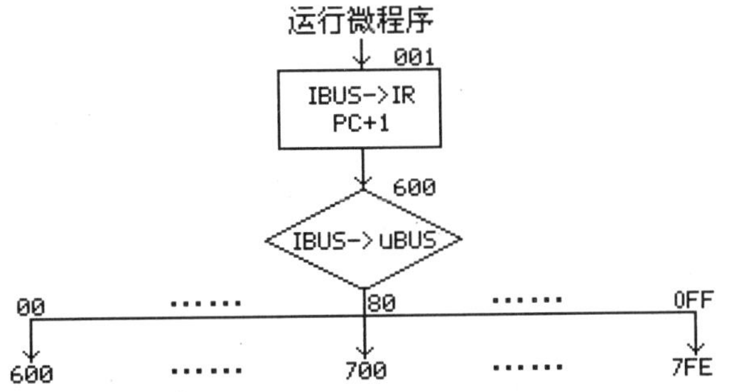

从上图001号微单元所示的取指流程可知，“取指”按字节方式分时实现，执行时首先把操作码所在字节打入指令寄存器IR及指令译码器ID，然后PC+1执行操作数的存储。在同一机器周期内按字节方式分时实现取指与操作数的目的寻址操作。

2.控制器特约定义

为了迫使微程序控制器在上电或复位时按照预设的初始微操作信息步入正常工作状态，我们强制定义了四个关联单元的微控制格式。

(1)初始复位单元微程序定义

①初始复位微地址。

控制器的微程序计数器uPC初始复位状态为零，上电时微计数器自动清零，在手动实验中按【返回】键亦可实现微计数器的清零。

②零微址单元格式。

零微址单元的微操作编程为空操作，下址为增量计数方式。其十六进制的指令格式为：

FF FF	FF FF FF
下址段	微指令控制段

(2)取指周期微址与微操作定义

控制器定义001H单元为取指微入口，下址由指令译码器ID指定。其十六进制微指令格式为：

FF FF	BF FF FB
下址段	微指令控制段

(3)译码周期微址与微操作定义

控制器定义600H单元为译码操作微入口，微指令的功能是根据指令操作码(IR)计算执行微程序的

入口地址。计算方法:执行微程序的入口地址=600H+IR_{7-0}*2

其十六进制微指令格式为:

FF FF	FF FF FD
下址段	微指令控制段

(4)中断控制微址与微操作定义

控制器定义003H单元为中断响应微入口,下址为增量计数方式。其十六进制指令格式为:

FF FF	FE FF F7
下址段	微指令控制段

三、实验设备

Dais-CMX 计算机组成原理与体系结构实验箱

四、实验内容

1.指令寄存器IR写操作

通过"I/O单元"开关向指令寄存器IR置数,操作流程如下:

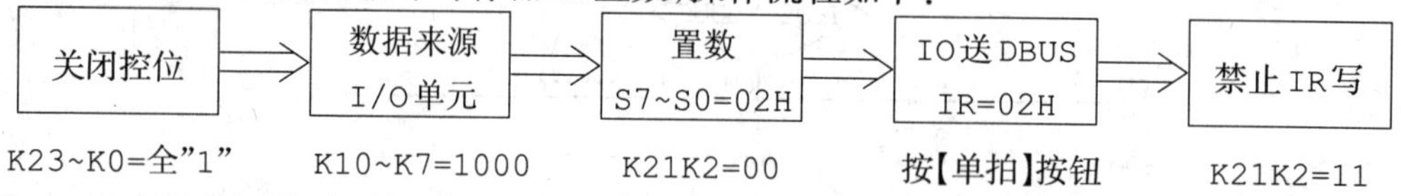

2.机器指令的写操作

向EM主存60H写入机器指令代码20H,操作流程如下:

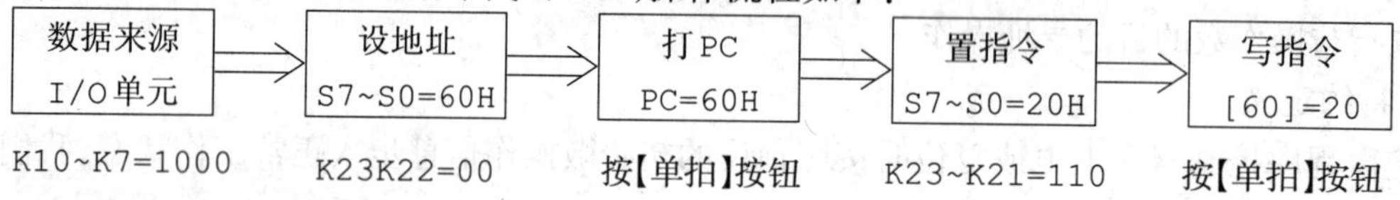

3.机器指令的取指与散转

机器指令写入成功后,令K23~K0为"1",灭M23~M0控位显示灯,然后令K2=0,点亮M2控位显示灯,按【单拍】按钮执行取指微操作,把指令码20H打入ID指令译码器,uPC自动转入机器指令"20H"的微入口地址640H,ID按下流程完成取指微操作。

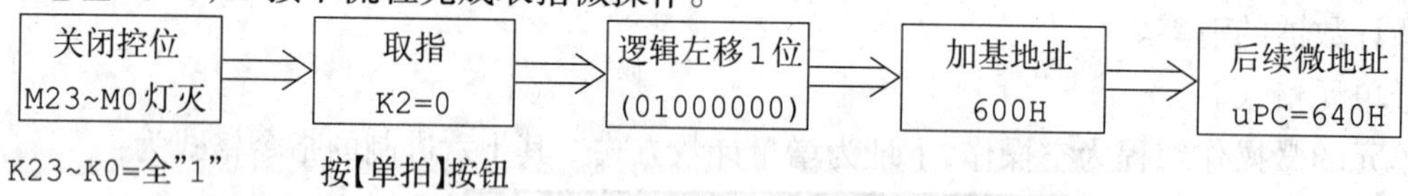

问题:如何使微程序的入口地址为680H、6C0H、700H、740H?

五、实验要求

1.实验目标

若希望机器支持两条指令,其功能如下:

指令1:I/OH→A、A+4→R0

指令2:I/OH+I/OL→R0

根据取指、译码微操作的定义及实验六可绘制如图7-1所示的微程序执行流程图。

要求:

(1)根据微程序流程图相关参数的要求编写两条指令的机器代码。

(2)分别输入机器指令程序和微程序。

(3)执行微程序并验证流程图图7-1。

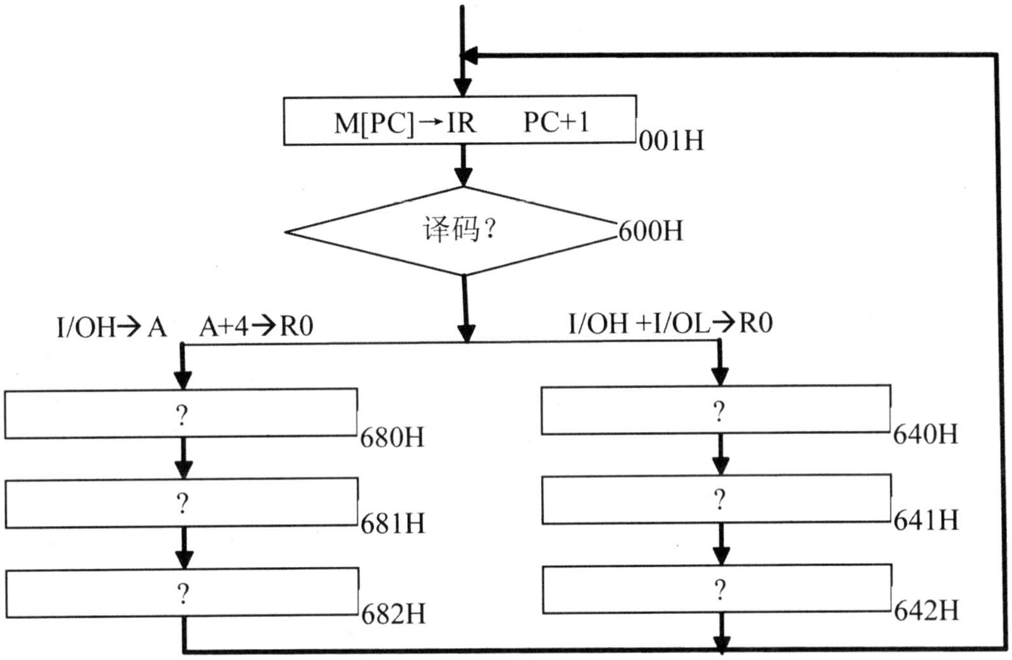

图7-1　取指、译码与执行微程序流程图

2.思考题

(1)绘制单总线结构的计算机结构图,将本次实验中所设计的指令、微程序填写在相应的位置,标示取指、译码和执行过程。

(2)在微程序控制的计算机中,取指、译码和执行的本质分别是什么?

实验八 微程序设计一

一、实验目的

深入学习计算机各种指令的设计和执行过程，掌握微程序设计的概念。

二、实验原理

指令总线(IBUS)作为传递指令信息的通道是连接指令部件的纽带，如图8-1所示，在取指操作中指令信息由主存流向指令寄存器IR和指令译码器ID，若取操作数亦可经三态门流向数据总线，指令总线(IBUS)也是主存及IR与数据总线之间的互递通路，在主存读写周期与数据总线双向交换信息，在通用寄存器或内存寻址操作中透过数据总线单向传递地址信息。

1.指令寄存器IR

图8-1所示的IR框由1片74LS574锁存器构成8位指令寄存器，主要用于存放指令所规定的寻址方式，它的输入端经指令总线(IBUS)分别与主存和数据总线构成取数通路。其锁存输出端编码产生通用寄存器地址，并由机器指令的操作数段给出内存地址。

2.指令编译器ID

图8-1所示的ID框由指令编译电路(CPLD)构成11位微地址寄存器，主要用于存放指令排序器所定义的指令起始微地址(称为指令的微程序入口地址)。ID的输入端经指令总线(IBUS)分别与主存和数据总线构成取数通路。其三态输出端经微总线(uBUS)单向流入微程序计数器的输入端口，在时序电路的控制下形成与当前指令相对应的微程序入口地址。

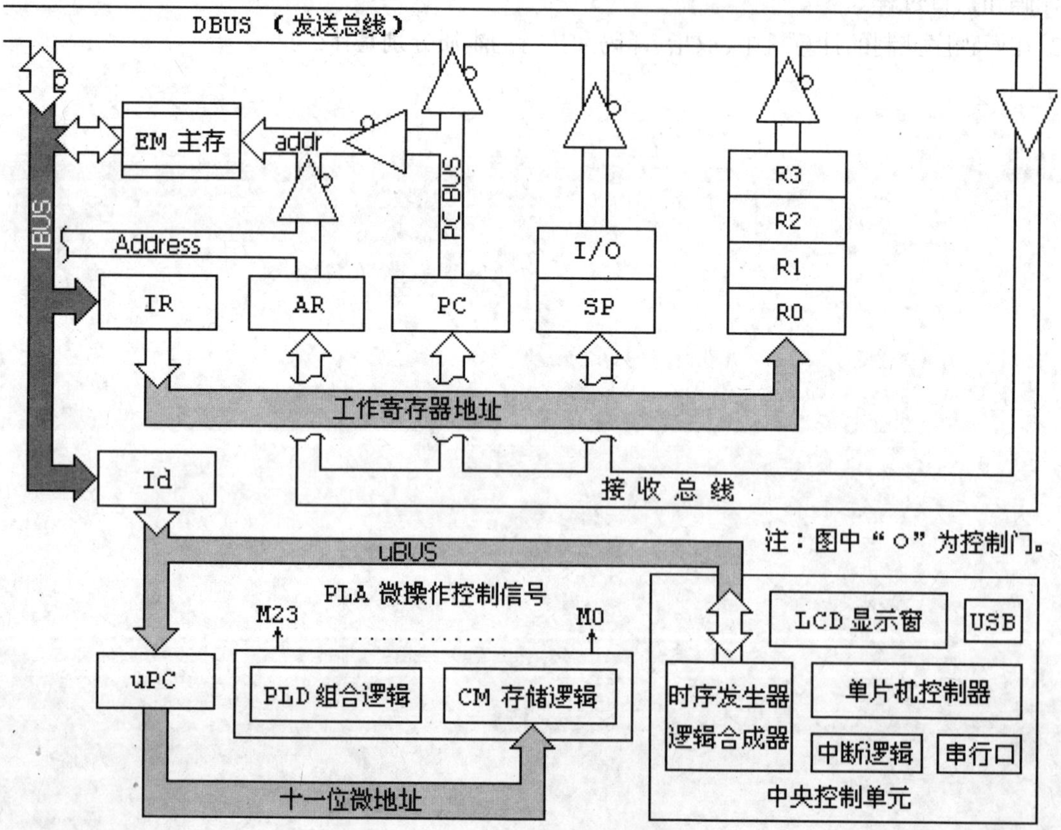

图8-1 指令总线数据通路

表8-1　通用编码指令排序格式

微总线	ud10	ud9	ud8	ud7	ud6	ud5	ud4	ud3	ud2	ud1	ud0
指令总线	1	1	Id7	Id6	Id5	Id4	Id3	Id2	Id1	Id0	0

由指令排序格式可知，本装置微控制器在“取指”时按“字节”排序，支持通用编码，指令系统微入口地址的寻址范围为600~7FFH，最多可支持256条指令的微运行，其容纳率达到通用计算机控制器的设计水准。

控制器支持指令的定长编码，在基础型模型机的设计与实现中，操作码OP-CODE固定为四位，定义在机器指令起始字节的高四位（IR7~IR4）。在取指时用“与逻辑”保留指令段屏蔽操作数段，形成表8-2所示的四操作码指令排序格式。

表8-2　四操作码指令排序格式

微总线	ud10	ud9	ud8	ud7	ud6	ud5	ud4	ud3	ud2	ud1	ud0
指令总线	1	1	Id7	Id6	Id5	Id4	0	0	0	0	0

例如设计一个八条以下的指令系统模型机，它的指令段长度为三位，存放在机器指令起始字节的“D7~D5”位置，指令段的第四位规定为“0”。参照表8-2可产生7C0H、780H、740H、700H、6C0H、680H、640H、600H共八个微程序入口地址，分别对应机器指令的E0H、C0H、B0H、80H、60H、40H、20H、00H。

这里仅阐述了指令系统起始微入口的形成途径与排序格式，它的执行涉及微控制器原理，我们安排在微控制器实验中进行。

3.操作码的定长控制表

控位		操作码长度	操作码位置	说明
IR（K2）	Ids（K0）			
0	1	8位（字节）	IR7~IR0	通用编码
0	0	4位（半字节）	IR7~IR4	定长编码

4.指令寄存器的操作方法

目标部件定义		节拍		功能说明
IR	MWR	T2	T4	
0	1	↑	-	操作码→IR
0	0	-	↑	DBUS→IR

说明：“↑”表示上升沿有效。

三、实验设备

Dais-CMX 计算机组成原理与体系结构实验箱

四、实验内容

1.指令微地址的形成实验

我们默认操作码段的字长为八位，从PC零地址开始，向EM主存写入指令码，然后模拟“取指”微操作中机器指令起始微地址的形成。

(1)K23~K0置“1”，按【返回】键迫使PC=0，向程序段依次写入00H、80H、0C0H、0FFH。

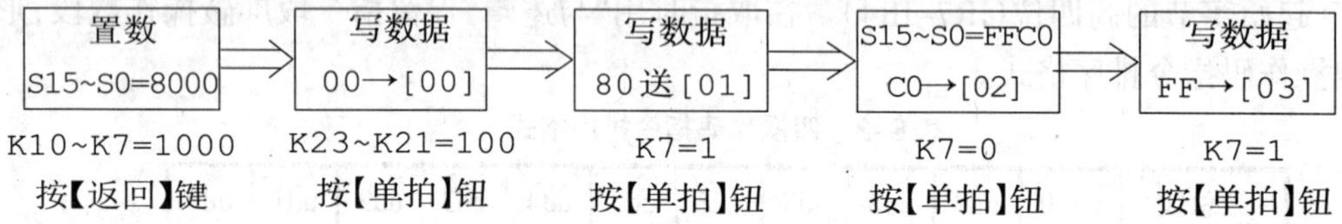

(2)机器指令写入成功后，令K23~K0为“1“，灭M23~M0控位显示灯，然后令K22K2=00，点亮M22、M2控位显示灯，按【单拍】按钮执行取指微操作，把指令码00H打入ID指令译码器，uPC自动转入机器指令“00H”的微入口地址600H，ID按下流程完成取指微操作。

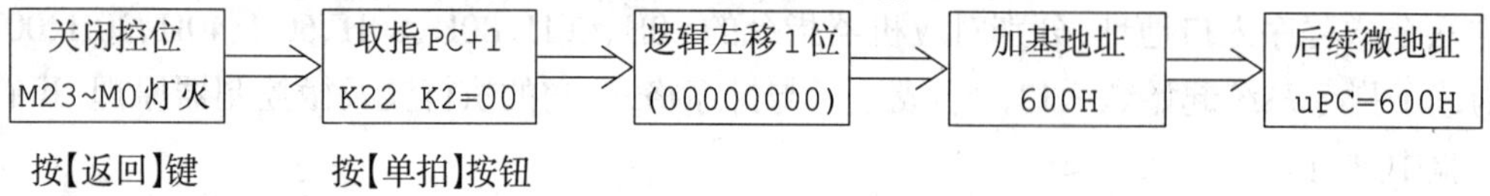

(3)保持当前“取指”与PC+1状态，每按一次【单拍】按钮，uPC依次变址为700H、780H、7FEH……随机，当PC≥004H后，每按一次【单拍】按钮，uPC随机散转。

2.后续微地址的形成实验

找到初始微地址，开始执行相应的微程序，每条微指令执行完毕，都要根据要求形成后续微地址。后续微地址的形成方法对微程序编制的灵活性影响很大。本系统采用断定方式，其后续微地址的定义可由设计者指定或由设计者指定的下址与识别判断字段指定的条件组合产生。

(1)增量计数实践

默认当前uPC，K23~K0置“1”，在M23~M0控制灯全灭的状态下，令K4=0，按【单拍】按钮，uPC执行现行微地址的增1计数操作。

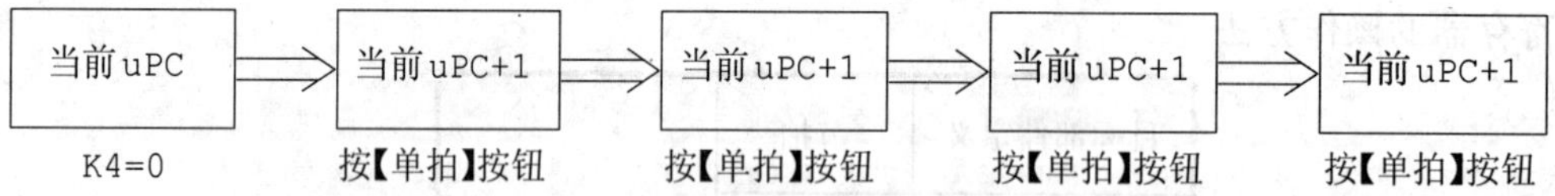

(2)绝对变址实践

微程序控制器支持设计者在微程序控制器的004~7FF范围内任意选择与指定后续微地址。实验中通过I/O设置后续微地址，令K4K1K0=001，按【单拍】钮实现变址操作。

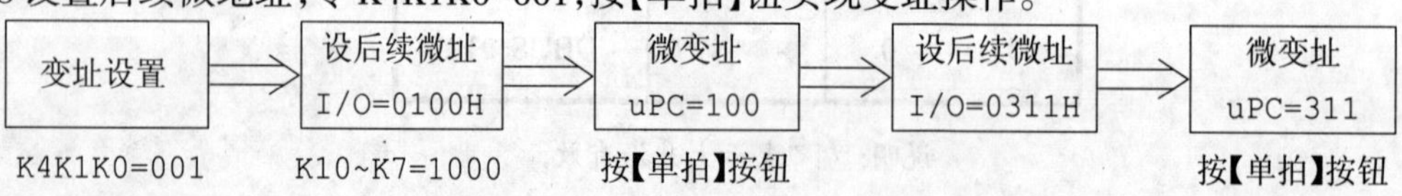

(3)条件变址实践

条件变址的后续微地址由非因变分量和因变分量两部分组成,非因变分量是由设计者直接指定,对应下址段ud10~ud1。因变分量以当前运算标志为条件产生,对应下址段ud0。

①进位变址实验。

我们以准双向I/O部件S10~S0模拟非因变分量部分的微地址,因变分量部分通过进位标志的置位清零操作产生,形成以进位标志为条件的后续微地址。K23~K0置“1”,灭M23~M0控位显示灯,按【返回】键后照以下流程操作。

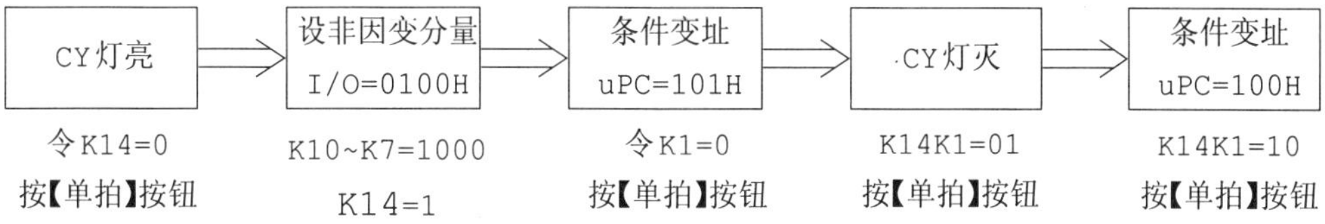

②零标志变址实验。

我们仍以准双向I/O部件S10~S0模拟非因变分量部分的微地址,因变分量部分通过运算操作动态产生零标志,形成以零标志为条件的后续微地址。

首先按【返回】键,清零运算寄存器A、B,K23~K0置“1”,然后照以下流程操作。

五、实验要求

1.实验目标

假设机器支持以下三条汇编指令:

MOV R0, IMM; IMM→R0

ADD R0, IMM; (R0)+IMM→R0

JMP IMM; IMM→PC

要求:

(1)设计汇编指令的机器代码。

(2)分析三条指令执行过程中各需建立哪几段数据通路及各段通路所需的控制信号。

(3)画出微程序执行流程图。

(4)设计流程图中各微指令并通过实验箱验证。

2.思考题

	地址	数据
数据段	00H 01H 02H ⋮ 0FH ⋮ FFH	90H 91H 92H ⋮ 9FH ⋮
堆栈段	00H 01H 02H ⋮ 0FH ⋮ FFH	A0H A1H A2H ⋮ AFH ⋮

假设数据段内容如表所示且机器支持以下三条汇编指令：

MOV R0，[IMM]；M[IMM]→R0

SUB R0，IMM；(R0)-IMM→R0

JMP IMM；IMM→PC

要求：

(1)设计汇编指令的机器代码及存储位置。

(2)分析三条指令执行过程中各需建立哪几段数据通路及各段通路所需的控制信号。

(3)画出微程序执行流程图。

(4)设计流程图中各微指令并通过实验箱验证。

实验九　微程序设计二

一、实验目的

1.了解模型机中微程序的基本概念。

2.了解uPC的结构、工作原理及其控制方法。

3.了解微程序控制方式模型机的基本工作原理。

4.了解微程序存储器uM的控制方法。

二、实验原理

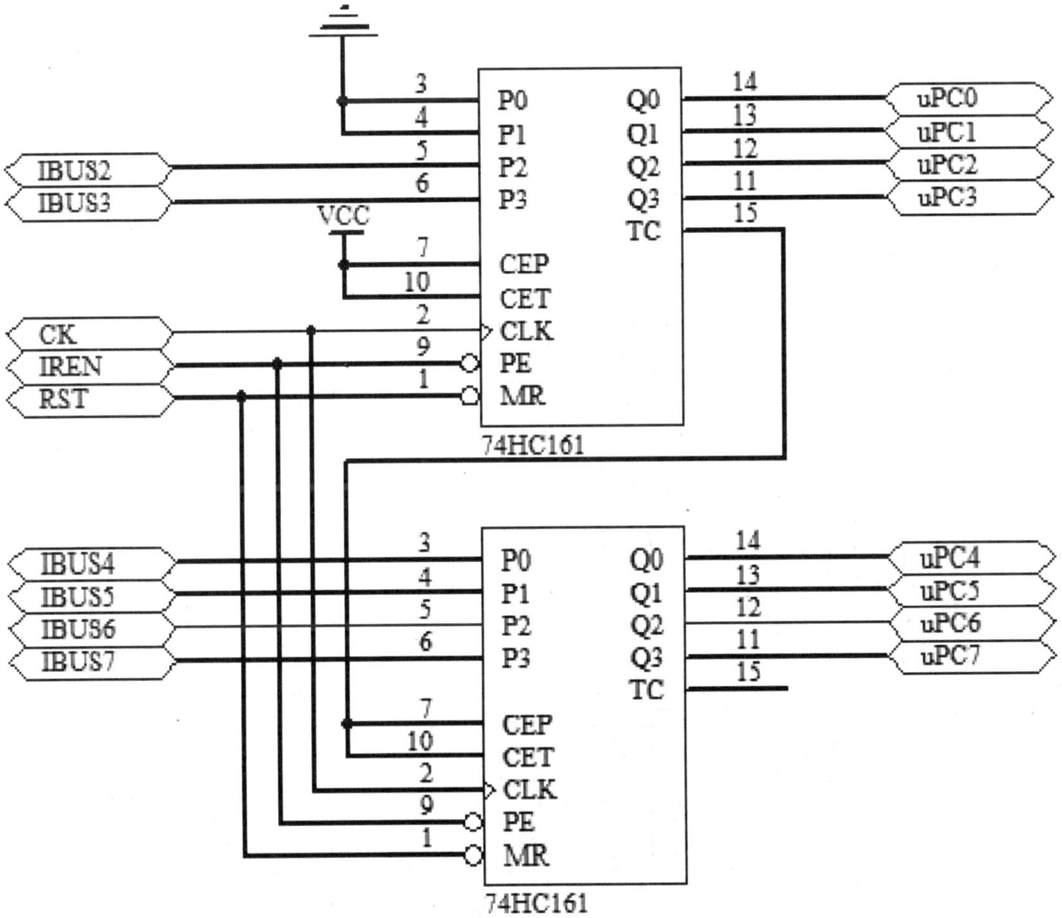

图9-1　uPC原理图

74HC161是一片带预置的4位二进制计数器。功能如下：

当RST=0时，计数器被清0；

当IREN=0时，在CK的上升沿，预置数据被打入计数器；

当IREN=1时，在CK的上升沿，计数器加1；

TC为进位，当计数到F(1111)时，TC=1；

CEP，CET为计数使能，当CEP，CET=1时，计数器工作，CEP，CET=0时，计数器保持原计数值。

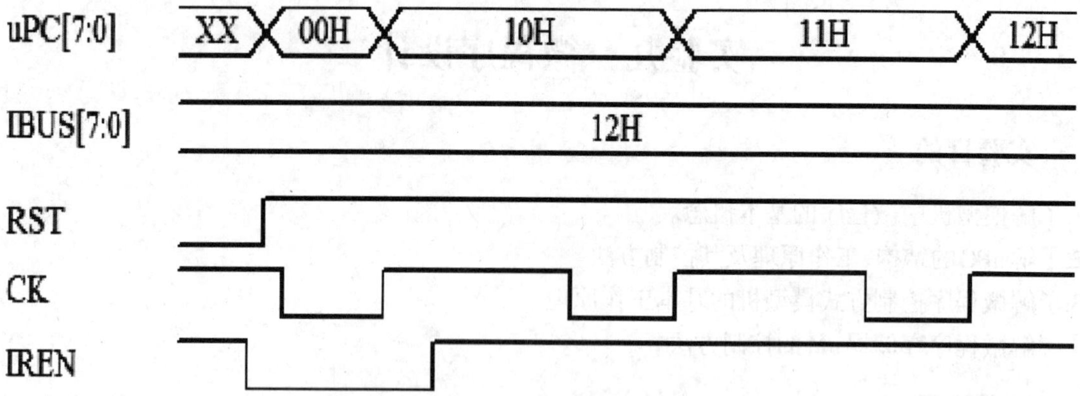

图9-2　uPC工作波形图

在CPTH中,指令IBUS[7:0]的高六位被接到uPC预置的高六位,uPC预置的低二位被置为0。一条指令最多可有四条微指令。

微程序初始地址为复位地址00,微程序入口地址由指令码产生,微程序下一地址由计数器产生。

存储器uM由三片6116RAM构成,共24位微指令,采用水平型微指令格式。存储器的地址由uPC提供,片选及读信号恒为低,写信号恒为高。存储器uM始终输出uPC指定地址单元的数据。

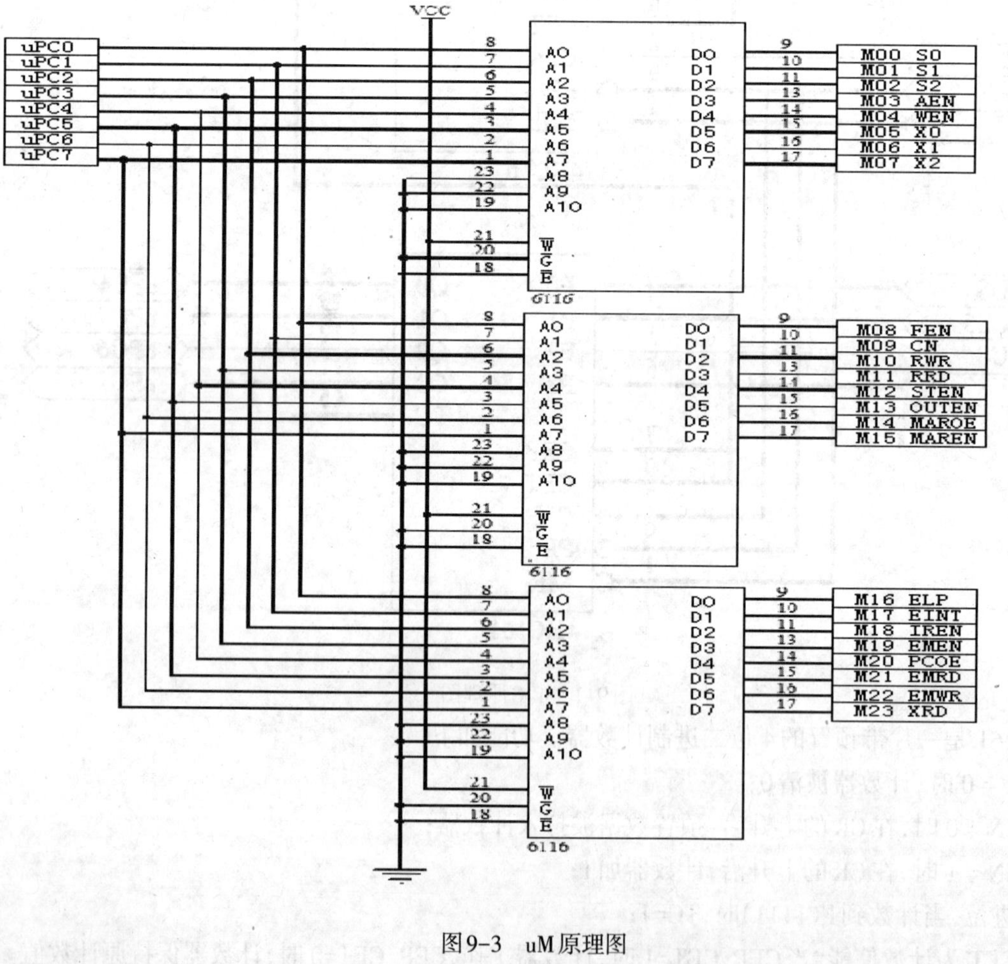

图9-3　uM原理图

三、实验设备

DJ-CPTH超强型计算机组成原理与系统结构实验箱

四、实验内容

1.实验连线

表9-1 连线表

连线	信号孔	接入孔	作用	有效电平
1	J2	J3	将K23-K16接入DBUS[7:0](CPTH)	实验模式:手动
2	IREN	K1	IR、uPC写允许(CPTH)	低电平有效
3	EMEN	K2	EM存储器工作使能	低电平有效
4	EMWR	K3	EM存储器写使能	低电平有效
5	EMRD	K4	EM存储器读使能	低电平有效
6	CK	已连接	uPC工作脉冲(CPTH)	上升沿有效

2.uPC加1

置控制信号为:

EMRD	EMWR	EMEN	IREN
1	1	1	1

按一次STEP脉冲键,CK产生一个上升沿,数据uPC被加1。

3.uPC打入实验

置数据信号:12H;

置控制信号为:

EMRD	EMWR	EMEN	IREN
1	0	0	0

当EMWR,EMEN=0时,数据总线(DBUS)上的数据被送到指令总线(IBUS)上。

按住STEP脉冲键,CK由高变低,这时寄存器uPC的黄色预置指示灯亮,表明uPC被预置。放开STEP键,CK由低变高,产生一个上升沿,数据10H被写入uPC寄存器。

4.微程序存储器uM读操作

①uPC清零,则uM输出uM[0]的数据,分析24位微指令的功能。

②按一次STEP脉冲键,CK产生一个上升沿,数据uPC被加1。

uM输出uM[1]的数据,分析24位微指令的功能。

③按一次STEP脉冲键,CK产生一个上升沿,数据uPC被加1。

uM输出uM[2]的数据,分析24位微指令的功能。

按上述操作方法,依次读出并分析后续单元的微指令。

5.用小键盘调试表9-2所示的程序,进一步理解微程序控制器的工作原理

表 9-2 机器指令

程序地址	机器码	反汇编指令	指令说明
00	7C 12	MOV A，#12	立即数12H送到累加器A
02	70	MOV A，R0	寄存器R0送到累加器A
03	74	MOV A，@R0	间址的存储器内容送到累加器A
04	78 01	MOV A，01	存储器01单元内容送到累加器A
06	C0	IN	端口IN内容输入到累加器A
07	C4	OUT	累加器A内容输出到端口OUT

(1)输入机器码

按TV 键选择EM；

顺序输入机器码:7C 12 70 74 78 01 C0 C4；

输完机器码后按RST 复位。

(2)单步执行微程序

按RST 复位键后,PC=0,uPC=0;

uM输出24 位微程序:CB FF FF 此微指令为取指微指令。

第一条微指令

按一次STEP键,完成一个时钟,此时:

PC值为01(时钟上升沿PC+1);

IR 值为7C,uPC值为7C (指令码);

uM 输出为:C7 FF F7 (EM 值送A)。

第二条微指令

按一次STEP键,完成一个时钟,此时:

PC值为02(时钟上升沿PC+1);

A值为12;

uPC值为7D (时钟上升沿uPC+1);

uM 输出为:CB FF FF (取指指令)。

第三条微指令

按一次STEP键,完成一个时钟,此时:

PC值为03(时钟上升沿PC+1);

IR 值为70,uPC值为70 (指令码);

uM 输出为:FF F7 F7 (R? 值送A)。

第四条微指令

按一次STEP键,完成一个时钟,此时:

PC值为03(时钟上升沿PC+1);

A值为00;

uPC值为71 (时钟上升沿uPC+1);

uM 输出为:CB FF FF (取指指令)。

第五条微指令

按一次STEP键,完成一个时钟,此时:

PC值为04(时钟上升沿PC+1);

IR 值为74,uPC值为74 (指令码);

uM 输出为:FF 77 FF(R? 值送 MAR)。

第六条微指令

按一次 STEP 键,完成一个时钟,此时;

MAR 值为 00;

uPC 值为 75(时钟上升沿 uPC+1);

uM 输出为:D7 BF F7(EM 值送 A)。

第七条微指令

按一次 STEP 键,完成一个时钟,此时:

A 值为 7C;

uPC 值为 76;

uM 输出为:CB FF FF(取指)。

用同样的方法执行余下的指令,也可以用 SCAL 或 EX 键执行指令。

五、实验要求

1.实验目标

通过小键盘调试下段汇编程序:

```
MOV  R0, #66
MOV  A, #33
ADD  A, R0
```

2.思考题

(1)根据实验内容 5 的操作过程绘制微程序执行流程图,并加以分析。

(2)分析微程序控制的计算机中取指、译码和执行的本质分别是什么。

实验十　指令系统设计

一、实验目的

通过模型机综合实验进一步理解微程序控制器的工作原理。

二、实验原理

在综合实验中，模型机作为一个整体来工作的，所有微程序的控制信号由微程序存储器uM输出，而不是由开关输出。在做综合实验之前，先用8芯电缆连接J1和J2，使系统处于非手动状态，这样实验仪的监控系统会自动打开uM的输出允许，微程序的各控制信号就会接到各寄存器、运算器的控制端口。此综合实验（1~7）使用的指令是模型机的缺省指令系统，系统自动默认装入缺省指令系统／非流水微指令系统文件：insfile1.mic。

在做综合实验时，可以用CPTH计算机组成原理实验软件输入、修改程序，汇编成机器码并下载到实验仪上，由软件控制程序实现单指令执行、单微指令执行、全速执行，并可以在软件上观察指令或微指令执行过程中数据的走向、各控制信号的状态、各寄存器的值。CPTH软件的使用方法见附录二CPTH集成开发环境使用。也可以用实验仪自带的小键盘和显示屏来输入、修改程序，用键盘控制单指令或单微指令执行，用LED或用显示屏观察各寄存器的值。实验仪上的键盘使用方法见附录一实验仪键盘使用。

用微程序控制方式做综合实验，在给实验仪通电前，拔掉实验仪上所有的手工连接的接线，再用8芯电缆连接J1和J2，控制方式开关KC拨到“微程序控制”方向。若想用CPTH软件控制组成原理实验仪，就要启动软件，并用快捷图标的“连接通信口”功能打开设置窗口，选择实验仪连接的串行口，然后再点击“OK”按钮接通到实验仪。

三、实验设备

DJ-CPTH超强型计算机组成原理与系统结构实验箱

四、实验内容

1.在CPTH软件中的源程序窗口输入下列程序

```
MOV  A, #12H
MOV  A, R0
MOV  A, @R0
MOV  A, 01H
IN
OUT
END
```

2.将程序另存为EX1.ASM，将程序汇编成机器码，调试窗口会显示出程序地址、机器码、反汇编指令

程序地址	机器码	反汇编指令	指令说明
00	7C 12	MOV A, #12	立即数12H送到累加器A
02	70	MOV A, R0	寄存器R0送到累加器A
03	74	MOV A, @R0	R0间址的存储器内容送到累加器A
04	78 01	MOV A,01	存储器01单元内容送到累加器A
06	C0	IN	端口IN内容输入到累加器A
07	C4	OUT	累加器A内容输出到端口OUT

3.按快捷图标的F7,执行“单微指令运行”功能,观察执行每条微指令时,寄存器的输入/输出状态,各控制信号的状态,PC及uPC如何工作(见表10-1　ASM程序跟踪结果)

表10-1　ASM程序跟踪结果

助记符	状态	微地址	微程序	数据输出	数据打入	地址输出	运算器	uPC	PC
	T0	00	CBFFFF		指令寄存器IR	PC输出	A输出	写入	1
00 MOV A,#12	T1	7C	C7FFF7	存贮器值EM	寄存器A	PC输出	A输出	1	1
	T0	7D	CBFFFF		指令寄存器IR	PC输出	A输出	写入	1
02 MOV A,R0	T1	70	FFF7F7	寄存器值R?	寄存器A		A输出	1	
	T0	71	CBFFFF		指令寄存器IR	PC输出	A输出	写入	1
03 MOV A,@R0	T2	74	FF77FF	寄存器值R?	地址寄存器MAR		A输出	1	
	T1	75	D7BFF7	存贮器值EM	寄存器A	MAR输出	A输出	1	
	T0	76	CBFFFF		指令寄存器IR	PC输出	A输出	写入	1
04 MOV A,01	T2	78	C77FFF	存贮器值EM	地址寄存器MAR	PC输出	A输出	1	1
	T1	79	D7BFF7	存贮器值EM	寄存器A	MAR输出	A输出	1	
	T0	7A	CBFFFF		指令寄存器IR	PC输出	A输出	写入	1
06 IN	T1	C0	FFFF17	用户IN	寄存器A		A输出	1	
	T0	C1	CBFFFF		指令寄存器IR	PC输出	A输出	写入	1
07 OUT	T1	C4	FFDF9F	ALU直通	用户OUT		A输出	1	
	T0	C5	CBFFFF		指令寄存器IR	PC输出	A输出	写入	1

每个程序开始的第一条微指令一定是取指令,此微指令的值为0CBFFFFH,对应到各个控制位就是EMRD、PCOE、及IREN为低,此三位有效,其他所有位都处于无效状态。在程序第一次运行时或复位后,uPC和PC的值都为0,PCOE有效将PC值送到ABUS,作为程序存储器EM的地址,EMRD信号有效就是从程序存储器EM中读出程序指令,IREN将读出的指令送到IR寄存器和uPC,此微指令的作用就是:从程序存储器EM的0地址读出程序指令机器码7CH,并存入uPC中作为微程序存储器uM的地址,从微程序存储器uM的7CH单元中读出微控制码0C7FFF7H,同时PC加1为读下一条指令或数据做准备。

MOV A,#12: 本指令为两个状态周期。在T1状态时,上次读出的指令机器码为7CH,存入uPC中作为微程序存储器uM的地址,读出微指令的值为0C7FFF7H,对应到各个控制位就是EMRD、PCOE、EMEN及AEN为低,处于有效状态,其他控制位为无效状态。由于上条微指令(取指操作)已将PC加1,此时PCOE是将加1后的PC输出到ABUS作为程序存储器EM的地址,EMRD就是从程序存储EM中读出数据,本指令中读出的数据应为12H,EMEN将读出的数据送到DBUS总线上,AEN是将DBUS总线上的值存入累加器A中。同时uPC加1为执行下条微指令做准备,PC加1为读取下一条指令做准备。每条指令的最后一条微指令一定是取指令操作,本指令的T0状态周期即为取指令,执行上一条微指令时uPC已经加1,按照此uPC为地址从微程序存储器uM读出的微指令的值为0CBFFFFH,参照第二步的说明,此微指令从程序存储器EM中读取指令。

MOV A,R0: 本指令为两个状态周期。在T1状态时,由上条取指操作取出的指令机器码为70H,

存入uPC后作为微程序地址访问微程序存储器uM的70H单元，读出微指令的值为0FFF7F7，各控制位的状态为RRD、AEN为低电平为有效状态。RRD有效表示从寄存器组R0-R3中读数送到DBUS上，在上条取指令操作时，IREN将取出的指令机器码70H送入IR寄存器，而IR寄存器的最低两位是用来选择寄存器R?的，此时IR寄存器最低两位为00，被读出的寄存器为R0。AEN有效表示将DBUS的数据写到累加器A中，同时uPC加1，为执行下条微指令做准备。本指令的T0状态也是取指令，完成的功能是取出下一条要执行的指令机器码，并存入uPC和IR寄存器中。

MOV A,@R0：本指令为三个状态周期。在T2状态时，由上个取指操作读出的指令机器码为74H，打入uPC后，从微程序存储器74H单元读出的微指令的值为0FF77FFH，有效的控制位为MAREN和RRD。RRD有效表示从寄存器组R0-R3中读出数据送到DBUS，MAREN有效表示将数据从DBUS总线上打入地址寄存器MAR。uPC加1取出下条微指令执行。在T1状态时，由uPC作为微程序存储器址，从uM的75H单元中读出微指令的值为0D7BFF7H，其中有效的控制位为EMRD、EMEN、MAROE和AEN。MAROE表示程序存储器EM的地址由地址寄存器MAR输出，EMRD表示从程序存储器EM中读出数据，EMEN表示读出的数据送到地址总线DBUS上，AEN有效表示将数据总线DBUS上的值存入累加器A中。此状态下uPC要加1，为取下条微指令做准备。本指令的T0状态执行的是取指操作，取指操作详细描述见程序开始部分的取指令的说明。

MOV A,01：本指令为三个状态周期。在T2状态时，由上条取指操作取出的指令机器码为78H，存入uPC和IR寄存器后作为微程序存储器uM的地址，读出微指令的值为0C77FFFH，相应的有效控制位为EMRD、PCOE、EMEN和MAREN。PCOE有效表示将PC值作为程序存储器EM的地址，EMRD表示从程序存储器中读出数据，在本指令中此数据值为01H，EMEN表示将读出的数据送到DBUS总线，MAREN表示将DBUS总线上的数据打入地址寄存器MAR。uPC同时加1，取出下条微指令准备执行。在T1状态时，由uPC作为微程序存储器地址，从uM的79H单元中读出微指令的值为0D7BFF7H，可以参见上条指令的T1状态，此微指令的所完成的功能是，以MAR的值作为程序存储器的地址，读出数据并送到数据总线DBUS，同时将此数据存入累加器A中。uPC加1取出下条微指令准备执行。在T0状态，微指令执行取指令操作。

IN：本指令分两个状态周期。在T1状态时，由上次取指操作取出的指令机器码为0C0H，以此作为微地址从uM中取出的微指令值为0FFFF17H，有效控制位为AEN、X2X1X0=000。因为X2、X1、X0为低，被选中的寄存器为输入端口IN，也就是说，输入端口IN上的数据被允许送到数据总线DBUS上，AEN有效表示将此数据打入累加器A中。同时uPC加1取出下条微指令准备执行。在T0状态，微指令执行的是取指令操作，取出下条指令准备执行。

OUT：本指令分两个状态周期。在T1状态，由上次取出的指令机器码为0C4H，以此为微地址从微程序存储器uM中读出的微指令为0FFDF9FH，有效控制位为OUTEN、X2X1X0=100（二进制）、S2S1S0=111（二进制）。S2S1S0=111表示运算器做“ALU直通”运算，也就是累加器不做任何运算，直接输出结果，而X2X1X0=100表示运算器的结果不移位直接输出到数据总线DBUS，OUTEN有效表示将数据总线上的数据打入输出端口寄存器OUT内。uPC加1，取出下条微指令准备执行。在T0状态，微指令执行的是取指操作，取出下条将要执行的指令。

五、实验要求

1.实验目标

在CPTH模型机中设计一个能运行下列各程序段的最小指令集与微指令集。

(1)程序段1

```
ADD C A, R1
AUB A, @R1
```

```
AND A, #55H
OR  A, 02H
END
```

(2)程序段2

```
MOV A, #55H
RR  A
RLC A
CPL A
END
```

(3)程序段3

```
L0: MOV A, #01
LOOP:
    SUB A, #01
    JC  LOOP
    JZ  LOOP
    JMP L0
    END
```

2.思考题

(1)执行微程序的入口地址有什么特点?

(2)每一条机器指令最多可以有多少条微指令解释执行?

(3)每一个程序的第一条微指令是什么微指令？每一个执行微程序的最后一条微指令是什么微指令,有什么优点?

(4)什么是指令流水线？结合程序的执行过程加以解释。

第二篇　课程设计

设计一　典型模型机设计

一、设计要求

1.在掌握部件单元电路实验的基础上，构造一台基本模型计算机。

2.为其定义5条机器指令，并编写相应的微程序，上机调试掌握整机概念。

二、设计内容

设计由五条机器指令组成的指令系统（表1-1）：IN（输入）、ADD（二进制加法）、STA（存数）、OUT（输出）、JMP（无条件转移）。

表1-1　指令系统

助记符	机器指令码	说明
IN Rd,IOL	00100000	I/O(数据开关)偶字节→Rd
ADD Rd,[addr]	01000000 XXXXXXXX	Rd+[addr]→Rd
STA [addr],Rd	01100000 XXXXXXXX	Rd→[addr]
OUT [addr],IOH	10000000 XXXXXXXX	[addr]→I/O(奇字节)
JMP 000H	10100000 XXXXXXXX	addr→PC

其中IN为单字节（8位）指令，其余为二字节指令，XXXXXXXX为addr对应的二进制地址码。

要求：

①设计典型模型机的数据通路；

②设计典型模型机的微程序流程；

③设计流程图中各段微程序并写入微控制器存储器中；

④设计一个包含五条机器指令的实验测试程序在典型模型计算机中运行并验证微程序流程。

三、设计思路

1.典型模型机

所谓典型模型机，就是以原理计算机教学中一些较为常见而又普及的模型机结构为例，围绕定长格式展开模型机指令系统的设计与实现。在典型模型机的设计中，CPU的取指以AR作为地址指针，在微程序流程中必须要通过PC送AR这一途径完成操作码与操作数的存取。

在典型模型计算机中数据通路的控制将由微程序控制器来完成，CPU从EM主存中取出一条机器指令到指令执行结束的一个指令周期全部由微指令组成的序列来完成，即一条机器指令对应一个微程序。

2.指令格式

其中OP-CODE为操作码段，位于指令字节高三位（IR7~IR5）；第四位IR4是保留位，指定为零；低四位为源与目的寄存器地址，它们的编码见下表；Addr定义操作数或操作地址。

765	4	32	10
OP-CODE	0	Rs	Rd
Addr			

Rs或Rd	选定的寄存器
00	R0
01	R1
10	R2
11	R3

3.微指令格式

按"在线态"规定的微控格式，编写微指令代码。

表1-2　微指令格式

M23	M22	M21	M20	M19	M18	M17	M16	M15	M14	M13	M12	M11	M10	M9	M8	M7	M6	M5	M4	M3	M2	M1	M0
E/M	IP	MWR	R/M	目的编码			OP	M	CN	S2	S1	S0	源编码			XP	W	ALU	Iu	IE	IR	Icz	Ids

图1-1

表1-3　源与目标编码表

源编码

M10	M9	M8	功能
X2	X1	X0	
1	1	1	禁止
1	1	0	ALU
1	0	1	SP
1	0	0	IOR
0	1	1	MRD
0	1	0	XRD
0	0	1	RRD
0	0	0	PC

图1-2

目标编码

M19	M18	M17	功能
O2	O1	O0	
1	1	1	禁止
1	1	0	MAR
1	0	1	BX
1	0	0	AX
0	1	1	SP
0	1	0	IOW
0	0	1	XWR
0	0	0	RWR

其中IR为取指控制位，当IR=0时由Ids指定操作码长度。Ids=0时，指令字节的高四位定义为操作码段；遇Ids=1时，操作码段以字节为单位，可容纳256条指令的微操作。

四、参考答案

1.根据要求设计典型模型机的数据通路图如下所示

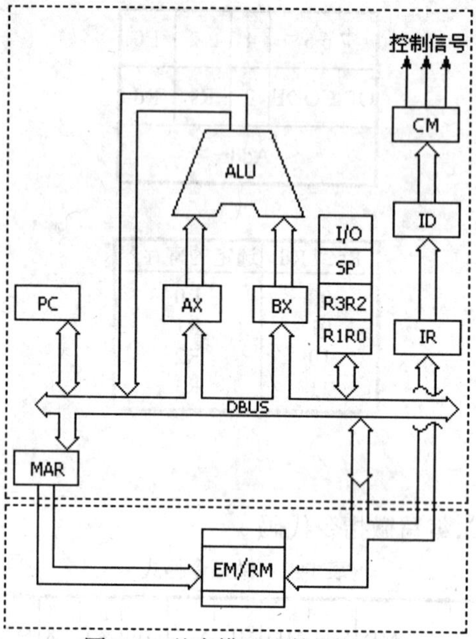

图1-1　基本模型机数据通路图

2.设计典型模型机的微程序流程

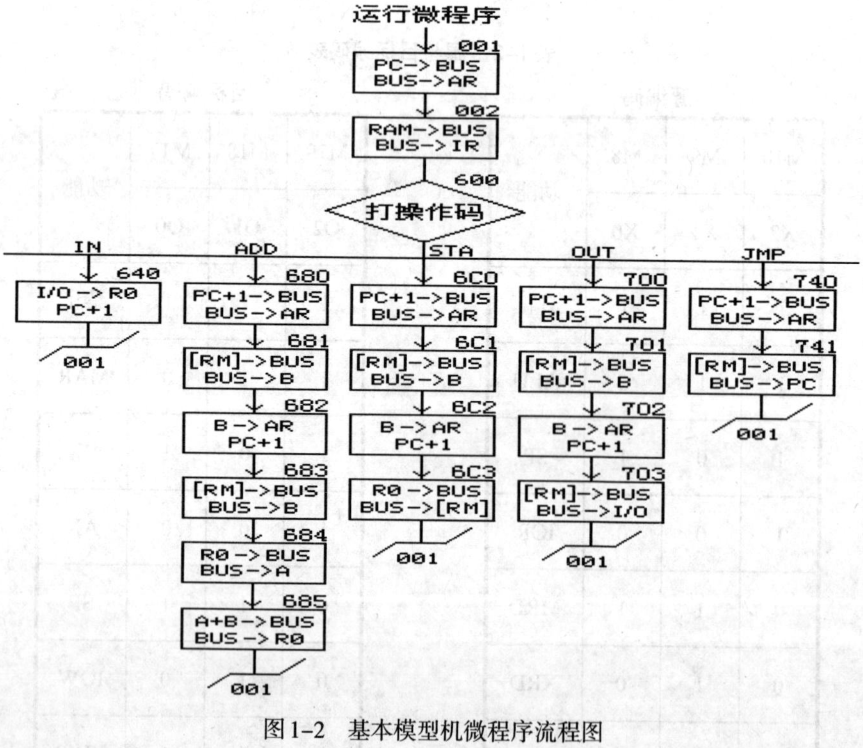

图1-2　基本模型机微程序流程图

3.设计流程图中各段微程序并写入微控制器存储器中(略)

4.设计一个包含五条机器指令的实验测试程序在典型模型计算机中运行并验证微程序流程(略)

设计二　分段模型机设计

一、设计要求

1.在掌握典型模型机的基础上，构造一台含有段概念（程序与数据）分段寻址的模型机。

2.机器指令与典型模型机相同的情况下编写段式的微程序，上机调试掌握段概念运用。

二、设计内容

设计具有五条机器指令组成的指令系统（表2-1）：IN（输入）、ADD（二进制加法）、STA（存数）、OUT（输出）、JMP（无条件转移）。

表2-1　指令系统

助记符	机器指令码	说明
IN Rd,IOL	00100000	I/O(数据开关)偶字节→Rd
ADD Rd,[addr]	01000000 XXXXXXXX	Rd+[addr]→Rd
STA [addr],Rd	01100000 XXXXXXXX	Rd→[addr]
OUT [addr],IOH	10000000 XXXXXXXX	[addr]→I/O(奇字节)
JMP 000H	10100000 XXXXXXXX	addr→PC

其中IN为单字节（8位）指令，其余为二字节指令，XXXXXXXX为addr对应的二进制地址码。

要求：

①设计分段模型机的数据通路；

②设计分段模型机的微程序流程；

③设计流程图中各段微程序并写入微控制器存储器中；

④设计一个包含五条机器指令的实验测试程序在分段模型计算机中运行并验证微程序流程。

三、设计思路

在典型模型机的设计中，CPU的取指以AR作为地址指针，在微程序流程中必须要通过PC送AR这一途径完成操作码与操作数的存取，这种瓶颈现象降低了CPU的工作效率，仅适用于基础教学，与通用机的设计规范差距很大。

目前通用机的规范寻址方式通常把存储器组织分为程序段、数据段、堆栈段、内存段，地址指针的定义由此分为程序指针、数据指针、堆栈指针及IR内存指针，进一步提高了CPU的工作效率。

段式模型机在取指时直接默认PC指针，完成操作码与操作数的存取。使我们的模型机设计“不存在”也“不需要”考虑指令预取的问题。遇外部程序的执行通常采用“调入执行法”，例如：80286以上的CPU在执行用户程序时均通过系统BUS的DMA操作先将用户程序调入系统程序段，然后再转入用户程序的运行入口。

本实验的机器指令与典型模型机相同，指令、微指令格式同基本模型机。

当拟定“取指”微指令时，省略了“PC→AR”取地址环节，直接进入“取指”操作，在微指令的判别测试字段IR(M2)=0时，把操作码打入ID译码器。由于“取指”微指令是所有微程序公用的微入口，因此IR(M2)的测试结果经ID译码后出现多路分支。本机用指令寄存器的前3位(IR7~IR5)作为测试条件，出现8路分支，占用8个固定微地址单元。

相对于典型模型来说，分段模型机无论在微运行的时间还是空间上节省一个以上的逻辑存储器和执行微周期，尤其是涉及寻址方式的机器指令，在执行时要缩短三分之一的微过程。

设计三　带移位运算的模型机设计

一、设计要求

1.编制模型机移位运算控制逻辑的CM存储项。

2.熟悉和掌握存储逻辑控制器的调试方法与步骤。

二、设计内容

在分段模型机中新增4条移位机器指令(表3-1):RL(左环移)、RLC(带进位左环移)、RR(右环移)、RRC(带进位右环移),其指令格式如下:

表3-1　指令系统

助记符	机器指令码	说明
RR Rd	01010000	Rd寄存器内容右移
RRC Rd	01110000	Rd寄存器内容带进位右移
RL Rd	00100000	Rd寄存器内容左移
RLC Rd	00110000	Rd寄存器内容带进位左移

以上4条指令都为单字节。

RR为将Rd寄存器中的内容循环右移一位。

RRC为将Rd寄存器中的内容带进位右移一位,它将Rd寄存器中的数据右边第一位移入进位,同时将进位位移至Rd寄存器的最左位。

RL为将Rd寄存器中的数据循环左移一位。

RLC为将Rd寄存器中的数据带进位循环左移一位。

要求:

①设计模型机的数据通路;

②设计模型机的微程序流程;

③设计流程图中各段微程序并写入微控制器存储器中;

④设计一个实验测试程序(具有输入、输出、加、移位、读写内存及转移功能)在模型计算机中运行并验证微程序流程。

三、设计思路

本实验在实验二(分段模型机)的基础上扩充移位控制指令,实现移位控制运算。

相关规定同分段模型机。

设计四　复杂模型机设计

一、设计要求

综合运用所学计算机原理知识，设计并实现较为完整的模型计算机。

二、设计内容

设计支持复杂模型机指令系统（表4-1），本模型机共有16条机器指令，其中算术逻辑指令7条，访问内存指令和程序控制指令4条，输入输出指令2条，其他指令1条。下表列出了各条指令的格式、汇编符号、指令功能。

表4-1　指令系统

助记符	指令格式						功　能
LDA M,D,Rd	0	0	M		00	Rd	E→Rd
STA M,D,Rd	0	0	M		01	Rd	Rd→E
JMP M,D	0	0	M		10	00	E→PC
BZC M,D	0	0	M		11	00	当CY=1或Z=1时，E→PC
MOV Rd,Rs	0	1	0	0	Rs	Rd	Rs→Rd
ADC Rd,Rs	0	1	0	1	Rs	Rd	Rs+Rd+CY→Rd
SBC Rd,Rs	0	1	1	0	Rs	Rd	Rs-Rd-CY→Rd
AND Rd,Rs	0	1	1	1	Rs	Rd	Rs∧Rd→Rd
CLR Rd	1	0	0	0	00	Rd	0→Rd
INC Rd	1	0	0	1	00	Rd	Rd+1→Rd
CPL Rd	1	0	1	0	00	Rd	Rd→Rd
RRC Rd	1	0	1	1	00	Rd	CY→Rd
RLC Rd	1	1	0	0	00	Rd	CY→Rd
IN Rd,I/O	1	1	0	1	00	Rd	I/O→Rd
OUT Rd,I/O	1	1	1	0	00	Rd	Rd→I/O
HALT	1	1	1	1	00	00	停机

要求：

①设计复杂模型机的数据通路；

②设计复杂模型机的微程序流程；

③设计流程图中各段微程序并写入微控制器存储器中；

④设计一个实验测试程序在复杂模型计算机中运行并验证微程序流程。

三、设计思路及相关规定

1.数据格式

复杂模型机规定采用定点补码表示数据，且字长为8位，其格式如下：

7	6 5 4 3 2 1 0
符号	尾 数

2.指令格式

模型机设计四大类指令共16条，其中包括算术逻辑指令、I/O指令、访问及转移指令和停机指令。

(1)算术逻辑运算指令

设计9条算术逻辑指令并用单字节表示，寻址方式采用寄存器直接寻址，其格式如下：

7 6 5 4	3 2	1 0
OP-CODE	Rs	Rd

其中，OP-CODE为操作码，Rs为源寄存器，Rd为目的寄存器，并规定：

Rs或Rd	选定的寄存器
00	R0
01	R1
10	R2
11	R3

(2)访问指令及转移指令

模型机设计2条访问指令，即存数(STA)、取数(LDA)，2条转移指令，即无条件转移(JMP)、结果为零或有进位转移指令(BZC)，指令格式为：

7	6	5 4	3 2	1 0
0	0	M	2OP-CODE	Rd
D(低八)				

(3)停机指令

7 6 5 4	3 2	1 0
OP-CODE	0 0	0 0

其中0 0 M为源码段，2OP-CODE为目的码段(LDA、STA指令使用)。D为十六位地址段(低八在前，高八随后)，M为源寻址模式，其定义如下：

寻址模式M	有效地址E	说 明
00	E = D	直接寻址
01	E = (D)	间接寻址
10	E = (SP)+D	SP变址寻址
11	E = (PC)+D	相对寻址

(4)I/O指令

输入(IN)和输出(OUT)指令采用单字节指令,其格式如下:

7654	32	10
110M	2OP-CODE	Rd

格式中110M为源码段,其中M=0为IN指令,M=1为OUT指令,Rd为源与目的寄存器。2OP-CODE为字与字节操作段。它的定义如下:

3 2	说明
0 0	偶递偶(字节)
0 1	奇递奇(字节)
1 X	字操作

设计五　流水模型机设计

一、设计要求

1.在分段模型机的微指令过程中量化流水的基本概念，构造一台含有流水概念的模型机。

2.在机器指令中增加寻址方式识别位，编写带流水的微程序，上机调试掌握流水概念运用。

二、设计内容

设计由五条机器指令组成的流水模型机指令系统（表5-1）：IN（输入）、ADD（二进制加法）、STA（存数）、OUT（输出）、JMP（无条件转移）。

表5-1　指令系统

助记符	机器指令码	说明
IN Rd,IOL	00100000	I/O(数据开关)偶字节→Rd
ADD Rd,[addr]	01000000 XXXXXXXX	Rd+[addr]→Rd
STA [addr],Rd	01100000 XXXXXXXX	Rd→[addr]
OUT [addr],IOH	10000000 XXXXXXXX	[addr]→I/O(奇字节)
JMP 000H	10100000 XXXXXXXX	addr→PC

其中IN为单字节（8位）指令，其余为二字节指令，XXXXXXXX为addr对应的二进制地址码。

要求：

①设计流水模型机的数据通路；

②设计流水模型机的判别流程；

③设计流水模型机的微程序流程；

④设计流程图中各段微程序并写入微控制器存储器中；

⑤设计一个包含五条机器指令的实验测试程序在流水模型计算机中运行并验证微程序流程。

三、设计思路

1.流水的基本概念

流水方式是把指令中类型相同的路径或过程分解为若干个子过程，CPU在运行过程中以操作码为依据识别流水子过程“取舍”，由于这种工作方式与工厂中的生产流水线十分相似，因此把它称为流水工作方式。

在分段模型机确定的五条指令中，四条指令涉及程序存储器与数据存储器的寻址操作，为此我们围绕该四条指令设计一个寻址子过程，并在操作码段中增加子过程流入识别位，CPU在取指时通过对识别位的判别来确定子过程的“取舍”。

分段模型机微流程与流水模型机微流程相比较，在执行时间上并无差距，但在逻辑存储器空间占用方面差距较大，占空比为19:11，也就是说流水模型机比段式模型机少占了八个逻辑存储器空间。本流水模型机中流水的概念确切的定义应归属空间流水范畴。

2.指令格式

7654	32	10
OP-CODE	00	Rd

本实验的机器指令格式在分段模型机(高三位)的基础上增加流水识别位(第四位),该位为“0”时定义非流水指令,该位为“1”时表示需要寻址流水子过程。

设计六　MCS-51汇编语言模型机设计

一、设计要求

设计一个与MCS-51单片机指令系统兼容的模型机。

二、设计内容

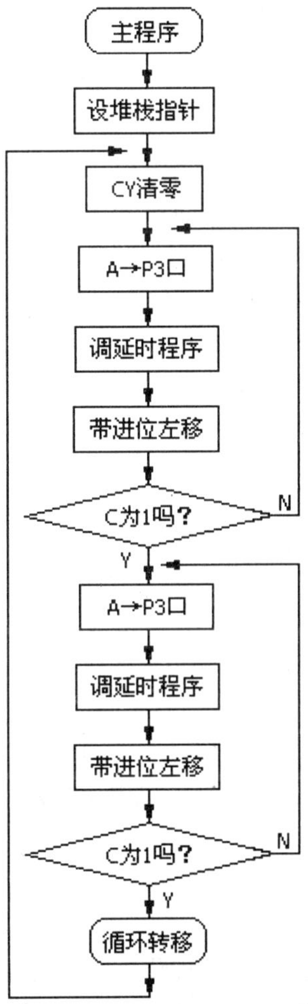

图6-1　程序流程

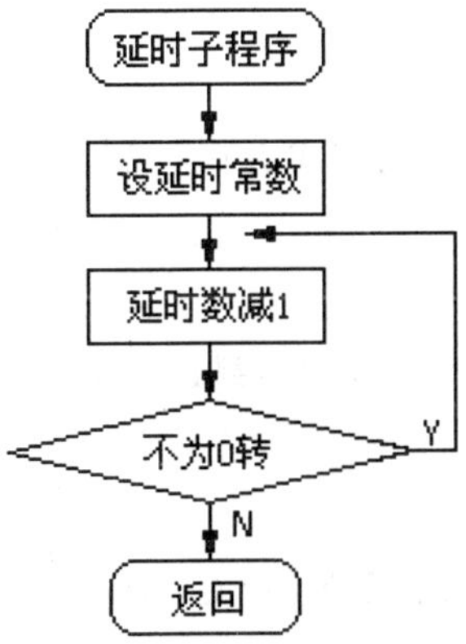

图6-2　延时程序流程

按图6-1、图6-2所示的程序流程设计一段P1口移位送P3口的循环显示程序如下：

```
        ORG 0000H
        MOV SP, #07H        ;设栈指针
LP1:    MOV A, P1           ;取送显源
        CLR C               ;清CY
LRL:    MOV P3, A           ;送显
        ACALL DELY          ;调延时子程序
        RLC A               ;带进位左移
        JNC LRL             ;为0循环左移
LRC:    MOV P3, A           ;送显
        ACALL DELY          ;调延时子程序
        RRC A               ;带进位右移
        JNC LRC             ;为0循环右移
        SJMP LP1            ;转取送显源
DELY: MOV R0, #03H          ;设延时常数
DELN: MOV R1, #10H          ;设延时常数
        DJNZ R1, $          ;踏步等待
        DJNZ R0, DELN       ;延时循环体
        RET                 ;返回
        END
```

要求：

①设计MCS-51汇编语言模型机的最小汇编指令集；

②设计MCS-51汇编语言模型机的微程序流程；

③设计流程图中各段微程序并写入微控制器存储器中；

④输入实验程序在MCS-51汇编语言模型计算机中运行并验证微程序流程。

三、设计思路

以较为典型的MCS-51单片机微处理器为例，设计和实现直接面向源程序级的微指令，将通用计算机的指令系统融入实验模型机的实践之中，围绕变长格式，以典型计算机指令系统为例展开原理计算机的设计与实现。

1.资源定义

(1)运算源

图6-3运算单元所示的运算源A及暂存器B在微控制位“ALU=1”时分别为A、B，遇“ALU=0”时，它们分别代表当前源编码所定义的源部件。

(2)工作寄存器与片内RAM

如图6-3所示，工作寄存器R3~R0指定位于内部IM零区域，其中R3指定为SP指针。内部IM与EM主存及RAM共用1片6116静态存储器。

(3)I/O口

如图6-3所示，I/O(偶)定义为P1口，I/O(奇)定义为P3口。

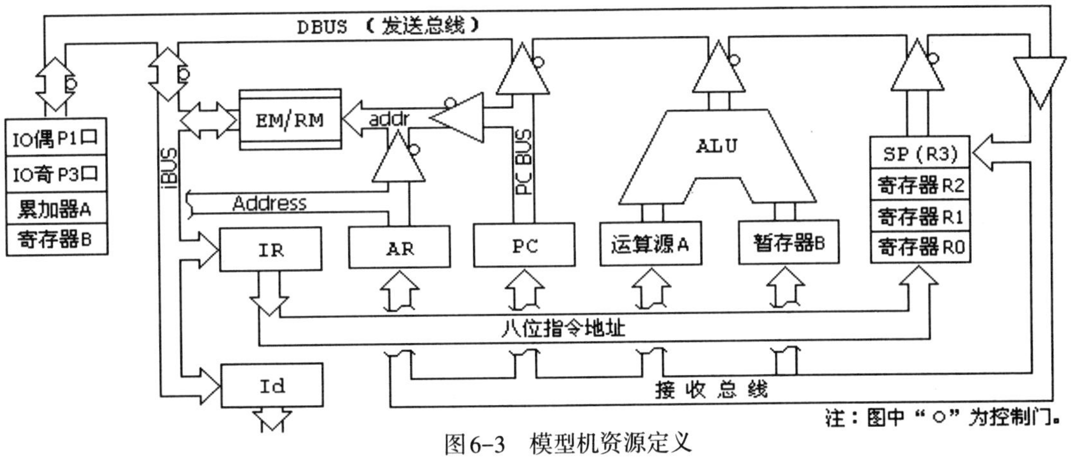

图6-3　模型机资源定义

2.机器代码程序

由汇编器生成的指令代码程序(表6-1):

表6-1　机器代码

程序地址	机器码	助记符
000	75 81 07	MOV　SP,#07H
003	E5 90	MOV　A,P1
005	C3	CLR　C
006	F5 B0	MOV　P3,A
008	11 16	ACALL　0016H
00A	33	RLC　A
00B	50 F9	JNC　0006H
00D	F5 B0	MOV　P3,A
00F	11 16	ACALL　0016H
011	13	RRC　A
012	50 F9	JNC　000DH
014	80 F0	SJMP　0006H
016	78 03	MOV　R0,#03H
018	79 10	MOV　R1,#10H
01A	D9 FE	DJNZ　R1,001AH
01C	D8 FA	DJNZ　R0,0018H
01E	22	RET

四、思考题

如何扩充C51模型机的微程序流程及微指令集,使模型机支持下面所示的高级语言程序:

```
/****************************************
 高级语言解释实验:移位控制与中断应用
 设置工作方式:
  方式字  = 微程序控制
  连接方式 = 在线
  I/O选择  = MUB
****************************************/
unsigned char DT;          //全局延时变量

//中断服务函数
void IntDelayTimes() interrupt 0
{
 DT = P1;       //读取P1数据重设延时变量
}
//延时函数
void sleep()
{
 unsigned char i = DT;
 do
 {
  i--;
 } while (i != 0);
}
//主函数(程序入口)
main()
{
 unsigned char a;
 EA = 1;   //开中断
 DT = P1;  //读取P1数据初始延时变量
 a  = 0x08;  //移位初值
 while(1)
 {
  do      //循环左移
  {
   P3 = a;
   sleep();
   a <<= 1;    //左移1位
  } while(a != 0x80);
  do       //循环右移
```

```
    {
      P3 = a;
      sleep();
      a >>= 1;   //右移1位
    } while(a != 0x01);
  }
}
```

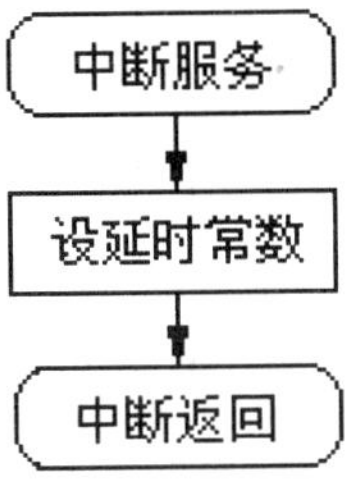

图6-4　中断服务子程序

注：高级语言程序按图6-4所示流程设计一个设置延时常数的中断服务子程序，在图6-1所示的程序流程中增加开中断指令，按图6-2的流程设计延时子程序，用中断方式改变P3口移位循环的速度。

设计七　8086模型机设计

一、设计要求

设计一个与8086微处理器指令系统兼容的模型机，程序流程见图7-1。

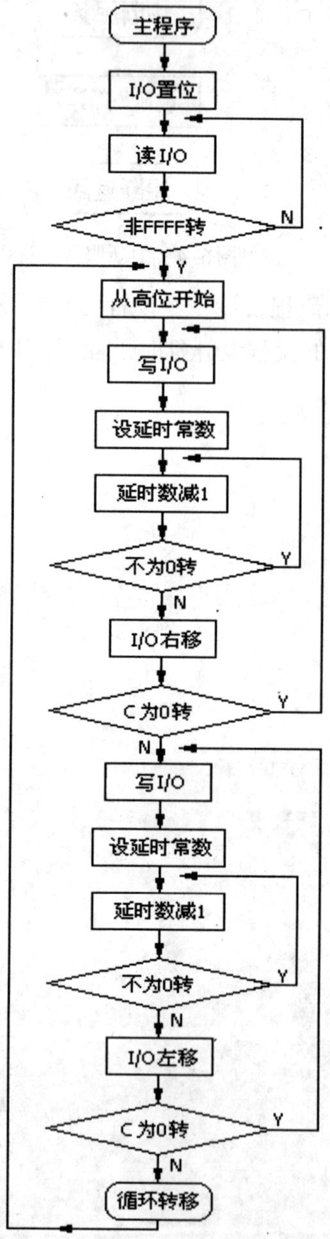

图7-1　程序流程

二、设计内容

按图7-1所示的程序流程设计一段准双向I/O循环移位汇编程序如下：

```
    CODE        SEGMENT
```

```
        ASSUME CS:CODE, DS:CODE, ES:CODE
STA0:   MOV AX, 0FFFFH          ;定义I/O初始值
        OUT 0, AX               ;令I/O为准双向口
SRIO:   IN AL, 0            ;读I/O
        CMP AL, 0FFH            ;与0FF比较
        JNZ SRIO                ;不为全1转!
        MOV AX, 8000H           ;从最高位开始
        CLC                     ;清进位标志
LRCR:   OUT 0, AX               ;当前AX送I/O
        MOV CX, 10H             ;设置延时常数
        LOOP $                  ;循环等待CL次
        SHR AX, 1               ;AX带进位右移
        JNC LRCR                ;无符号转(C='0')
LRCL:   OUT 0, AX               ;当前AX送I/O
        MOV CX, 10H             ;设置延时常数
        LOOP $                  ;循环等待CL次
        SHL AX, 1               ;AX带进位左移
        JNC LRCL                ;无符号转(C='0')
        JMP LRCR                ;遇C='1'转右移
CODE    ENDS
        END STA0
```

三、设计思路

1.资源定义

(1)运算源

图7-2运算单元所示的累加器及暂存器在微控制位“ALU=1”时分别为A、B,遇“ALU=0”它们分别代表当前源编码所定义的源部件。

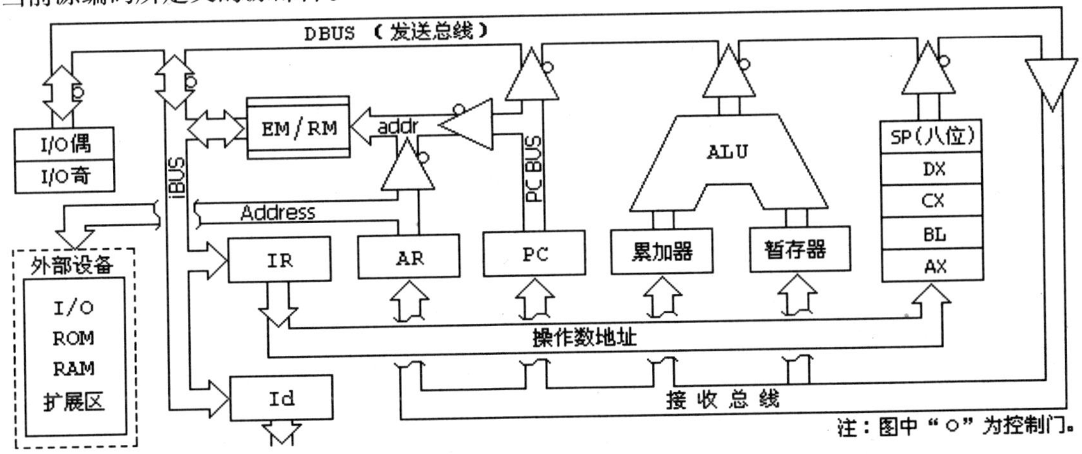

图7-2 模型机资源定义

(2)I/O口

图7-2所示的十六位准双向I/O口定义为固定端口的输入输出部件;外部I/O由AR定义十六位端口地址。

（3）EM / RM

图7-2所示的EM / RM由程序、数据及IM集合而成，其中EM以PC为址、数据指针以AR为址、IM以指令中的操作地址为址。寻址范围均为256字节。

2.机器程序

由汇编器生成的指令代码程序（表7-1）。

表7-1 机器代码

地址	机器代码	助记符	
000	B8 FF FF	MOV	AX,0FFFFH
003	E7 00	OUT	0000H,AX
005	E4 00	IN	AL,0
007	3C FF	CMP	AL,0FFFFH
009	75 FA	JNZ	0005H
00B	B8 00 80	MOV	AX,8000H
00E	F8	CLC	
00F	E7 00	OUT	0,AX
011	B1 80	MOV	CX,0010H
013	E2 FE	LOOP	0015H
015	D1 D8	RCR	AX,1
017	73 F6	JNC	0010H
019	E7 00	OUT	0,AX
01B	B1 80	MOV	CX,0010H
01D	E2 FE	LOOP	0020H
01F	D1 D0	RCL	AX,1
021	73 F6	JNC	001BH
023	EB EA	JMP	0010H

附 录

附录一 键盘操作指南

一、CMX按键操作指南——工作状态设定(手动搭接、手动在线)

(一)键盘概述

Dais-CMX08⁺系统自带键盘(见图1-1)与字符型LCD显示,键的设置和命名以Dais 4×8按键操作为基础,进一步简化了命令键的操作。一键多用、设置灵活、使用方便,其操作平台的智能化程度远远超越国内其他同类产品,是目前国内较为经典的按键式操作系统。

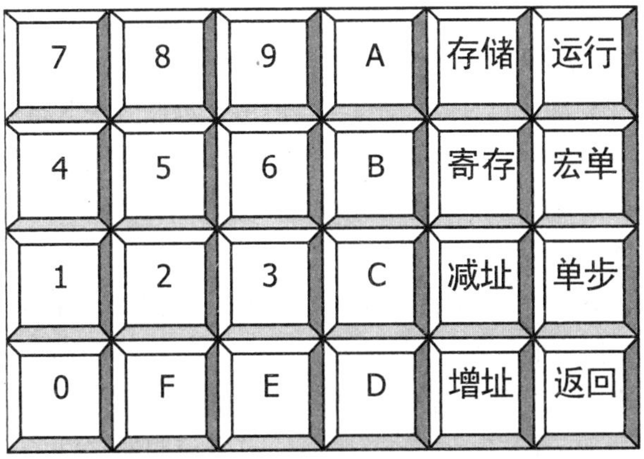

图1-1 Dais-CMX08⁺键盘

1.键盘功能简介

①在24个按键中,左边16个数字键0~F,用于输入存储器地址、数据或机器码等。

②右边8个功能键,其定义及作用见表1-1。

表1-1 键盘功能表

按键定义	待命状态0	待命状态1
存储	切换程序/微程序存储器标志	根据提示符进入程序或微程序存储器读写操作
寄存	寄存器/IM(内存)/RM(数据)	键入单数进入为寄存器读写,键入双数进入为内存读写,键入三数进入为数据存储器读写
减址	设置工作方式	地址减1或设置确认、键入单数装载程序/微程序
增址	断点查找与断点清除	地址加1或设置选择、把键入的串数设置为断点
运行	以当前PC指针为起始全速运行程序	键入数字后以该串数为起始地址全速运行程序
宏单	以当前PC为起始宏或单步机器指令	键入数字后以该串数为起始址进入单步或宏运行
单步	以当前PC指针为起始单步微指令	键入数字后以该串数为起始址进入微单步运行
返回		返回待命状态0

2.键盘监控工作状态

用户可以通过其24个键向本系统发出各种操作命令,大多数键有两个以上功能,而没有上下档键之分,实验系统到底进行什么操作,不仅与按什么键有关,也与当前实验系统所处的工作状态有关。“工作状态”在操作中是一个重要的概念,下面作有关介绍。

3. 初始待命状态

上电或按复位后,系统进入待命状态0,LCD显示器根据设定的模式显示如下画面:

```
Dais-CMX08+ 'kld
K
```

单元手动模式

```
Dais-CMX08+ 'mud
M
```

微程序模式

```
Dais-CMX08+ 'pld
P
```

组合逻辑模式

第1行包含了产品型号和控制字,第2行的光标闪动位显示提示符,表示实验系统处于待命状态0,可以对系统进行操作。

(二)工作模式设置

在用键盘设置工作模式的过程中,显示器上经常会出现如下几个名称:

KLD　手动模式,M23~M0所对应的“座”与“灯”由二进制开关K23~K0控制

MUD　微程序模式,M23~M0所对应的24位微控制位由微程序存储器CM控制

PLD　组合逻辑模式,M23~M0所对应的24位微控制位由PLD组合逻辑控制

LST　连接字:Y(搭接)/ N(在线)

Y:自由定义和搭接单元部件与关联部件电路,建立源与目的部件的有效控制状态

N:控制器与部件间已建立主从式控制关系,计算机组成部件处于“在线”受控状态

I/O　扩展字:Y(I/O扩展)/ N(微控制指示与引出端)

Y:M23~M0所对应的“座”和“灯”脱离了与微控制器之间的互通关系,在电路上受二进制开关“K23~K0”控制,构成可扩展的24位双向I/O口

N:M23~M0所对应的“座”和“灯”与微控制器之间互通,其“座”适用于外设扩展,其“灯”可视为微控制器的状态指示灯。此时K23~K0与M23~M0处于高阻无效状态

1.手动模式设置

在待命状态“0“,按【减址】键,LCD显示器显示工作模式选项:

```
Dais-CMX08+ 'XXX
 KLD  MUD  PLD
```

选择手动模式

按【增址】键,将光标移到“KLD”单元手动模式,按【减址】键确定后,询问用户是否使用搭接方式的选项:

```
Dais-CMX08+ 'kld
  lst y/n
```

是,选择搭接方式,须连线

```
Dais-CMX08+ 'kld
  lst y/n
```

否,选择在线方式,零连线

按【增址】键移动光标，如使用搭接方式则将光标移到“y”；如使用在线方式则将光标移到“n”，再按【减址】键确定设置，返回待命状态0。

```
Dais-CMX08+ 'kld
K
```

设置完毕，返回待命状态

所谓手动控制，就是用二进制拨动开关模拟微控制信号，以手动方式设置相互关联的逻辑控制电位，建立“源与目”的有效状态，实现和完成实验制定的控制任务。

手动控制是原理模型机的基础，我们从部件单元电路入手，围绕单元部件、关联部件及微控制器由浅入深地逐一展开，为原理模型机的设计与实现奠定基础。

本系统手控态提供“在线”与“搭接”两种实验方式。

在“搭接”态可忽略微控制器组成环节，自行设计和构造原理模型机部件，自由定义和搭接单元部件与关联部件电路，力求提高学生的动手能力，亦为课程设计与超越创新实验的展开预留一个灵活而又便捷的可实施平台。

手动“在线”态，按照微控制器设计规范，定义和命名部件的控制信号，用二进制开关模拟微操作，围绕微控制模式展开实验。使学生逐步建立微控制器的概念，为模型机的设计和实现奠定基础。

“在线”方式下，控制器与部件之间已建立了“主从式”控制关系，也就是说控制器已进入载体工作状态，因此“在线”方式下对于控制器已定义部件的“实验电路连接”是不允许的，属非法操作。在进入手动“在线”实验前，必须判断当前实验环境是否处“手动”“在线”状态，若否，则首先卸去所有的实验连接，再把实验箱工作状态设置为“手动”“在线”状态。然后才能进入手动“在线”示例的实践操作。

(1)初始化操作

一旦进入手控状态，首先应把实验系统左下方“二进制开关单元”的24位微控制开关拨至下方(即高电平信号“1”)，使24位微控制状态指示灯处“暗态”，关闭全部控制信号，完成微控制器的初始化操作。

(2)控制信号的建立

1)有效状态的特征：本系统提供的是“负逻辑”控制电路，通常情况下把低电平“0”定义为有效状态，以点亮绿色发光二极管为标志。

2)有效状态的建立：结合实验项目，按实验要求把相关的二进制开关拨向上方，点亮对应的发光二极管。

3)有效状态的控制。

①源操作：为了避免总线的冲突与竞争，保证其唯一性，系统以编码的方式定义总线来源，实验时必须按照源编码表的要求选择当前总线源。例如：IN AX，I/O源编码X2、X1、X0所对应的二进制开关设为“100”，选通I/O；由“XP”控位定义十六位I/O的奇偶，XP=0选通I/O的低八位(S7~S0)，该十六位I/O单元右上方偶选通灯亮，然后按动I/O口单元的数据开关，总线单元的显示器及二进制发光管应随之变化。

②目的操作：首先应把与控制目的操作部件相对应的二进制开关拨向上方，建立目的寻址的有效状态，其特征是该部件单元周边的黄色指示灯“亮”，然后按动【单拍】按钮向目的部件提供写脉冲，把数据打入黄色指示灯处“亮”旁边的部件中。例如：IN A，I/O(L)在源状态已建立的基础上首先把I/O口单元的数据开关置为“XXXXXXXX 00010010”，然后令O2~O0、OP=1000，点亮A部件处黄色指示灯，再按动【单拍】按钮，把I/O低八位(S7~S0)内容打入A，该部件单元显示器显示“12H”。

③源与目的编码。

表1-2 源与目的寻址编码表

总线源编码			
M10	M9	M8	功能
X2	X1	X0	
1	1	1	禁止
1	1	0	ALU
1	0	1	SP
1	0	0	IOR
0	1	1	MRD
0	1	0	XRD
0	0	1	RRD
0	0	0	PC

在线态目的编码			
M19	M18	M17	功能
O2	O1	O0	
1	1	1	禁止
1	1	0	MAR
1	0	1	BX
1	0	0	AX
0	1	1	SP
0	1	0	IOW
0	0	1	XWR
0	0	0	RWR

上表中源编码无“在线”与“搭接”之分，八中选一属必须遵守的潜规则；至于目的编码表的定义仅适用于“在线”方式；在“搭接”方式，由实验者自行定义。

(3)设计与连接环节提示

1)实验方式设置规定。

由于“在线”方式下，控制器与部件之间已建立了“主从式”控制关系，也就是说控制器已进入载体工作状态，此时若出现对控制器已定义部件的“实验搭接”，从控制角度称为“重叠定义”，造成总线混乱；从电路的层面讲称为超负荷加载，危及器件安全。因此“在线”方式下对于控制器已定义部件的“实验电路连接”是不允许的，属非法操作。在实验方式选择与相互转换中，切记：①由“搭接”方式转向“在线”方式时，首先卸去所有的实验连接，然后才能进入在线方式的设置操作。②在进入“实验电路搭接”操作之前，必须判断当前的实验环境是否处“搭接”状态，若否，则首先设置搭接实验方式，然后才能进入“实验电路的搭接”。

2)“搭接”态并行性设计制约。

二进制模拟控制开关K23~K0的负载能力为四个TTL电平，在构造并行输出控制信号时它的受控部件通常以三个以下为宜。为了延长模拟控制电路的使用寿命，对于三个以上TTL电平的控制应通过追加隔离驱动电路的途径来实现。

3)连接与拆除环节的注意事项。

① 实验连接环节。

实验连接环节的失误轻则影响实验结果导致实验失败，重则导致设备受损，延误实验进程。为此我们提倡“开电源”操作，在设备上电的环境下，首先判断当前的实验环境是否处“搭接”状态，若否，则先设置搭接实验方式，然后才能进入“实验电路的搭接”，完成实验电路的连接。

② 实验拆除环节。

在实验连线拆除过程中，实验连线头与头之间的单边碰撞不可避免，容易引发短路危及设备安全。因此切断电源，坚持无源拆除是唯一的选择。另外为了延长双头实验导线的使用寿命，在拆除过程中应做到抓头不拉线，只拔不拉，垂直发力，杜绝横向硬拆。

(4)手控态命令键命名

1)【减址】：模式选择命令，主要用于更改"控制字"与"连接字"。

2)【返回】：系统复位命令，主要用于带预置或清零控制部件的复位。涉及的清零器件为PC、uPC、AR、A、B寄存器及CY与零标志；涉及置位操作的是十六位I/O。

2.微程序模式设置

在待命状态"0"，按【减址】键，LCD显示器显示工作模式选项：

```
Dais-CMX08+ 'XXX
  KLD  MUD  PLD
```

选择微程序模式

按【增址】键，将光标移到"MUD"微程序模式，按【减址】键确定后，系统先询问用户是否使用搭接方式，按【增址】键选择"y"(搭接)或"n"(在线)，按【减址】键确定：

```
Dais-CMX08+ 'mud
 lst y/n I/O y/n
```

是，选择搭接方式，须连线

```
Dais-CMX08+ 'mud
 lst y/n I/O y/n
```

否，选择在线方式，零连线

接着系统询问用户是否使用扩展I/O方式，按【增址】键选择"y"(扩展I/O)或"n"(微控制器关联)，按【减址】键确定：

```
Dais-CMX08+ 'mud
 lst y/n I/O y/n
```

是，扩展I/O方式

```
Dais-CMX08+ 'mud
 lst y/n I/O y/n
```

否，选择微控制器关联方式

确定设置后，系统返回待命状态0。

```
Dais-CMX08+ 'mud
M
```

设置完毕，返回待命状态

3.组合逻辑模式设置

在待命状态"0"，按【减址】键，LCD显示器显示工作模式选项：

```
Dais-CMX08+  'XXX
   KLD  MUD  PLD
```

选择逻辑模式

按【增址】键，将光标移到“PLD”组合逻辑模式，按【减址】键确定后，系统先询问用户是否使用搭接方式，按【增址】键选择“y”（搭接）或“n”（在线），按【减址】键确定：

```
Dais-CMX08+  'pld
 lst y/n I/O y/n
```

是，选择搭接方式，须连线

```
Dais-CMX08+  'pld
 lst y/n I/O y/n
```

否，选择在线方式，零连线

接着系统询问用户是否使用扩展I/O方式，按【增址】键选择“y”（扩展I/O）或“n”（微控制器关联），按【减址】键确定：

```
Dais-CMX08+  'pld
 lst y/n I/O y/n
```

是，选择I/O方式

```
Dais-CMX08+  'pld
 lst y/n I/O y/n
```

否，选择MOB方式

确定设置后，系统返回待命状态0。

```
Dais-CMX08+  'pld
P
```

设置完毕，返回待命状态

（三）寄存器读写操作

寄存器代号用数字表示，其定义见下表：

名称	R3~R0	I/O, SP	A, B
代号	0	1	2

在待命状态0输入寄存器代号0~3后，进入待命状态1，此时按【寄存】键进入寄存器读写操作，LCD第1行右侧显示光标处的寄存器名称，第2行显示寄存器的名称、内容：

```
Dais-CMX08+   'R1
CX FFFF  DX FFFF
```

进入寄存器读写状态

进入寄存器读写状态后，可以按【增址】键或【减址】键选择代号为0~3的寄存器，在光标处按0~F数字键修改该寄存器值，修改完后须按【运行】键以确定写入，继续按【增址】键或【减址】键选择寄存器，按【返回】键退出寄存器读写操作，返回待命状态0。

需要指出的是，I/O寄存器为准双向输入/输出端口，在对其进行写操作前须将其置为全1，即将S15~S10对应的开关拨至上方。

（四）存储器读写操作

1.程序与微程序读写选择操作

在待命状态0，按【存储】键，命令提示符可在“M”和“U”之间不断切换。“M”提示符表示当前【存储】命令键指向程序存储器读写操作；“U”提示符表示当前【存储】命令键指向微程序存储器读写操作。

2.程序存储器ROM读写操作

在“M”提示符下输入程序存储器地址（000~7FFH范围）进入待命状态1，此时按【存储】键进入ROM读写操作，LCD第2行左侧显示地址，右侧为该地址单元的内容：

```
Dais-CMX08+  'rom
000 758107E590C3
```

进入ROM读写状态

进入ROM读写状态后，可以按【增址】键或【减址】键改变当前地址，按0~F数字键修改ROM单元内容，修改完每屏数据后须按【运行】键以确定写入，继续按【增址】键或【减址】键改变当前地址，按【返回】键退出ROM读写操作，返回待命状态0。

3.微程序存储器UOM读写操作

在“U”提示符下，输入微程序存储器地址（000~7FFH范围）进入待命状态1，此时按【存储】键进入UOM读写操作，LCD第2行左侧显示微地址，右侧为该微地址单元的内容：

```
Dais-CMX08+  'uom
00F  F8013EF60D
```

进入UOM读写状态

进入UOM读写状态，可以按【增址】键或【减址】键改变当前地址，按0~F数字键修改UOM单元，修改完后按【运行】键以确定写入，按【返回】键退出UOM读写操作，返回待命状态0。

微程序存储器UOM与ROM、RAM、IM相比，是一个特殊的存储器，以上图为例，该微地址单元的数据格式如下：

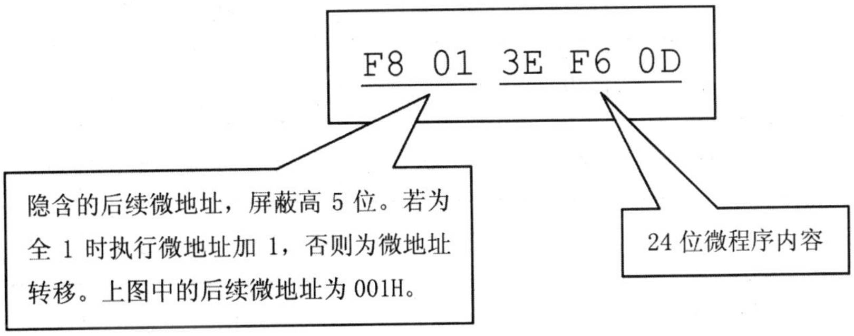

4.数据存储器RAM读写操作

在待命状态0，按数字键输入三位有效地址（000~7FFH），进入待命状态1。此时按【寄存】键即可进入RAM读写操作，LCD第2行左侧显示地址，右侧为该地址单元的内容：

```
Dais-CMX08+ 'ram
000 EFDDE6FAFFE8
```

进入RAM读写状态

进入RAM读写状态后,可以按【增址】键或【减址】键改变当前地址,按0~F数字键修改RAM单元,修改完每屏数据后须按【运行】键以确定写入,继续按【增址】键或【减址】键改变当前地址,按【返回】键退出RAM读写操作,返回待命状态0。

您也许已经发现了,RAM读写操作与ROM读写操作有许多相似之处!

5.内部存储器IM读写操作

在待命状态0,按数字键输入两位有效地址(00~FFH),进入待命状态1,此时按【寄存】键即可进入IM读写操作,LCD第2行左侧显示地址,右侧为该地址单元的内容:

```
Dais-CMX08+ 'iam
00 EFFFFFFFFB7B
```

进入IM读写状态

进入IM读写状态后,可以按【增址】键或【减址】键改变当前地址,按0~F数字键修改IM单元,修改完每屏数据后须按【运行】键以确定写入,继续按【增址】键或【减址】键改变当前地址,按【返回】键退出IM读写操作,返回待命状态0。

通过学习对ROM、RAM、IM的读写操作,相信您已经掌握了它们的使用方法了。

(五)调试实例

请先将I/O单元的数据开关拨为FF80H。在待命状态0按数字【A】再按【减址】键,装载基本模型机程序,我们接下来的调试均以此程序为基础。

程序清单如表1-3所示:

表1-3 程序清单

程序地址	机器码	助记符	指令说明
000	75 81 07	MOV SP,#07H	立即数07H送到SP堆栈指针
003	E5 90	MOV A,P1	P1(IOL)端口送到A(AL)累加器
005	C3	CLR C	清CY进位标志
006	F5 B0	MOV P3,A	A(AL)累加器送到P3(IOH)端口
008	11 16	ACALL 0016H	调用延时子程序
00A	33	RLC A	A(AL)累加器带进位循环左移
00B	50 F9	JNC 0006H	无进位转移,否则继续下一条指令
00D	F5 B0	MOV P3,A	A(AL)累加器送到P3(IOH)端口
00F	11 16	ACALL 0016H	调用延时子程序

011	13	RRC A	A(AL)累加器带进位循环右移
012	50 F9	JNC 000DH	无进位转移,否则继续下一条指令
014	80 F0	SJMP 0006H	无条件转移
016	78 03	MOV R0,#03H	立即数03H送到R0(CL)寄存器
018	79 10	MOV R1,#10H	立即数10H送到R1(CH)寄存器
01A	D9 FE	DJNZ R1,001AH	R1(CH)寄存器减1,不为0转移
01C	D8 FA	DJNZ R0,0018H	R0(CL)寄存器减1,不为0转移
01E	22	RET	从子程序返回

1.微单拍运行

以单节拍方式按T1~T4顺序逐步运行微程序,进一步细化微指令运行过程。

我们以第1条指令"MOV SP, #07H"为例,来描述单节拍运行的方法和过程。该指令的机器码为75H,按微地址散转规则,可得到其微程序入口地址6EAH:

指令码75H (01110101) ⇒ 左移1位 (11101010) ⇒ 加基地址 600H ⇒ 微地址 6EAH

该指令的微程序如下:

微址	M23 E/M	M22 IP	M21 MWR	M20 R/M	M19 o2	M18 o1	M17 O0	M16 OP	代码	M15 M	M14 CN	M13 S2	M12 S2	M11 S0	M10 X2	M9 X1	M8 X0	代码	M7 XP	M6 W	M5 ALU	M4 Iu	M3 IE	M2 IR	M1 Icz	M0 Ids	代码	后续微址	说明
000	1	1	1	1	1	1	1	1	FF	1	1	1	1	1	1	1	1	FF	1	1	1	1	1	1	1	1	FF	+1	复位地址
001	1	0	1	1	1	1	1	1	BF	1	1	1	1	1	1	1	1	FF	1	1	1	1	1	0	1	1	FB	+1	取指,PC+1
6EA	1	0	1	1	0	1	1	0	B6	1	1	1	1	1	0	1	1	FB	1	1	1	0	1	1	1	1	EF	6F1	操作数送SPL
6F1	1	0	1	1	1	1	1	1	BF	1	1	1	1	1	1	1	1	FF	1	1	1	0	1	1	0	1	ED	001	PC+1转取指

微地址单元000H为复位地址,001H为取指过程,不可缺少。

下面我们详细介绍指令"MOV SP, #07H"的单节拍运行过程,如表1-4所示:

表1-4　单节拍运行过程

系统状态	节拍	PC	uPC	操作说明
初始复位	—	000H	000H	—
按【单拍】	T1	000H	001H	微控制器变更节拍
按【单拍】	T2	001H	001H	打操作码节拍
按【单拍】	T3	001H	001H	执行PC加1节拍
按【单拍】	T4	001H	001H	取操作数节拍
按【单拍】	T1	001H	6EAH	指令执行的起始微周期
按【单拍】	T3	002H	6EAH	执行PC加1
按【单拍】	T4	002H	6EAH	执行立即数送SP操作
按【单拍】	T1	002H	6F1H	指令执行的第二个微周期
按【单拍】	T3	003H	6F1H	执行PC加1
按【单拍】	T4	003H	6F1H	指令执行完毕，后续微地址指定为001H
按【单拍】	T1	003H	001H	取指周期，开始执行下一条指令……

2.微单步运行

以单周期(T1~T4为一个机器周期)方式逐步运行微程序。

在以单节拍方式执行完第1条指令后，我们保持模型机现场，继续以第2条指令"MOV A,P1"为例，来描述单周期运行的方法和过程。该指令的机器码为E5H，按微地址散转规则，可得到其微程序入口地址7CAH：

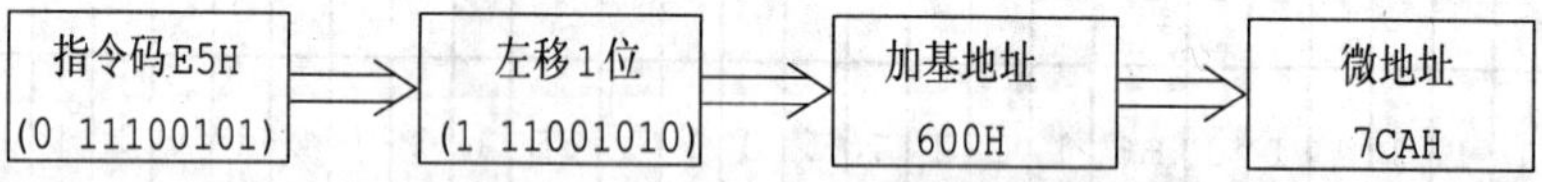

该指令的微程序如下：

微址	M23	M22	M21	M20	M19	M18	M17	M16	代码	M15	M14	M13	M12	M11	M10	M9	M8	代码	M7	M6	M5	M4	M3	M2	M1	M0	代码	后续微址	说明
	E/M	IP	MWR	R/M	o2	o1	o0	OP		M	CN	S2	S2	S0	X2	X1	X0		XP	W	ALU	Iu	IE	IR	Icz	Ids			
001	1	0	1	1	1	1	1	1	BF	1	1	1	1	1	1	1	1	FF	1	1	1	1	1	0	1	1	FB	+1	取指，PC+1
7CA	1	0	1	1	1	0	0	0	B8	1	1	1	1	1	1	0	0	FC	0	1	1	0	1	1	0	1	6D	001	P1(IOL)送A

下面我们详细介绍指令"MOV A, P1"的单周期运行过程：

系统状态	节拍	PC	uPC	操作说明
模型机现场	T1	003H	001H	上一条指令“MOV SP,#07H”执行完后的模型机现场。
按【单步】	T4	004H	001H	取指,IR=E5H,PC+1。
按【单步】	T4	005H	7CAH	执行周期,A=P1,PC+1。
按【单步】	T4	006H	001H	取指,继续执行下一条指令……

3.程序单步/宏单步运行

在机器指令的层面进行逐步调试,面向应用程序,帮助用户了解机器指令的执行结果。

在待命状态0按【宏单】键,LCD显示如下信息,询问是否以调用方式单步运行机器指令:

```
Dais-CMX08+ 'mud
'cal y/n
```

单步跨越CALL调用

```
Dais-CMX08+ 'mud
'cal y/n
```

单步跟踪CALL调用

按【增址】键移动光标选择好方式后,再按【宏单】键即开始以单步方式执行机器指令。

4.断点运行

(1)断点设置/查找/清除

1)断点设置命令:在待命状态0,按数字键输入程序地址(000~7FF)进入待命状态1,此时按【增址】键执行断点设置,把数字键定义的程序地址确认为断点。系统最多可容纳2个程序断点,若设置的断点超限,默认最后两次设置的断点。

2)断点查找与清除:在待命状态0,按【增址】键执行断点查找。若有断点,LCD提示窗显示断点地址,此时按【运行】键执行该断点的清除操作,然后继续查找与显示下一断点;若无断点则返回待命状态0。在断点查找状态,按【返回】命令键可退出当前操作,返回待命状态0。

3)断点设置示例。

① 在待命状态0,输入调试实例中程序的断点地址00B。

```
Dais-CMX08+ 'mud
00B
```

键入断点地址

② 然后按【增址】键进入断点设置状态,系统确认后返回待命状态0。

```
Dais-CMX08+ 'mud
M
```

按【增址】键确认

③ 输入调试实例中程序的第二个断点地址012,再按【增址】键确认并返回待命状态0。

4)断点查找示例。

④ 在待命状态0,按【增址】键,LCD提示窗显示首个断点地址00B。

```
Dais-CMX08+ 'mud
00B █
```

显示首个断点地址

⑤ 然后再按【增址】键，LCD提示窗显示第二个断点地址012。

```
Dais-CMX08+ 'mud
012 █
```

显示第二个断点地址

⑥ 此时若按【运行】键可清除当前LCD提示窗显示的断点，亦可按【返回】键退出断点查找，返回待命状态0。

(2)断点运行

一旦断点设置成功，按【运行】键，系统从当前PC指针开始以断点方式全速运行机器指令。

5.连续运行

以连续方式全速运行机器指令、微指令，用来验证应用程序和微程序的运行结果。

在待命状态0按【运行】键，系统以当前PC为程序起始地址全速运行程序；亦可在待命状态0，按数字键输入起始地址(范围为000~7FFH)，再按【运行】键，系统以输入的程序地址开始全速运行程序。在全速运行过程中，可随时按数字键【0】暂停，展现模型机现场，帮助用户了解各部件单元内容。在暂停后可按【运行】键继续运行，或按【返回】键回到待命状态0。

6.在线修改模型机程序

在已装载的MCS-51模型机程序的基础上，我们修改这段程序，使之达到不同的效果。

我们先修改两条机器指令。原始指令如下：

程序地址	机器码	助记符	指令说明
00A	33	RLC A	A累加器带进位循环左移
00B	50 F9	JNC 006H	无进位转移，否则继续下一条指令

修改后的指令：

程序地址	机器码	助记符	指令说明
00A	04	INC A	A累加器增量
00B	80 F9	SJMP 006H	无条件转移

对照上面的表格，在待命状态0输入地址“00A”，按【存储】键，分别输入04、80，再按【运行】键确定写入：

```
Dais-CMX08+ 'mud
00A 3350F9F5B011
```

原始程序

```
Dais-CMX08+ 'mud
00A 0480F9F5B011
```

修改后的程序

写入完毕后,按【返回】键回到待命状态0。

机器指令“INC A”修改完毕,但是它却不能执行,因为还没有为它编制微指令。根据微地址散转规则,机器码04H所对应的微地址为608H:

指令码75H (00000100) → 左移1位 (00001000) → 加基地址 600H → 微地址 608H

在待命状态0按【存储】键,将命令提示符切换到“U”,输入微地址“608”,按【存储】键,依次输入F8H、01H、F8H、F6H、EDH,再按【运行】键确定写入:

```
Dais-CMX08+ 'uom
608  FFFFFFFF3F
```

原始微程序

```
Dais-CMX08+ 'uom
608  F801F8F6ED
```

修改后的微程序

写入完毕后,按【返回】键回到待命状态0。

在待命状态0按【存储】键将命令提示符切换回“M”,输入起始地址“000”,按【运行】键全速运行修改后的程序,观察I/O单元的变化。

二、CPTH键盘操作指南

DJ-CPTH计算机组成原理实验仪除了可以连在PC机上调试程序,也可以用实验仪上自带的键盘输入程序及微程序,并可以单步调试程序和微程序,在显示屏上观察、修改各内部寄存器的值,编辑修改程序和微程序存储器。

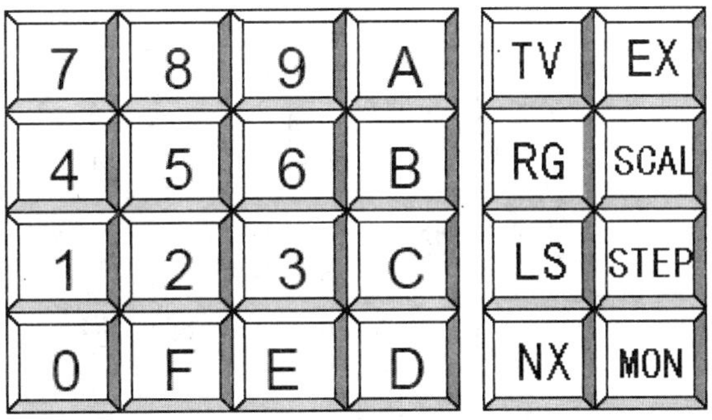

图1-2 键盘布局

显示屏的显示内容分四个主菜单:

①观察和修改内部寄存器;②观察和修改程序存储器;③观察和修改微程序存储器;④手动状态。四个主菜单用TV键切换。如图1-3:

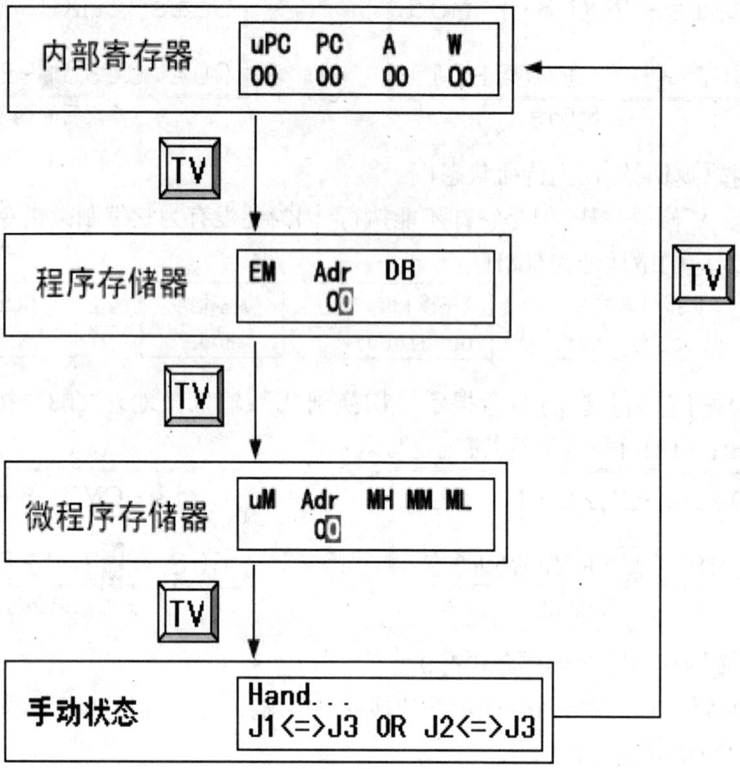

图1-3 状态切换图

1.观察、修改内部寄存器

内部寄存器的内容分五页显示，用LS或NX键向前或向后翻页，可以显示所有内部寄存器值，输入数字可修改非只读寄存器值。见图1-4：

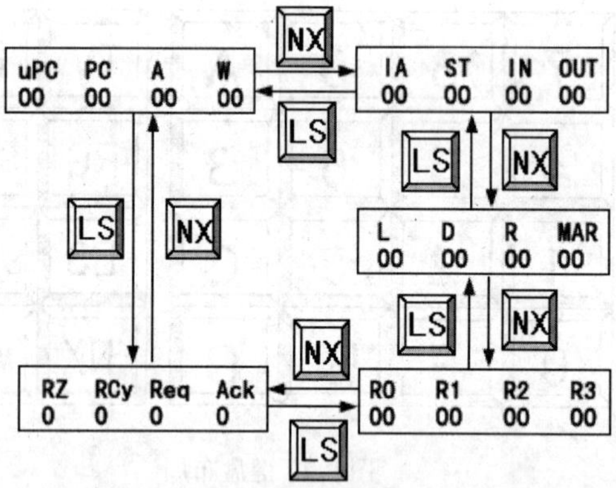

图1-4 观察、修改内部寄存器

2.观察、修改程序存储器内容

显示屏显示如图1-5，其中“Adr”表示程序存储器地址，“DB”表示该地址中数据。光标初始停在“Adr”处，此时可以用数字键输入想要修改的程序地址，也可以用NX和LS键将光标移到“DB”处，输入或修改此地址中的数据。再次按NX或LS键可自动将地址+1或将地址-1，并可用数字键修改数据。按MON键可以回到输入地址00的状态。

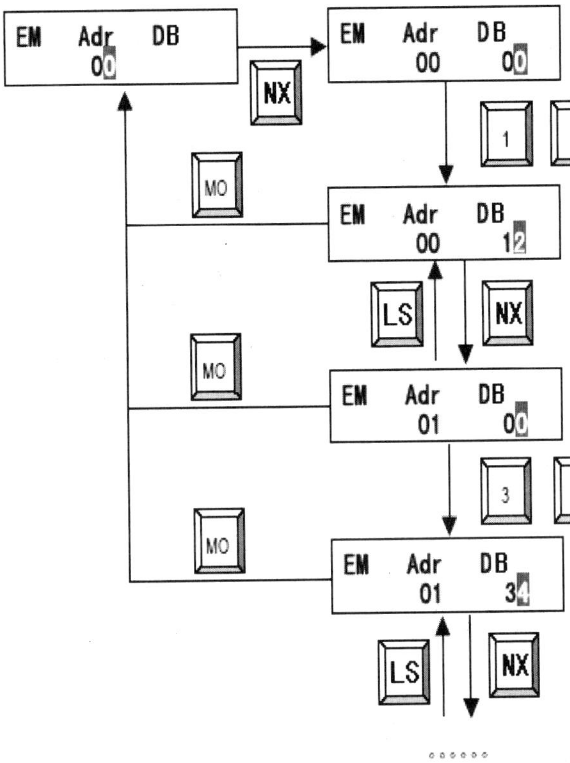

图1-5 观察、修改程序存储器内容

3.观察、修改微程序存储器内容

微程序存储器数据的观察、修改与上面程序存储器的观察修改方法相似,不同的是微程序要输入3个字节,而程序存储器的修改只要输入1个字节。微程序存储器观察修改的显示屏显示如下图,其中"Adr"表示微程序地址,"MH"表示微程序的高字节,"MM"表示微程序的中字节,"ML"表示微程序的低字节。

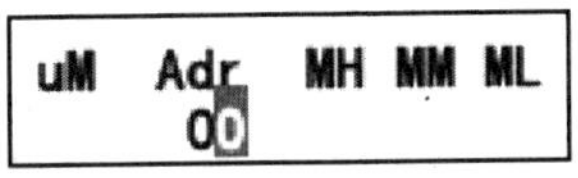

使用实验仪键盘可以用三种方法调试程序:程序单步、微程序单步、全速执行。当用键盘调试程序时,显示屏显示寄存器第一页的内容。

[STEP]为微程序单步执行键,每次按下此键,就执行一个微程序指令,同时显示屏显示微程序计数器、程序计数器、A寄存器、W寄存器的值。可以通过NX或LS键翻页观察其他寄存器的值,观察各个寄存器的输出和输入灯的状态。

[SCAL]为程序单步执行键,每次按下此键,就执行一条程序指令,同时显示屏显示微程序计数器、程序计数器、A寄存器、W寄存器的值。可以通过NX或LS键翻页观察其他寄存器的值。

[EX]为全速执行键,按下此键时,程序就会全速执行,按键盘任一键暂停程序执行,并且显示当前寄存器的值。

[RG]为中断请求键,按下此键时,会产生一个中断请求信号INT。

[RST]复位键,按下此键,程序中止运行,所有寄存器清零(IR除外),程序指针回到0地址。

举例:用键盘输入以下程序代码。

程序地址	机器代码
00	12
01	34
02	7C
03	12
04	70
05	74
06	78
07	01

1)按TV键,直到显示屏显示内容为

```
EM   Adr  DB
      00
```

2)按NX键,光标移到"DB"下,显示屏为

```
EM   Adr  DB
      00    00
```

3)按1,2两个数字键,显示屏为

```
EM   Adr  DB
      00    12
```

4)按NX键,地址+1,显示屏为

```
EM   Adr  DB
      01    00
```

5)按3,4两个数字键,显示屏为

```
EM   Adr  DB
      01    34
```

重复4)、5)两步,直到输入所有的程序代码。

在第1)步时,光标停在"Adr"处,可以按数字键0…F输入要修改的程序存储器的地址,然后再按NX键输入程序代码。如果光标移到"DB"下,而此时又想改变地址,可以按MON键,将光标移回到"Adr"处,按数字键输入地址。输入微程序代码的方法与此相似,不同的是程序只需输入两个数字,即一个字节,而微程序要输入6个数字,即三个字节。如果多于6个数字会自动从右向左移动光标。如果输入不足6个数字就用NX或LS翻页,则只有被改动的几个数字有效,其他数字不变。

4.用小键盘调试实验一

程序地址	机器码	反汇编指令	指令说明
00	7C 12	MOV A，#12	立即数12H送到累加器A
02	70	MOV A，R0	寄存器R0送到累加器A
03	74	MOV A，@R0	间址的存储器内容送到累加器A
04	78 01	MOV A，01	存储器01单元内容送到累加器A
06	C0	IN	端口IN内容输入到累加器A
07	C4	OUT	累加器A内容输出到端口OUT

1)输入机器码

按TV 键选择EM;

顺序输入机器码:7C 12 70 74 78 01 C0 C4;

输完机器码后按RST 复位。

2)单步执行微程序

按RST 复位键后,PC=0,uPC=0;

uM输出24 位微程序:CB FF FF 此微指令为取指指令。

第一条微指令

按一次STEP键,完成一个时钟,此时:

PC值为01(时钟上升沿PC+1);

IR 值为7C,uPC值为7C (指令码);

uM 输出为:C7 FF F7 (EM 值送A)。

第二条微指令

按一次STEP键,完成一个时钟,此时:

PC值为02(时钟上升沿PC+1);

A值为12;

uPC值为7D (时钟上升沿uPC+1);

uM 输出为:CB FF FF (取指指令)。

第三条微指令

按一次STEP键,完成一个时钟,此时:

PC值为03(时钟上升沿PC+1);

IR 值为70,uPC值为70 (指令码);

uM 输出为:FF F7 F7 (R? 值送A)。

第四条微指令

按一次STEP键,完成一个时钟,此时:

PC值为03(时钟上升沿PC+1);

A值为00;

uPC值为71 (时钟上升沿uPC+1);

uM 输出为:CB FF FF (取指指令)。

第五条微指令

按一次STEP键,完成一个时钟,此时:

PC值为04(时钟上升沿PC+1);

IR 值为74,uPC值为74 (指令码);

uM 输出为:FF 77 FF (R? 值送MAR)。

第六条微指令

按一次STEP键,完成一个时钟,此时:

MAR 值为00;

uPC值为75 (时钟上升沿uPC+1);

uM 输出为:D7 BF F7 (EM 值送A)。

第七条微指令

按一次STEP键,完成一个时钟,此时:

A值为7C;

uPC 值为 76；

uM 输出为：CB FF FF（取指）。

用同样的方法执行余下的指令，也可以用SCAL 或EX 键执行指令。

在做分部模块实验时，实验仪键盘0…F，NX，LS不起作用，显示屏显示内容为8 芯电缆的连接方式。例如显示屏显示内容如下：表示手动方式，J1 通过8 芯电缆接到J3，或J2 通过8 芯电缆接到J3。

```
Hand...
J1<=>J3 OR J2<=>J3
```

附录二　集成开发环境简介

一、CMX集成开发环境的使用

（一）　集成开发环境主界面

Dais-CMX集成开发环境界面分六部分：

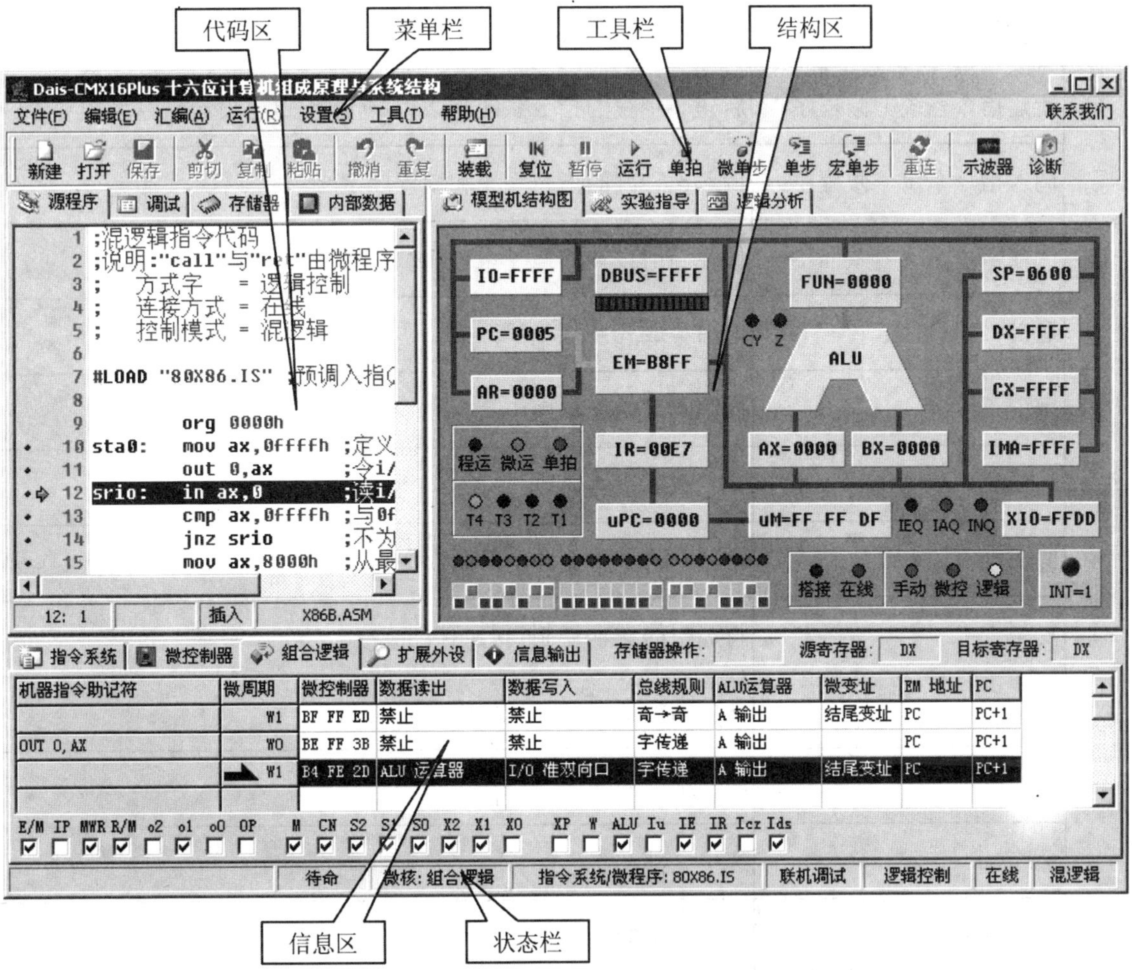

菜单栏：实现实验系统的各项功能的菜单，包括【文件】、【编辑】、【汇编】、【运行】、【工具】、【设置】、【帮助】七个菜单项，各项功能在后面详细介绍。

工具栏：为常用的菜单栏功能提供快捷按钮。

代码区：在界面左侧，有源程序窗口、调试窗口、EM程序存储器窗口和内部数据窗口。源程序窗口用于编辑、显示、调试源程序；调试窗口显示编译后的机器码及调试信息；EM程序存储器窗口和内部数据窗口用于显示、编辑内存数据。

结构区：在界面右侧，模型机结构图显示模型机的各部件状态以及运行时数据流向；实验指导显示所做实验指导及实验连线；逻辑分析图能显示模型机运行时所有信号的时序。

信息区：在界面下方，显示、编辑当前的指令系统／微程序、外部扩展设备；进行单元手动实验；微程序逻辑跟踪；编译信息输出。

状态栏：用来显示集成开发环境各状态。

1.菜单栏

菜单栏具有【文件】、【编辑】、【汇编】、【运行】、【设置】、【工具】、【帮助】七个菜单项：

文件	新建	建立空白文件
	打开	打开源程序或文本文件
	保存	将编辑过的文件保存
	另存为…	将当前编辑的文件保存为另一个文件
	新建指令系统／微程序	新建一个空的指令系统和微程序，用于自己设计指令系统
	调入指令系统／微程序…	调入设计好的指令系统和微程序定义
	保存指令系统／微程序…	保存当前设计的指令系统和微程序
	退出	退出集成开发环境
编辑	撤销	撤销本次的编辑操作
	重复	恢复被撤销的操作
	剪切	将选中的文本剪切到剪贴板上
	复制	将选中的文本复制到剪贴板上
	粘贴	从剪贴板上将文本粘贴到光标处
	清除	清除选中的文本
	全选	选中全部文本
	查找…	查找指定的字符串
	查找下一个	继续查找指定过的字符串
	替换…	将指定的字符串替换为新内容
	转到指定行…	转到指定的文本行
汇编	汇编并装载	将汇编程序汇编成机器码，并将机器码和微程序装载到实验系统

运行	全速运行	以全速方式运行程序
	单拍运行微指令	以单节拍微指令方式运行程序
	单步运行微指令	以单步微指令方式运行程序
	单步运行机器指令	以单步机器指令方式运行程序,遇CALL指令跟踪进入
	宏单步运行机器指令	以宏单步机器指令方式运行程序,遇CALL指令跨越运行
	自动单拍运行微指令	自动定时以单节拍微指令方式运行程序
	自动单步运行微指令	自动定时以单步微指令方式运行程序。
	自动单步运行机器指令	自动定时以单步机器指令方式运行程序,遇CALL指令跟踪进入
	自动宏单步运行机器指令	自动定时以单步机器指令方式运行程序,遇CALL指令跨越运行
	暂停	暂停正在运行的程序
	复位	复位模型机,初始化各寄存器,使PC、uPC回到起始处
设置	设置工作方式	设置方式字、连接方式、手控模式、I/O选择、控制模式
	设置通信端口	设置硬件联机调试或软件脱机模拟,自动搜索联机的通信端口
	设置系统字体	设置集成开发环境的字体,以满足用户对不同风格的喜好
	重新联机	在脱机状态或联机失败时可用,重新与实验系统联机
工具	实验系统部件诊断	联机检测实验系统各部件工作是否正常
	XC9572逻辑JTAG下载	将Xilinx开发环境生成的JED文件下载到XC9572
帮助	帮助	打开软件使用帮助
	关于	显示软件版本信息

2.工具栏

工具栏为常用的菜单命令提供快捷按钮,当鼠标移到某一按钮上,会给出提示框。

3.代码区

代码区在界面左侧,由四个窗口构成(用鼠标点击窗口标签可进行窗口切换):

源程序窗口:当新建或打开一个文件时,文件内容会在源程序窗口显示,并可对源程序进行编辑、编译、调试。

调试窗口:在源程序编译成功后,调试窗口用于显示程序地址、机器码、调试信息。

EM存储器窗口、内部数据区窗口:以十六进制数据的形式显示程序编译后的机器码,如要修改数据，只需将光标定位到需要修改的单元，双击鼠标左键或按回车、空格键，即可弹出数据输入对话框，输入新的数据后单击“确定”或按回车完成。

4.结构区

结构区在界面右侧，由三个窗口构成(用鼠标点击窗口标签可进行窗口切换)：

模型机结构图窗口：用来显示模型机的内部结构，包括各种寄存器(AX、BX、CX、DX、MAR、IR、SP、FUN)、运算器(ALU)、程序计数器(PC)、程序存储器(EM)、微程序指针(uPC)、微程序存储器(uM)及各种状态位(CY、Z、IEQ、IAQ、INQ、T1、T2、T3、T4)，在程序单步运行时，可以在结构图上看到数据的走向及寄存器的输入输出状态。当寄存器或存储器显示为绿色框时，表示数据从此部件流出，当寄存器或存储器显示为黄色框时，表示数据流入此部件。此时数据总线DBUS上的值也可以从结构图观察到。T1、T2、T3、T4 显示的是当前执行的指令的第几个时钟周期。

实验指导窗口：提供实验指导、实验电路及实验连线演示。

逻辑分析窗口：逻辑分析窗口显示在指令执行时各种信号的时序波形，以及总线、寄存器的数据，可以直观地看到各种信号彼此之间的先后时序关系。

5.信息区

信息区在界面下方，由五个窗口构成(用鼠标点击窗口标签可进行窗口切换)：

指令系统窗口：指令系统窗口用于设计用户自己的指令系统，达爱思万能汇编器据此定义实现对源程序的汇编及代码生成。除了可以按照标准来设计指令系统外，用户还可借助此窗口设计一套属于自己的个性化指令系统。

微控制器窗口：uM微控制器窗口用于观察每条机器指令所对应的微指令的执行过程，以及微控制位的状态。在此窗口中，可以看到数据的来源和目标、总线传送规则、ALU运算器的操作、微变址状态、EM地址输出及PC、uPC的状态。可以通过改变窗口下方的微控制位的方式来重新设计微程序，与“指令系统”窗口的指令修改相结合，可以设计自己的指令。有三个按钮：“修改”用来确定对当前所在单元的修改；“删除”将当前所在单元的内容清空；“注释”用来添加文字说明或机器指令助记符等。

逻辑跟踪窗口：逻辑跟踪窗口显示PL纯逻辑、混逻辑程序执行过程的轨迹，可以看到数据的来源和目标、总线传送规则、ALU运算器的操作、微变址状态、EM地址输出、PC的状态及微周期。

扩展外设窗口：以十六进制数据的形式显示扩展外设(I/O、MEM)的内容，如要修改数据，只需将光标定位到需要修改的单元，双击鼠标左键或按回车、空格键，即可弹出数据输入对话框，输入新的数据后单击“确定”或按回车完成。

信息输出窗口：用于输出汇编过程中源程序存在的语法错误。发生错误时，用鼠标双击某错误信息，即可将光标定位到源程序窗口的出错行，并以红色警示。

6.状态栏

状态栏用于显示命令提示、已调入的指令系统/微程序、主要工作状态。

(二)设置环境参数

1.设置工作方式

使用菜单命令“设置→设置工作方式”打开对话框，这里包含了方式字、连接方式、手控模式、I/O选择、控制模式等选项。

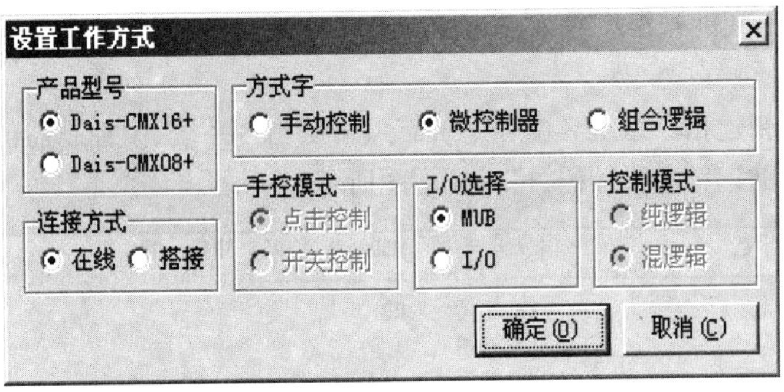

2.设置通信端口

使用菜单命令“设置 → 设置通信端口”打开对话框,这里包含了通信端口的自动设置。单击“硬件联机调试”选项后,再单击“开始搜索设备”按钮,软件会自动检测连接在计算机的串口、USB口上的实验系统,如果串口或USB正确连接、实验系统处在待命状态,会给出“设备检测成功”的提示;否则提示“无法找到设备”。当联机成功后,单击“确定”按钮保存设置。

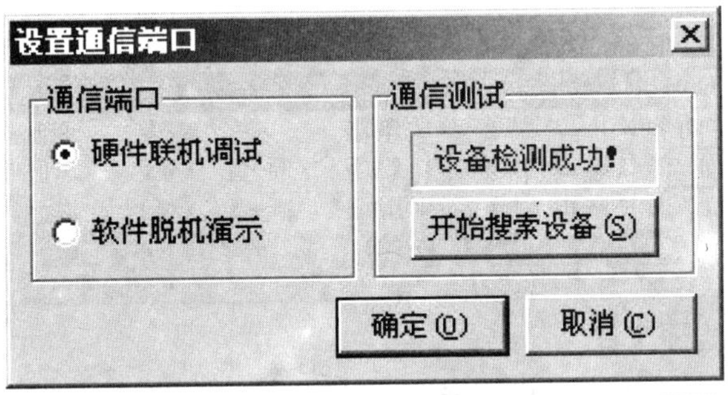

未联机

已联机

如果联机失败,主要有以下几个原因:

①实验系统与计算机串口、USB口没有连接或接触不良;

②实验系统的电源没有打开或实验系统没有处在待命状态;

③使用了非标准通信电缆。

在工具栏上有一个“重连”快捷按钮。该快捷按钮的作用是连接计算机与实验系统,当通信成功时,该按钮自动屏蔽(变为灰色);当通信失败或使用脱机演示时,该按钮自动点亮。

(三) 程序的建立

1.源程序文件操作

 建立新文件(快捷键:Ctrl+N)

单击菜单“文件 → 新建”命令或单击工具栏“新建”按钮即出现源程序编辑窗口,可以在编辑窗口中输入程序代码。

 打开一个文件(快捷键:Ctrl+O)

单击菜单“文件 → 打开”命令或单击工具栏“打开”按钮即出现打开文件对话框,可用鼠标直接点击显示在列表框内的文件名,也可在输入框内直接输入,再单击“打开”按钮,编辑窗口即显示所选取的文件内容。文件打开后可以对其再次修改。

 保存文件(快捷键:Ctrl+S)

单击菜单“文件 → 保存”命令或单击工具栏“保存”将文件存到磁盘上。如果新建的文件还没有命名,则会弹出文件另存对话框,要求输入要保存的文件名,再单击“保存”即可。

2.指令系统/微程序文件操作

(1)新建指令系统/微程序文件

单击菜单"文件→新建指令系统/微程序"命令,清空指令系统、微控制器窗口,可以在指令系统窗口中输入自定义指令的助记符和机器码,格式如下图所示:

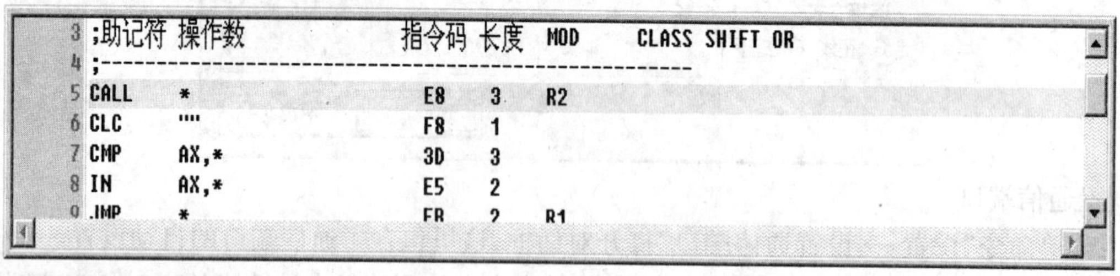

还可以在微控制器窗口中输入微程序,方法是先用鼠标点击选中对应的微地址行,再点击窗口下方的微控制位,单击"修改"按钮即可;如果要删除某个单元的微指令,可用鼠标点击选中对应的微地址行,单击"删除"按钮;也可以单击"注释"按钮给某微地址行添加微程序注释,如下图所示:

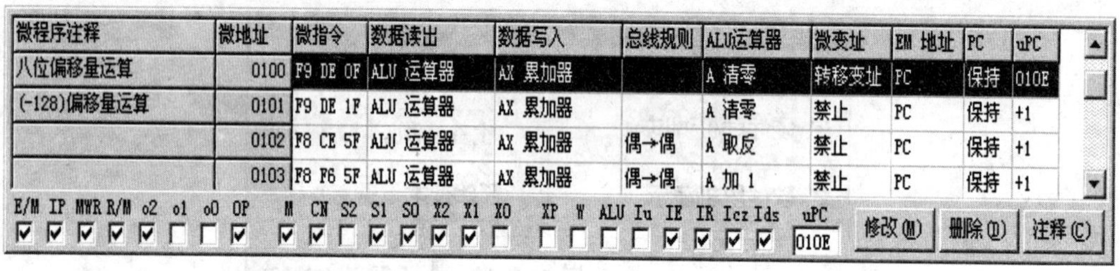

(2)打开指令系统/微程序文件

单击菜单"文件→打开指令系统/微程序"命令即出现打开文件对话框,可用鼠标直接点击显示在列表框内的文件名,也可在输入框内直接输入,再单击"打开"按钮后,在指令系统窗口即显示自定义指令的助记符和机器码;在微控制器窗口显示微程序。

(3)保存指令系统/微程序文件

单击菜单"文件→保存指令系统/微程序"命令将.IS文件存到磁盘上。

(四)程序的汇编与装载

1.源程序中的预调入命令

达爱思万能汇编器含有一个"#LOAD"命令,有点类似于C语言中的"#include"。这是一个可选命令,用于通知集成开发环境:打开源程序后自动调入指定的指令系统/微程序文件。如果不用此命令可手动调入相关.IS文件。以下命令将在打开源程序后自动调入"80X86.IS":

"80X86.IS",预调入指令系统/微程序,此命令帮助用户在打开源程序后自动调入IS文件,不产生代码。

2.源程序中的伪指令

与其他汇编器一样,达爱思万能汇编器同样支持如下伪指令:

伪指令	功能用途	使用格式
ORG	程序代码装载的起始地址,通常出现在程序开头处	ORG 0000H
END	源程序结束标志,通常出现在程序求结尾处	END
DB	定义字节,出现在程序中	DB 11H, 22H, 33H…
DW	定义字,出现在程序中	DW 1122H, 3344H…
EQU	等值定义,通常出现在ORG与END之外的开头处	P1 EQU 90H ;使"P1"等同于90H

因此，在自定义指令助记符时，应避免与以上伪指令重复，以免产生汇编错误。

3.源程序的汇编与装载

单击菜单“汇编 → 汇编并装载”命令或单击工具栏“装载”按钮，系统将根据“指令系统”窗口中的定义对源程序进行汇编。如果源程序存在语法错误，双击“信息输出”窗口中的错误提示，即可定位到源程序的出错行以便修改；如果没有语法错误，即可生成机器代码，并将程序、微程序代码装载到达爱思实验系统，进入调试状态。

（五）调试实例

1.机器级调试

在微控制器或组合逻辑的层面进行逐步细化调试，面向微过程，帮助用户了解机器指令的底层实现原理。

单节拍：单击菜单“运行 → 单拍运行微指令”命令或单击工具栏“单拍”按钮，以单节拍方式按T1~T4顺序逐步运行微程序。

单周期：单击菜单“运行 → 单步运行微指令”命令或单击工具栏“微单步”按钮，以单周期（T1~T4为一个机器周期）方式逐步运行微程序。

2.应用级调试

在机器指令的层面进行逐步调试，面向应用程序，帮助用户了解机器指令的执行结果。

单步机器指令：单击菜单“运行 → 单步运行机器指令”命令或单击工具栏“单步”按钮，以逐步指令方式执行机器程序，遇CALL调用时跟踪进入。

宏单步机器指令：单击菜单“运行 → 宏单步运行机器指令”命令或单击工具栏“宏单步”按钮，以逐步指令方式执行机器程序，遇CALL调用时跨越执行。

3.全速运行

单击菜单“运行 → 全速运行”命令或单击工具栏“运行”按钮，忽略实现细节，以全速方式运行机器指令、微指令，用来验证应用程序的运行结果。

4.暂停与复位

暂停：当实验系统进入全速运行、自动单步等状态时，可随时单击菜单“运行 → 暂停”命令或单击工具栏“暂停”按钮，使实验系统暂停当前运行的程序，并展现暂停后的模型机现场，帮助用户观察各部件的状态。

复位：在待命状态下，单击菜单“运行 → 复位”命令或单击工具栏“复位”按钮，可对模型机进行复位操作，初始化所有寄存器和标志位。注：复位操作不会破坏程序存储器、微程序存储器的内容。

5.即时观察

可在调试过程中观察“模型机结构图”窗口中的数据变化，也可在“逻辑分析”窗口中查看在指令执行时各种信号的时序波形，以及总线、寄存器的数据，可以直观地看到各种信号彼此之间的先后时序关系。

当程序装载后，集成开发环境默认使用源程序级调试，如果想对程序指令的地址、机器码有所了解，可以查看“代码区”的“调试窗口”。

二、CPTH 集成开发环境使用

CPTH 集成调试软件界面分六部分：

主菜单区：实现实验仪的各项功能的菜单，包括[文件]、[编辑]、[汇编]、[运行]、[帮助]五大项，各项下面做详细介绍。

快捷图标区：快速实现各项功能按键。

调试窗口区：在此区域有调试窗口、源程序窗口、EM程序代码窗口。调试窗口显示程序编译后的机器码及反汇编的程序；源程序用于输入、显示、编辑汇编源程序；EM 程序代码窗口用数据方式机器码。

结构图区：结构图能结构化显示模型机的各部件，以及运行时数据走向寄存器的值，图示帮助进行图示化实验指导。逻辑波形图能显示模型机运行时所有信号的时序。

微程序/跟踪区：微程序表格用来显示程序运行时微程序的时序，及每个时钟脉冲各控制位的状态，跟踪表用来记录显示程序及微程序执行的轨迹，指令系统显示指令集。

寄存器状态区：用来显示程序执行时各内部寄存器的值。

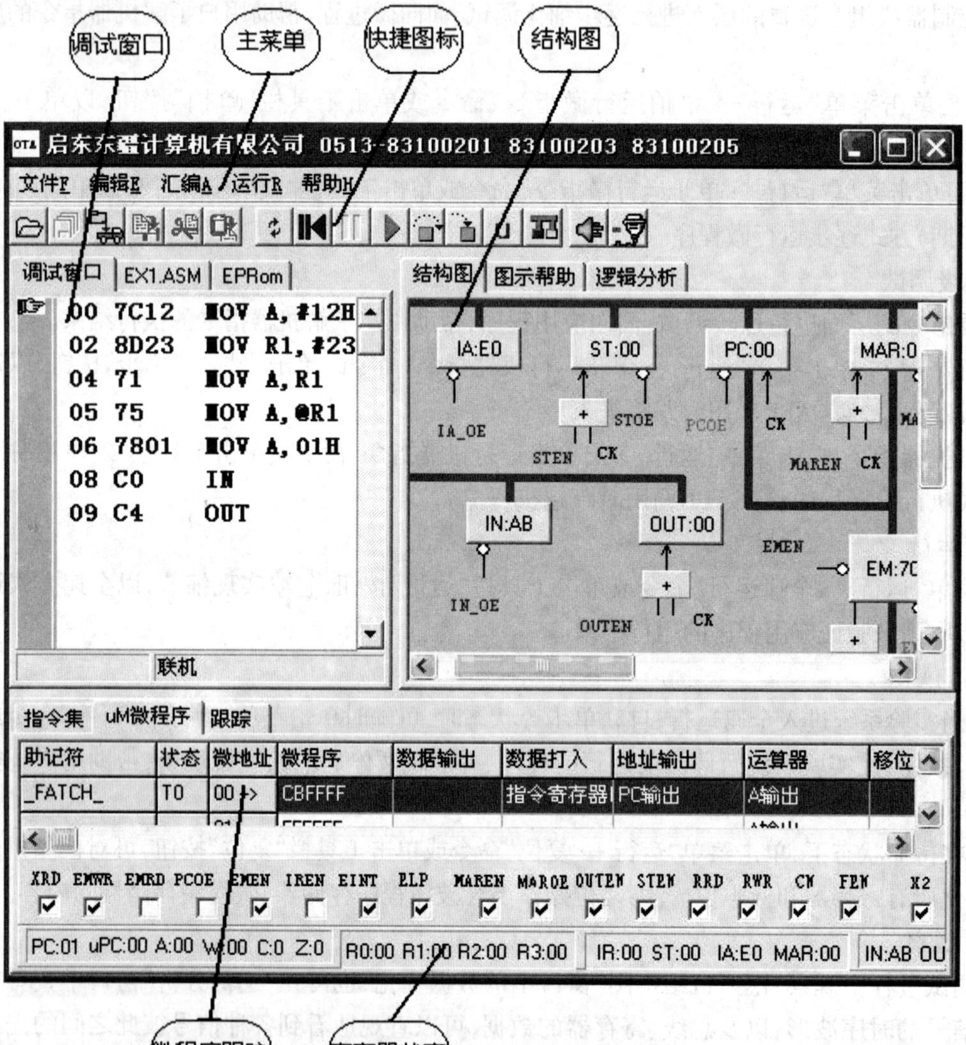

1.主菜单

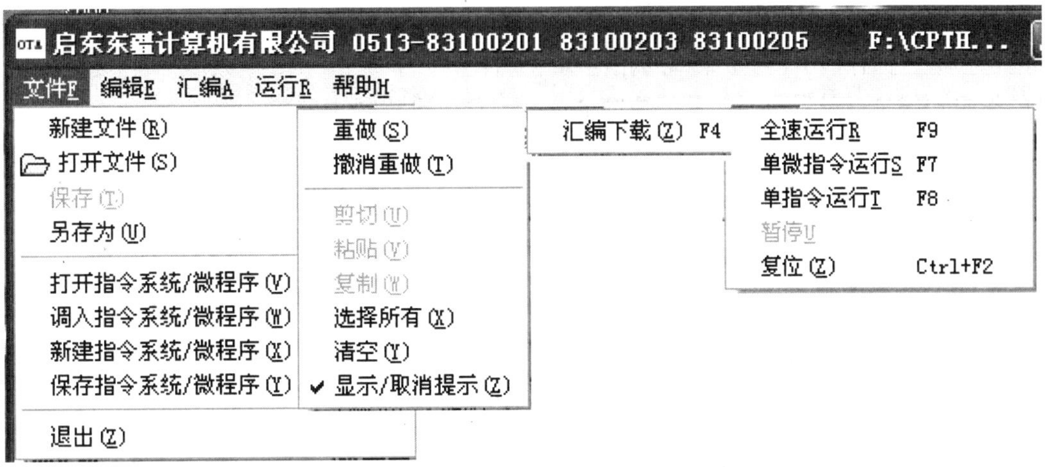

主菜单分[文件]、[编辑]、[汇编]、[运行]、[帮助]五部分:

[文件 | 打开文件] 打开已有的汇编程序或文本文件。

[文件 | 保存文件] 将修改过的文件保存。不论是汇编源程序还是其他文本文件,只要被修改过,就会被全部保存。

[文件 | 新建文件] 新建一个空的汇编源程序。

[文件 | 另存为...] 将修改过的程序换名保存。

[文件 | 打开指令系统/微程序] 打开设计好的指令系统和微程序文件,用于修改指令系统和微程序文件。

[文件 | 调入指令系统/微程序] 调入设计好的指令系统和微程序定义,用于编译汇编源程序。

[文件 | 退出] 退出集成开发环境。

[编辑 | 重做] 撤销 / 恢复上次输入的文本。

[编辑 | 剪切] 将选中的文本剪切到剪贴板上。

[编辑 | 复制] 将选中的文本复制到剪贴板上。

[编辑 | 粘贴] 从剪贴板上将文本粘贴到光标处。

[编辑 | 全选] 全部选中文本。

[汇编 | 汇编] 将汇编程序汇编成机器码并下载。

[运行 | 全速执行] 全速执行程序。

[运行 | 单指令执行] 每步执行一条汇编程序指令。

[运行 | 单微指令执行] 每步执行一条微程序指令。

[运行 | 暂停] 暂停程序的全速执行。

[运行 | 复位] 将程序指针复位到程序起始处。

[帮助 | 关于] 有关CPTH 计算机组成原理实验仪及软件的说明。

[帮助 | 帮助] 软件使用帮助。

2.快捷键图标

图标的“刷新”功能就是在连机过程中刷新各寄存器、程序存储器、微程序存储器的值，以便观察实验仪的各参数内容。

文件的“打开”、“保存”功能与主菜单的相应功能一样。

文件的编辑功能、执行控制功能、其他快捷命令与主菜单也相同。

3.调试窗口区

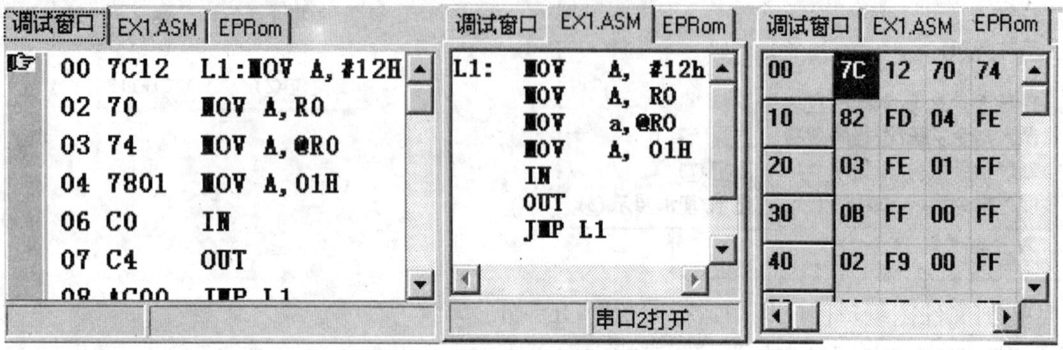

调试窗口区分三个窗口：调试窗口、源程序窗口、EM 程序窗口。

源程序窗口用于输入、修改程序。在[文件]菜单中打开一个以“*.ASM”为后缀的文件时，系统认为此文件为源程序，其内容会在源程序窗口显示，并可以修改，然后编译。若再次打开以“*.ASM”为后缀的文件，则新文件将旧文件覆盖，在源程序窗口只显示最新打开的汇编源程序。在[文件]菜单中，使用“新建文件”功能，会清除源程序窗口的内容，让用户重新输入新的程序。

调试窗口用于显示程序地址、机器码、反汇编后的程序。

EM 程序窗口以十六进制数据的形式显示程序编译后的机器码。可以直接输入数值来修改机器码。

4.结构图区

结构图区分三种窗口：结构图窗口、图示帮助窗口、逻辑分析窗口。

结构图窗口显示模型机的内部结构，包括各种寄存器（A、W、R0-R3、MAR、IR、ST、L、D、R）、运算器（ALU）、程序指针（PC）、程序存储器（EM）、微程序指针（uPC）、微程序存储器（uM）及各种状态位（RCy、Rz、IReq、IAck），在程序单步运行时，可以在结构图上看到数据的走向及寄存器的输入输出状态。其中DBUS为数据总线、ABUS为地址总线、IBUS为指令总线。RT1、RT0显示将要执行的指令的第几个时钟周期。本模型机最多有四个时钟周期，用RT1、RT0的11、10、01、00四个状态表示，见下图。

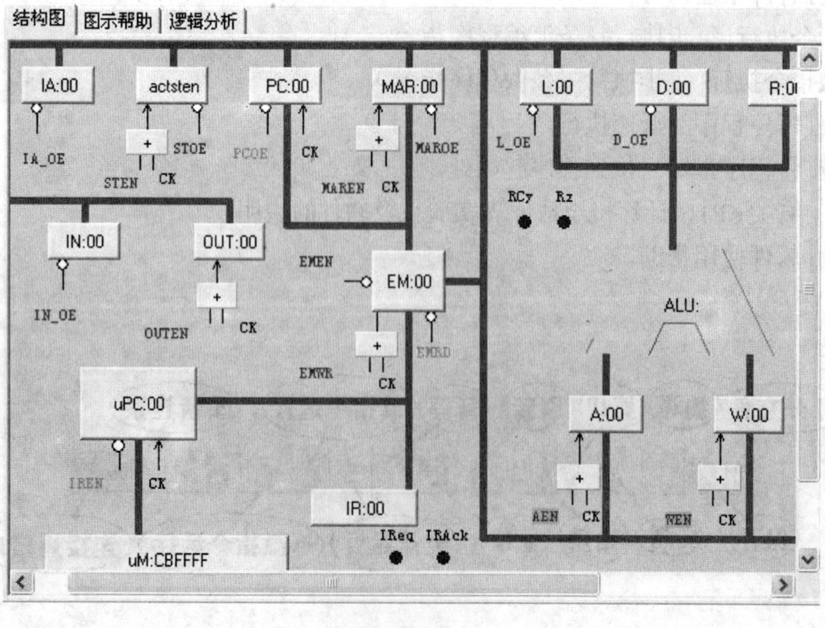

图示帮助进行图示化实验指导。

逻辑分析窗口显示的是在指令执行时，各种信号的时序波形，包括所有寄存器、所有的控制信号在不同时钟状态下的值，可以直观地看到各种信号彼此之间的先后时序关系。

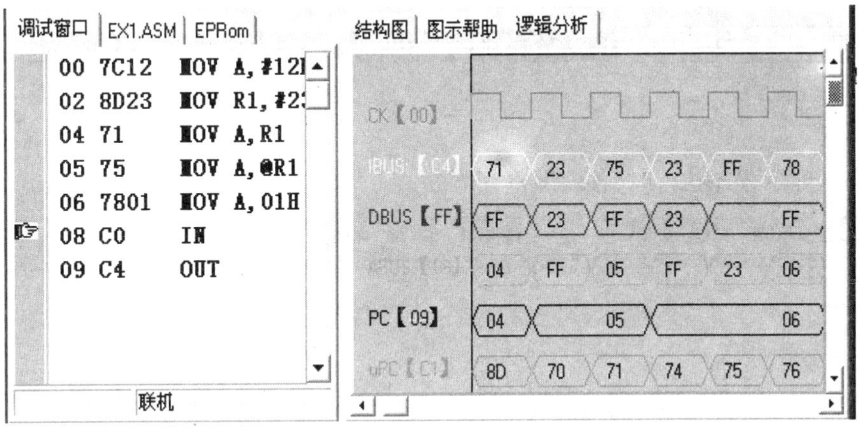

5.指令/微程序/跟踪窗口

此区分三页：指令集窗口、微程序窗口、跟踪窗口。

指令系统窗口用于显示指令系统和设计用户自己的指令系统。各条指令相应的微程序设计在"uM 微程序"窗口中设计。

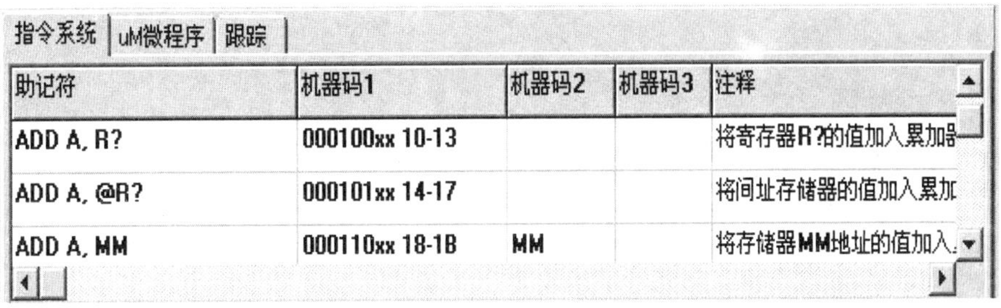

uM 微程序窗口用于观察每条指令所对应的微程序的执行过程，以及微代码的状态。在此窗口中，可以看到数据是从何寄存器输出的、数据输入到何寄存器、地址是由PC输出还是由MAR 输出、运算器在做何种运算、如何移位、uPC及PC如何工作等等。可以通过改变窗口下方的微代码的各个控制位的方式来重新设计微程序，与"指令系统"窗口的指令修改相结合，可以设计自己的指令。

可以将鼠标移到相应的程序行或微程序行来显示执行该指令或微指令时，各寄存器、控制位的状态。

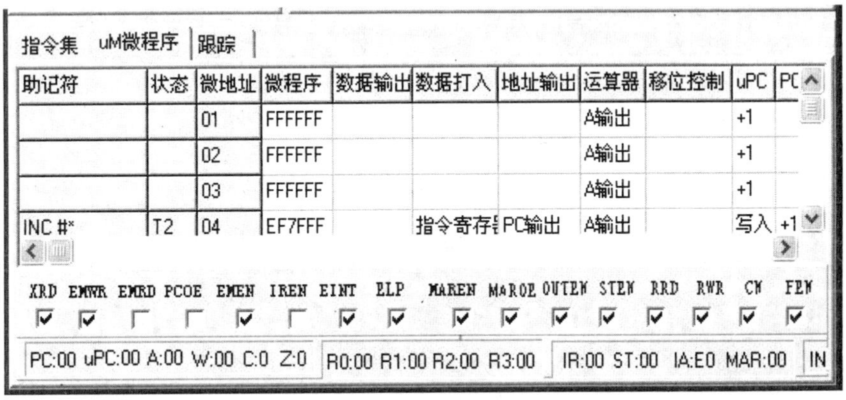

跟踪窗口显示程序执行过程的轨迹，包括每条被执行的指令、微指令，以及微指令执行时，各控制位、各个寄存器的状态。

指令集 | uM微程序 | 跟踪

助记符	状态	微地址	微程序	数据输出	数据打入	地址输出	运算器	移位控制	uPC	PC
MOV A, #II	T1	7C	C7FFF7	存贮器值EM	寄存器A	PC输出	A输出		+1	+1
	T0	7D	CBFFFF	指令寄存器IR		PC输出	A输出		写入	+1
MOV A, R?	T1	70	FFF7F7	寄存器值R?	寄存器A		A输出		+1	

6.寄存器状态

寄存器状态区显示程序执行时,各内部寄存器的值。

PC:02 uPC:7D A:12 W:00 C:0 Z:1 | R0:00 R1:00 R2:00 R3:FC | IR:7C ST:00 IA:E0 MAR

参考文献

[1] 启东达爱思计算机有限公司，无锡达爱思科教仪器厂. Dais-CMX08^{+}准十六位体系结构计算机组成原理实验指导书[G]. 启东达爱思计算机有限公司，2009.

[2] 包健，冯建文，章复嘉. 计算机组成原理与系统结构实验指导书[M]. 北京：高等教育出版社，2010.

第三部分
汇编语言、微机原理与接口技术

第一篇　软件实验

实验一　Hello World实验

一、实验目的

1.了解汇编语言程序编辑、汇编、连接和调试的基本概念。

2.掌握在PC机上建立、汇编、连接和运行汇编语言程序的过程。

3.掌握DEBUG常用命令的使用方法。

4.通过观察,深入掌握数据传送类、算术运算类和逻辑运算类等各类指令的功能。

二、实验原理

1.程序设计过程

与其他程序设计语言一样,汇编语言程序设计的工作开始于需求分析,根据需求和规模等因素划分模块,进而确定各功能模块的求解算法,并定义所需的数据结构。在完成这些工作之后,进行编程和调试。就需求分析、模块划分和算法确定等工作而言,各种程序设计语言是类似的,均可按软件工程的方法进行,但编程和调试则因程序设计语言而异。

对汇编语言而言,根据数据结构和算法进行编码到形成可用程序的过程如图1-1所示。这个过程主要由编辑、汇编、连接和调试四个步骤组成。

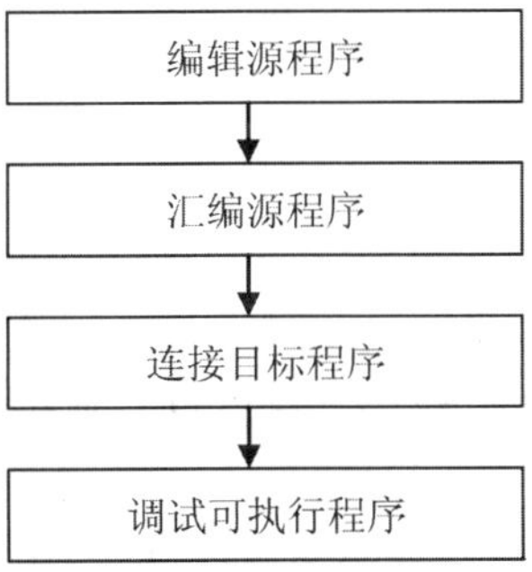

图1-1　汇编语言程序设计开发过程

第一步是编辑源程序。源程序是纯文本文件,扩展名是.ASM。任何文本编辑程序都可用于编写汇编语言源程序。在DOS环境下,通常用全屏幕编辑程序EDIT或用常驻内存的编辑程序SK来建立和修改源程序。

第二步是汇编源程序。编辑产生的汇编语言源程序是不能为机器所识别的,所以要经过汇编程序(MASM)加以翻译,把源文件转换成用二进制代码表示的目标文件。目标文件的扩展名是.OBJ,所以也称为OBJ文件。在转换的过程中,汇编程序将对源程序进行两遍扫描,如果源程序中有语法错误,则汇编结束后,汇编程序将指出源程序中的错误,不生成目标文件。在这种情况下,必须回到第一步,重新编辑源程序,修改语法错误的行。当发现源程序中的某些行含可疑成分或不确定因素时,汇编器会给出警告信息,但仍按缺省处理办法生成目标代码文件。这种情况下,可以重新编辑源程序,消除可疑成分或不确定因素,直到得到无语法错误的OBJ文件。汇编的结果,除生成目标文件(.OBJ)外,还可生成列表文件(.LST)和交叉参考文件(.CRF)。

第三步是连接目标程序。利用连接程序(LINK),把一个程序中可能存在的多个程序模块的目标代码和库函数代码连接在一起,形成可执行文件(DOS平台上扩展名为.EXE)。连接过程中,如果在目标代码文件或者库中找不到所需的连接信息,连接程序就会发出错误提示信息,而不生成可执行程序文件。这就需要重新回到第一步编辑修改源程序,并重新汇编源程序,使汇编生成的目标代码文件含有连接程序所需的信息,再进行连接。

第四步是调试可执行程序。即利用调试工具(DEBUG)动态地调试程序,找出程序中的错误。若程序有错,就必须回到第一步,重新开始。如果问题是算法不正确造成的,那么还需要修改算法。

2.汇编程序MASM

MASM是微软公司开发的汇编开发环境,拥有可视化的开发界面,使开发人员不必再使用DOS环境进行汇编的开发,编译速度快,支持80x86汇编以及Win32Asm,是Windows下开发汇编的利器。它与Windows平台的磨合程度非常好,但是在其他平台上就有所限制,使用MASM的开发人员必须在Windows下进行开发。

MASM版本至今仍在不断地更新,目前的最新版本为11.0,可在http://www.masm32.com下载,推荐使用新版本进行开发。

MASM 5.0 是最常用的汇编连接软件。其简单操作为:输入asm文件;将其汇编为obj文件;用link得到exe或com文件;运行exe或com文件。

例1-1:用MASM命令运行汇编程序。

```
C:\MASM>MASM
Microsoft (R) Macro Assembler Version 5.00
Copyright (C) Microsoft Corp 1981-1985, 1987.  All rights reserved.
Source filename [.ASM]: myfile.asm
Object filename [MYFILE.OBJ]: myfile.obj
Source listing  [NUL.LST]: myfile.lst
Cross-reference [NUL.CRF]: myfile.crf
49926+433338 Bytes symbol space free
    0 Warning       Errors
    0 Severe        Errors
```

其中画线部分为用户键入部分,myfile.asm为源程序名,方括号中是机器规定的默认文件名,如果用户认为方括号内的文件名就是要键入的文件名,则可以只在画线部分键入回车符号。

3.调试工具DEBUG

DEBUG是为DOS提供的有力的侦错、跟踪程序运行、检查系统数据的工具程序,它在字符界面下以单字符命令方式工作。要很好地使用它必须具备一定的汇编程序设计能力和硬件基本知识,当然,它为汇编语言程序员提供了有效的调试手段,它的功能包括以下几个方面:

(1)直接输入、更改、跟踪、运行汇编程序;

(2)观察操作系统的内容;

(3)查看ROM BIOS的内容;

(4)观察更改RAM内部的设置值;

(5)以扇区或文件的方式读写软盘数据。

下面列出了常用命令的用法。

-A 地址	从指定地址开始编写汇编程序,按两个回车键结束编辑;
-U 地址	从指定地址开始反汇编32字节的机器指令,缺省地址则从上一U命令继续;
-D 始址 终址	以16进制/Asc字符对照方式显示指定内存范围的数据,每行显示10H个字节;
-E 地址 值表	用给出的值表(空格分隔)替换指定地址开始的内存单元,例:-E 100 'v' 1F 'hello';

-N 文件名　　为后续的L/W命令约定所操作的文件名；

-L 地址　　将N命令所指定文件的内容读入到指定内存位置，逻辑卷扇区直接读：-L 地址 逻卷号 起始逻扇号 扇数；

-W 地址　　将BX-CX个字节的内存数据写入N命令指定的文件中，逻辑卷扇区直接写为：-W 地址 逻卷号 起始逻扇号 扇数；

-R 寄存器名　　显示并允许修改指定寄存器的值；

-G=始址 终址　　执行指定内存中的机器指令程序；

-T=地址　　单步执行机器指令，缺省地址则从上一T命令继续，继续跟踪m条指令：-T m。

①DEBUG的进入和退出

C:\MASM>DEBUG↙

- ←这是DEBUG的提示符，在此可以输入DEBUG命令

-Q ←退出DEBUG

②修改CPU内部的各寄存器

-R↙　　;观察各寄存器的内容

```
AX=0000  BX=0000  CX=0000  DX=0000  SP=FFEE  BP=0000  SI=0000  DI=0000
DS=13B9  ES=13B9  SS=13B9  CS=13B9  IP=0100   NV UP EI PL NZ NA PO NC
13B9:0100 07            POP     ES
```

-R AX↙　　;显示并修改AX的内容

```
AX 0000
:1234
```

;将AX内容改为1234H

-R F↙　　;显示并修改标志寄存器的内容

```
NV UP EI PL NZ NA PO NC  -ov dn↙
```

;将标志寄存器的OF置为OV；DF置为DN

③观察和修改内存单元的内容

-D 2000　　;查看从地址DS:2000H开始的128个单元的内容

```
13B9:2000  26 E8 40 2B C7 48 89 46-F6 C6 46 F9 20 8B C7 47   &.@+.H.F..F. ..G
13B9:2010  3B 46 06 72 06 8A 46 F9-88 04 46 8B 46 EE 03 46   ;F.r..F...F.F..F
13B9:2020  F2 3B 46 FC 77 AB 2B 76-08 89 76 F2 FF 76 0C FF   .;F.w.+v..v..v..
13B9:2030  76 0A E8 A1 F7 8B 46 F2-5E 5F C9 C2 0A 00 55 8B   v.....F.^_....U.
13B9:2040  EC 56 8B 76 06 C7 06 4E-13 00 00 68 74 06 6A 00   .V.v...N...ht.j.
13B9:2050  56 E8 CA 29 0B C2 75 07-FF 76 08 56 E8 63 00 A1   V..)..u..v.V.c..
13B9:2060  4E 13 5E C9 C2 06 00 00-C8 02 00 00 56 8B 5E 06   N.^.........V.^.
13B9:2070  83 7F 0E 00 75 16 2A E4-8A 47 10 03 47 02 89 47   ....u.*..G..G..G
```

-E 2000↙　　;修改从地址DS:2000H开始的内存单元的内容

10DD:2000 26.01 E8.02↙　　;画线数字为键入的内容，连续修改按空格键

④输入程序

-A 100　　;从CS:0100H处开始输入程序（默认的程序起始地址）

```
13B9:0100 MOV AX,1234
13B9:0103 MOV [2002],AX
13B9:0106
```

13B9:0100 MOV AX，1234↙　　;输入汇编指令

13B9:0103 MOV [2002]，AX↙

13B9:0106↙　　;回车退出程序输入

-A 103↙　　;修改103处的指令

13B9:0103 MOV[2000]，AX↙　　;输入汇编指令

13B9:0106↙　　;回车退出程序输入

⑤单步执行程序

-T=100↙　　　　　　;执行CS:0100H处的一条指令,自动显示寄存器内容及下一条指令

```
AX=1234  BX=0000  CX=0000  DX=0000  SP=FFEE  BP=0000  SI=0000  DI=0000
DS=13B9  ES=13B9  SS=13B9  CS=13B9  IP=0103   OV DN EI PL NZ NA PO NC
13B9:0103 A30020        MOV     [2000],AX                     DS:2000=E801
```

-T　　　　　　;继续执行下一条指令

⑥反汇编程序

-U 100↙　　　　　　;从CS:0100H处开始反汇编

```
13B9:0100 B83412        MOV     AX,1234
13B9:0103 A30020        MOV     [2000],AX
13B9:0106 22C3          AND     AL,BL
13B9:0108 2AE4          SUB     AH,AH
13B9:010A 3D0100        CMP     AX,0001
13B9:010D 1BC0          SBB     AX,AX
13B9:010F 40            INC     AX
13B9:0110 3D0100        CMP     AX,0001
13B9:0113 1BC0          SBB     AX,AX
13B9:0115 F7D8          NEG     AX
13B9:0117 3BC7          CMP     AX,DI
13B9:0119 7535          JNZ     0150
13B9:011B 8B34          MOV     SI,[SI]
13B9:011D 00A813FB      ADD     [BX+SI+FB13],CH
```

⑦执行一段程序

-G=100 106↙　　　　　　;从CS:0100H开始,执行CS:0106H处停止

```
AX=1234  BX=0000  CX=0000  DX=0000  SP=FFEE  BP=0000  SI=0000  DI=0000
DS=13B9  ES=13B9  SS=13B9  CS=13B9  IP=0106   OV DN EI PL NZ NA PO NC
13B9:0106 22C3          AND     AL,BL
```

4.键盘输入字符(有回送)

MOV AH, 01H　　　　　　;有回送调用号01H,无回送调用号08H

INT 21H　　　　　　;MS-DOS功能号21H,键入的字符ASCII码送AL

5.显示器输出字符

MOV AH, 02H　　　　　　;调用号02H

INT 21H　　　　　　;MS-DOS功能号21H,将DL中ASCII码对应字符显示

三、实验内容

1.编写汇编语言程序,在屏幕上显示“Hello World”字样。

2.编写汇编语言程序,将两个一位十进制数进行相加,并显示结果(假设结果小于等于9)。

3.编写汇编语言程序,将两个一位十进制数进行相与,并显示结果。

四、实验要求

1.试编写程序,编译、连接、运行,并进行DEBUG动态调试。

2.总结汇编语言程序设计开发过程,书写实验报告。

3.思考题。

(1)功能中断是如何实现数据的输入输出的?

(2)顺序结构程序中IP指针如何变化?

(3)如何利用DEBUG工具观察运算指令执行时对标志位的影响?

(4)机器复位后执行的第一条指令在哪里?是什么指令?

(5)从当前位置开始执行到CS:0212处,在DEBUG中用什么命令?

实验二　字符统计实验

一、实验目的

1.了解数据显示时需转换为ASCII码的原理。
2.掌握字符和数据的显示方法。
3.掌握分支程序、循环程序、子程序的设计方法。

二、实验原理

1.输入字符串

```
MOV  AH, 0AH        ;调用号0AH
INT  21H            ;MS-DOS功能号21H,键入的字符串ASCII码送DS:DX地址对应的缓冲区
```

2.显示字符串

```
MOV  AH, 09H        ;调用号09H
INT  21H            ;MS-DOS功能号21H,将DS:DX地址对应缓冲区字符串显示
```

三、实验内容

将输入的字符串中字符和数据的个数显示在屏幕上,其流程图如图2-1所示。

四、实验要求

1.试编写程序,实现字符统计功能。
2.总结字符和数据的显示方法,书写实验报告。
3.思考题。
(1)程序中的字符串数据是以什么样的形式存放在数据区中的?
(2)如何实现数字数据和字符串数据的转换?

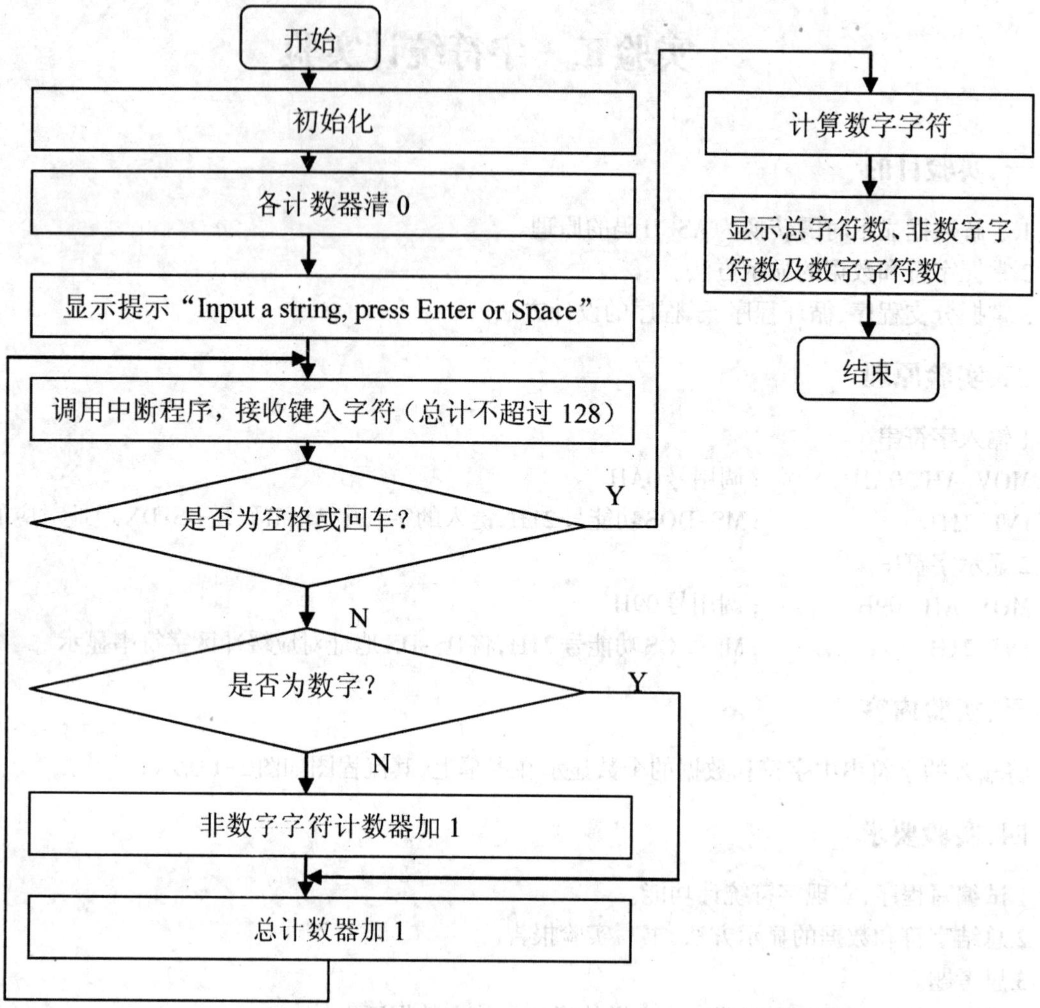

图2-1　字符统计实验流程图

实验三 多位十进制数加减运算实验

一、实验目的

1.通过完成多位十进制加、减运算,掌握运算类指令的使用。

2.掌握运算类指令对标志位的影响和测试方法。

二、实验原理

1.带进位加法

ADD指令只是将操作数中给出的两个数相加,而ADC则是在两个操作数相加的基础上再加上CF里的数(可能是1和0)。当两个操作数的和大于所能表示的位数的时候,会出现进位的现象,但寄存器的位数又是有限的,这个进位放到哪里了呢?其实是放到CPU的标志寄存器里去了,下面举两个产生进位和没有产生进位的ADD指令的例子:

```
MOV  AL, 11
ADD  AL, 11
```

这个ADD指令的和是22,没有产生进位,CF=0。

```
MOV  AL, 0FEH
ADD  AL, 64H
```

这个和是162H,八位的寄存器表示不下,CPU将CF设置成1,AL=62H。因为两个八位二进制数最多只能产生一位的进位,所以一个CF就够用。

```
MOV  AL, 0
ADC  AL, 0
```

AL结果为1,因为CF为1。

2.带进位减法

SUB为不带进位的减法,而SBB为带进位标志CF的减法,其格式为:SBB DST,SRC,执行的操作为:(DST)←(DST)-(SRC)-CF。

三、实验内容

1.两个多位无符号十进制数加法实验,其流程图如图3-1所示。

2.两个多位无符号十进制数减法实验(假设被减数大于等于减数)。

四、实验要求

1.试编写程序,实现多位无符号十进制数加减运算功能。

2.总结多位十进制数加减运算方法,书写实验报告。

3.思考题。

(1)如何实现任意长度的无符号十进制数加、减运算?

(2)多位有符号十进制数的加、减运算如何实现?

(3)多位有符号十进制数的乘、除运算如何实现?

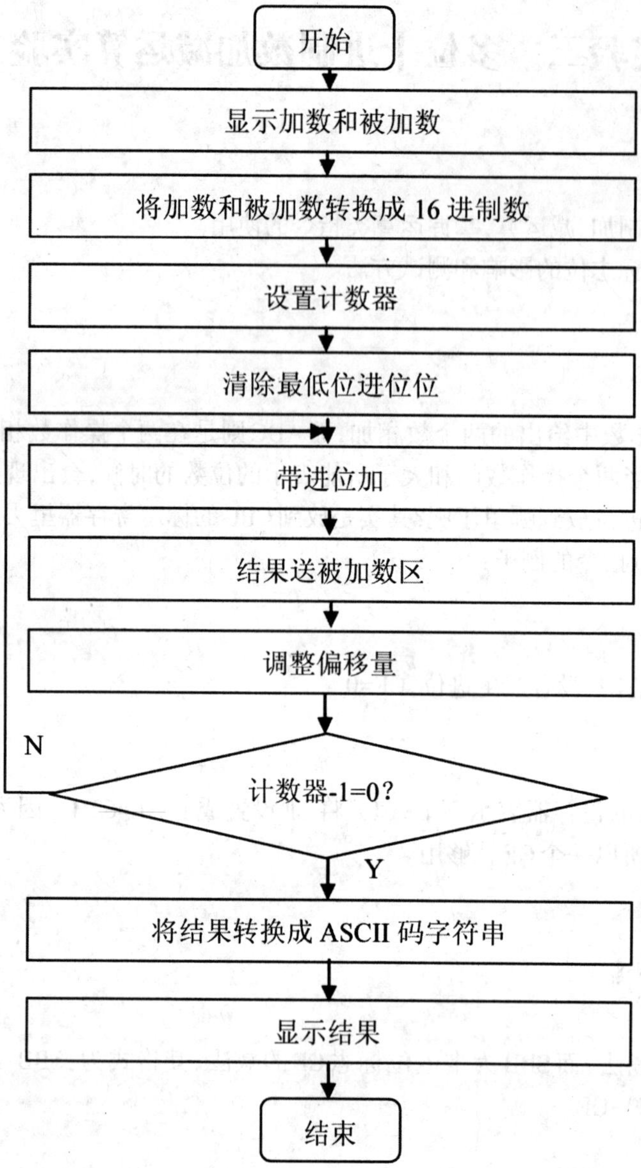

图3-1 多位无符号十进制数相加实验程序流程图

实验四　数据排序实验

一、实验目的

1.熟悉子程序设计方法。

2.掌握用汇编语言编写冒泡排序程序的思路和方法。

二、实验原理

冒泡排序(BubbleSort)的基本概念是:依次比较相邻的两个数,将小数放在前面,大数放在后面。即在第一趟:首先比较第1个和第2个数,将小数放前,大数放后。然后比较第2个数和第3个数,将小数放前,大数放后,如此继续,直至比较最后两个数,将小数放前,大数放后。至此第一趟结束,将最大的数放到了最后。在第二趟:仍从第一对数开始比较(因为可能由于第2个数和第3个数的交换,使得第1个数不再小于第2个数),将小数放前,大数放后,一直比较到倒数第二个数(倒数第一的位置上已经是最大的),第二趟结束,在倒数第二的位置上得到一个新的最大数(其实在整个数列中是第二大的数)。如此下去,重复以上过程,直至最终完成排序。

由于在排序过程中总是小数往前放,大数往后放,相当于气泡往上升,所以称作冒泡排序。

用二重循环实现,外循环变量设为i,内循环变量设为j。假如有10个数需要进行排序,则外循环重复9次,内循环依次重复9,8,...,1次。每次进行比较的两个元素都是与内循环变量j有关的,它们可以分别用a_j和a_{j+1}标识,i的值依次为1,2,...,9,对于每一个i,j的值依次为1,2,...10-i。设想被排序的数组$DATA_{1...n}$垂直竖立,将每个数据元素看作有重量的气泡,根据轻气泡不能在重气泡之下的原则,从下往上扫描数组R,凡扫描到违反本原则的轻气泡,就使其向上“漂浮”,如此反复进行,直至最后任何两个气泡都是轻者在上,重者在下为止。

三、实验内容

1.输入若干个整数,存储在内存区中。

2.设计程序将这些数由小到大排序,排序后的数,仍放在该区域中。

3.输出排序后的结果。

其流程图如图4-1所示。

四、实验要求

1.对于输入的若干整数进行排序,并分别显示排序前后的结果。

2.总结冒泡排序的汇编语言程序设计方法,书写实验报告。

3.思考题。

(1)假定输入的N个数据呈升序,排序程序中需要比较的次数最多有多少次?若数据呈降序呢?

(2)如何编写汇编语言程序实现其他排序算法(如插入排序)呢?

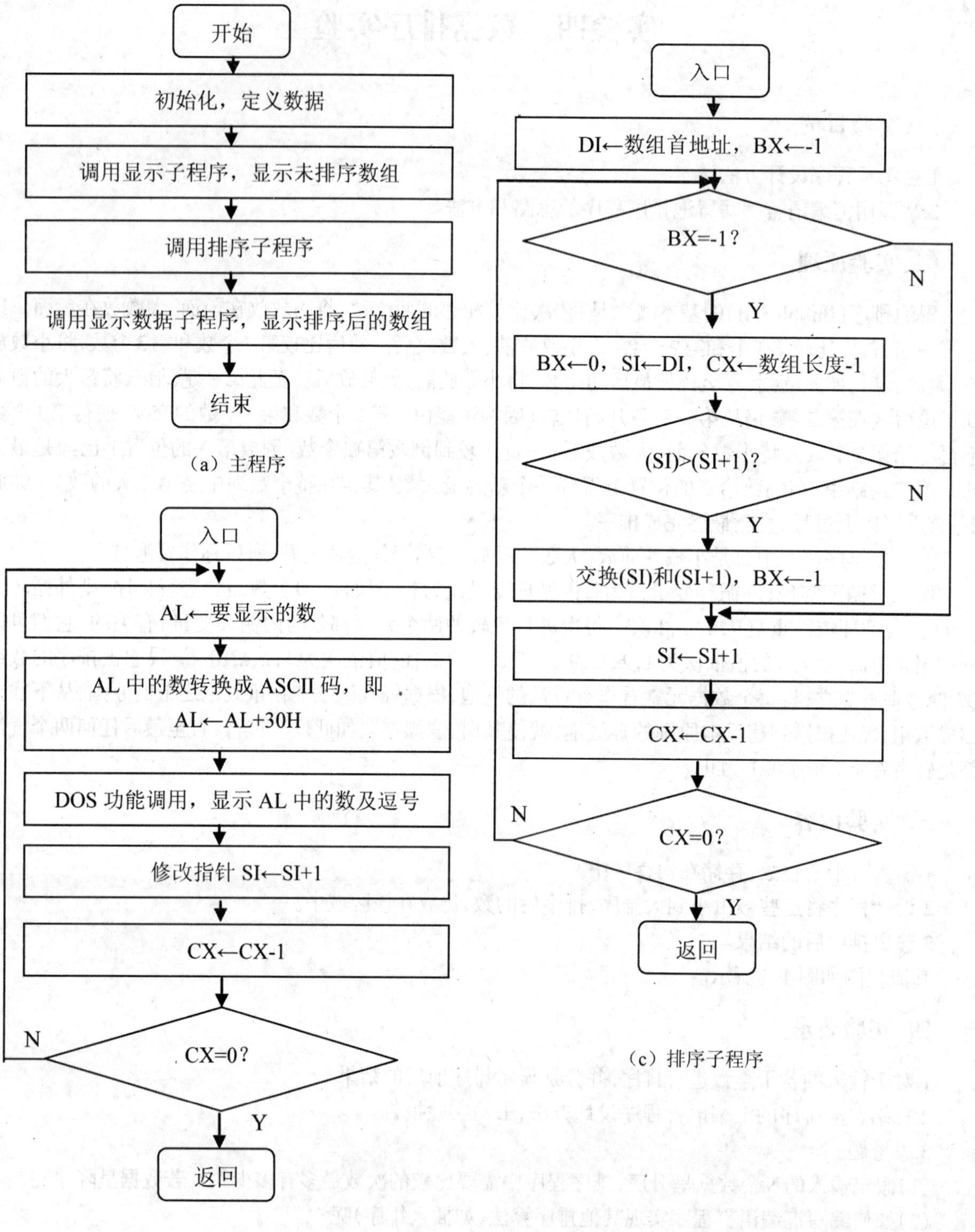

（a）主程序

（b）显示数据子程序

（c）排序子程序

图4-1　数据排序实验程序流程图

实验五 表格查找和排序实验

一、实验目的

1.了解并掌握用汇编语言编写程序查找表格的方法。

2.熟悉和掌握记录表格按指定字段进行排序的编程方法。

二、实验原理

1.顺序查找和二分查找

顺序查找的思想：将查找值按顺序逐个与表格中对应字段值进行比较，相等即为查找成功，否则查找失败。

二分查找的思想：首先将结点按关键字排序，其次将查找值与中间位置的值比较，相等，则查找成功；不等，则中间数据大于或小于查找值，无论怎样查找将在一半的数据中查找。

2.字符串操作

字符串操作指令（LODS、STOS、MOVS、INS、OUTS、CMPS、SCAS）是对一片连续存储单元进行处理的指令，这片存储单元是由隐含指针DS:SI或ES:DI来指定的。字符串操作指令可对内存单元按字节、字或双字进行处理，并根据操作对象的字节数使变址寄存器SI（或DI）增减1、2或4。具体规定如下：

当DF=0（由CLD指令设定）时，变址寄存器SI（或DI）增加1、2或4；

当DF=1（由STD指令设定）时，变址寄存器SI（或DI）减少1、2或4。

（1）读字符串数据指令（Load String Instruction）

从由指针DS:SI所指向的内存单元开始，取一个字节、字或双字进入AL、AX或EAX中，并根据标志位DF对寄存器SI作相应增减。该指令的执行不影响任何标志位。

指令格式：LODS类型标识

LODSB/LODSW/LODSD ;80386+

LODS根据其类型标识的属性来决定读取存储单元的大小并将SI相应增减。

（2）写字符串数据指令（Store String Instruction）

该指令把寄存器AL、AX或EAX中的值存于以指针ES:DI所指向内存单元为起始的一片存储单元里，并根据标志位DF对寄存器DI作相应增减。该指令不影响任何标志位。

指令格式：STOS类型标识

STOSB/STOSW/STOSD ;80386+

（3）字符串传送指令（Move String Instruction）

该指令把指针DS:SI所指向的字节、字或双字传送给指针ES:DI所指向的内存单元，并根据标志位DF对寄存器DI和SI作相应增减。该指令不影响任何标志位。

指令格式：MOVS类型标识

MOVSB/MOVSW/MOVSD ;80386+

（4）输入字符串指令（Input String Instruction）

该指令从某一指定的端口接受一个字符串，并存入一片存储单元之中。输入端口由DX指定，存储单元的首地址和读入数据的个数分别由ES:DI和CX来确定。在指令的执行过程中，还根据标志位DF对寄存器DI作相应增减。该指令不影响任何标志位。与指令有关的操作数ES、DI、DX和CX等都是隐含操作数。

指令格式：INS类型标识

INSB/INSW/INSD ;80386+

（5）输出字符串指令（Output String Instruction）

该指令把一个字符串输入到指定的输出端口中。输出端口由DX指定,其输出数据的首地址和个数分别由DS:SI和CX来确定。在指令的执行过程中,还根据标志位DF对寄存器SI作相应增减。该指令的执行不影响任何标志位。与指令有关的操作数DS、SI、DX和CX等都是隐含操作数。

指令格式:OUTS类型标识

OUTSB/OUTSW/OUTSD ;80286+

(6)字符串比较指令(Compare String Instruction)

该指令把指针DS:SI和ES:DI所指向字节、字或双字的值相减,并用所得到的差来设置有关的标志位。同时,变址寄存器SI和DI也将根据标志位DF的值作相应增减。

指令格式:CMPS类型标识

CMPSB/CMPSW/CMPSD ;80386+

受影响的标志位:AF、CF、OF、PF、SF和ZF

(7)字符串扫描指令(Scan String Instruction)

该指令用指针ES:DI所指向字节、字或双字的值与相应的AL、AX或EAX的值相减,用所得到的差来设置有关标志位。同时,变址寄存器DI还将根据标志位DF的值进行增减。

指令格式:SCAS类型标识

SCASB/SCASW/SCASD ;80386+

受影响的标志位:AF、CF、OF、PF、SF和ZF

三、实验内容

1.表格查找(顺序查找流程图如图5-1所示)

(1)内存中存储一个记录表格(编号,值);

(2)输入记录的编号;

(3)查找对应编号的记录的值。

2.表格排序

(1)内存中存储一个学生成绩记录表格(学号,姓名,成绩):

001	Tom	90
002	Peter	89
003	Mary	97

(2)对成绩进行排序;

(3)按顺序输出学生成绩记录表格。

003	Mary	97
001	Tom	90
002	Peter	89

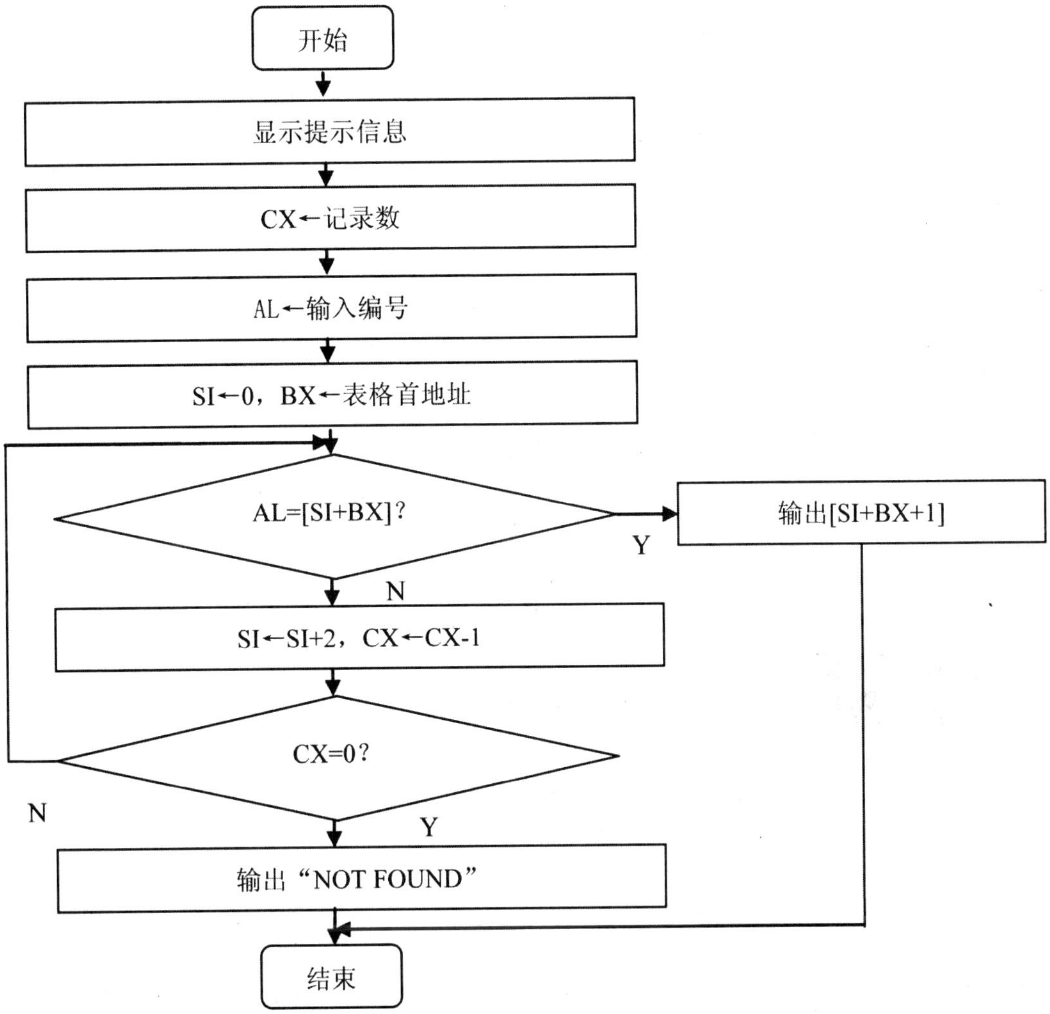

图5-1　表格查找实验程序流程图

四、实验要求

1.从键盘输入表格编号,然后在屏幕上显示出相应编号的表格内容。

2.对指定记录表格的成绩字段进行排序。

3.总结表格查找和排序的汇编语言程序设计方法,书写实验报告。

4.思考题。

(1)如何实现二分查找？与顺序查找相比,其效率如何?

(2)不用汇编语言提供的字符串操作指令,如何实现字符串操作?

实验六　汇编语言中断程序设计实验

一、实验目的

1.掌握汇编中断处理程序设计的基本方法。

2.掌握与中断有关的寄存器操作。

二、实验原理

1.中断的原理

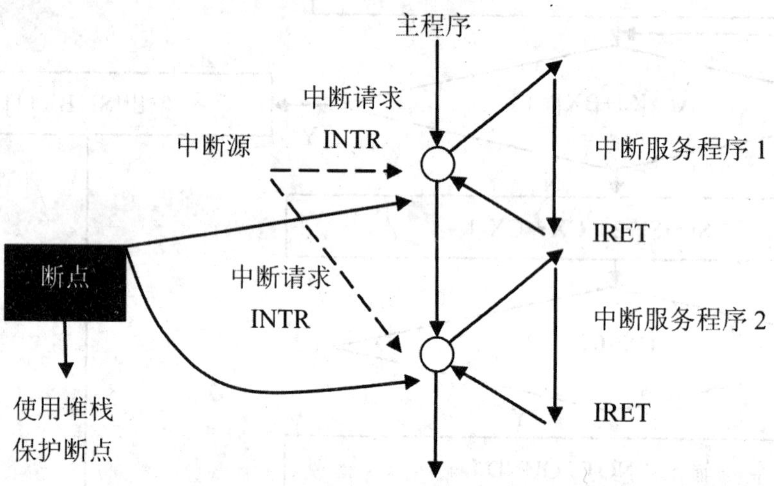

图6-1　中断过程

所谓中断，就是指当CPU正在执行程序时，外设(或其他中断源)向CPU发出请求，CPU暂停当前程序的执行，转向该外设服务(或称中断服务)程序，当中断服务程序运行结束后，返回原程序继续执行的过程(如图6-1所示)。

8086/8088系统支持最多256个中断，对应每一个中断，都有一个中断号和中断服务程序，该中断服务程序的入口地址称为中断向量。每个中断向量占用4个字节，前两个字节为服务程序的IP(偏移量)，后两个字节为服务程序的CS(段地址)，存储在起始地址为中断号×4H的内存位置。

2.定时器中断

DOS下的1C号中断是由微机内的定时器8253定时触发的、可供用户使用的中断。每1s产生18.2次中断，大约每55 ms产生一次中断。

在中断处理程序中，禁止使用DOS系统功能调用，因为DOS系统功能调用是不可重入的。可以使用BIOS功能调用，它是可重入的。当中断频繁发生，引起中断嵌套时，放在中断处理程序中的不可重入的DOS系统功能调用会引起系统崩溃。因此下面的程序中将信息显示的功能放在主程序中，而不是放在中断处理程序中。

中断处理程序不适于利用DEBUG进行跟踪调试，因为在跟踪过程中，中断仍然会不停地产生，中断处理程序会不断得到运行。当然，利用DEBUG设置断点的方式仍然可以让中断处理程序停止，可暂时观察中间运行结果。

三、实验内容

编写针对1C号中断的处理程序，实现每1s显示一个累加的秒数，其流程如图6-2所示。

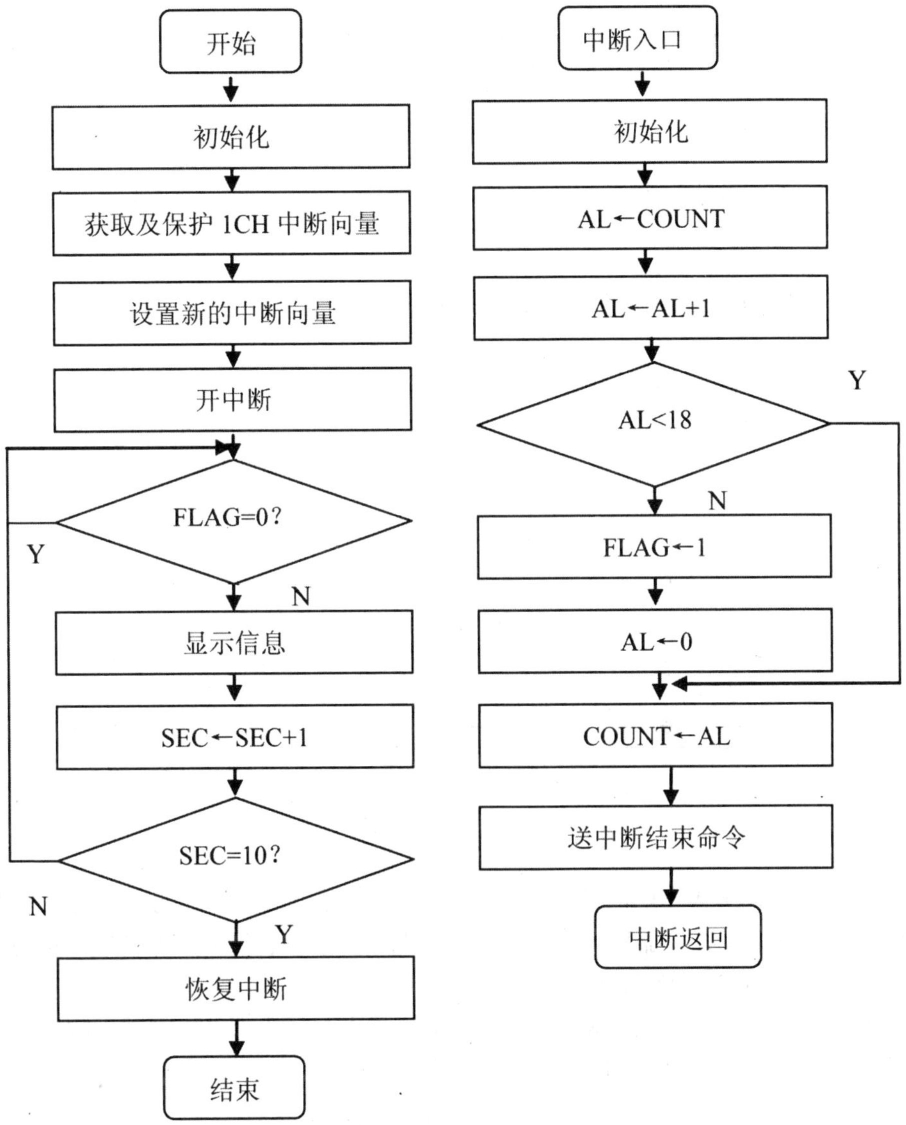

（a）主程序　　　（b）中断处理子程序

图6-2　中断处理程序流程图

四、实验要求

1.为定时器设计中断处理程序，并与指定中断关联，以便发生该中断时，执行中断处理程序。

2.总结中断处理程序设计过程，书写实验报告。

3.思考题。

(1)修改中断处理子程序中的常数18，增大或减小它，观察程序的运行有何变化？为什么？

(2)x86支持的中断类型有哪些？

实验七　响铃和计算机钢琴实验

一、实验目的

1.掌握响铃符的使用方法。
2.掌握利用主机扬声器发出不同频率的声音的方法。
3.进一步掌握利用系统功能调用从键盘上读取字符的方法。

二、实验原理

主机扬声器电路图如图7-1所示。

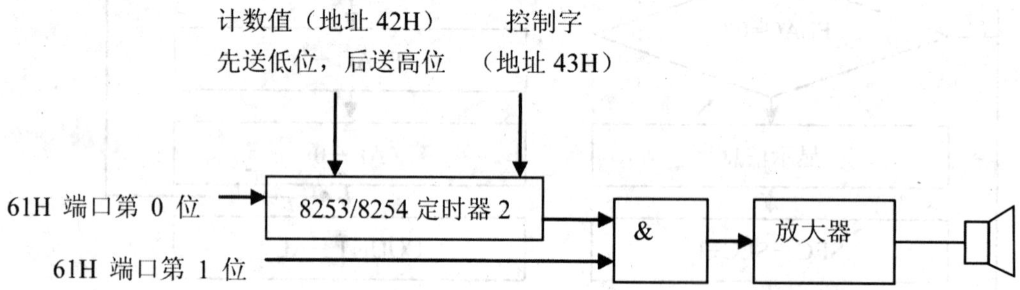

图7-1　主机扬声器电路图

通过给8253/8254定时器装入不同的计数值,可以使其产生不同频率的波形。当与门打开后,经过放大器的放大作用,便可以驱动扬声器发出不同频率的音调。要使该音调的声音持续一段时间,只要插入一段延时程序,之后再关闭与门,将扬声器切断即可。

另外,要使计算机成为可以弹奏的钢琴,需要使用系统调用01H功能以接收键入的字符,并且要建立表7-1,使键入字符与频率值构成一个对应关系。

表7-1　键入字符、音符和频率对应关系

键入字符	音符	频率值
1	1	524
2	2	588
3	3	660
4	4	698
5	5	784
6	6	880
7	7	988
8	i	1048

三、实验内容

1.从键盘输入字符,若是数字N,则响铃N次;否则不响铃,参考流程图如图7-2所示。

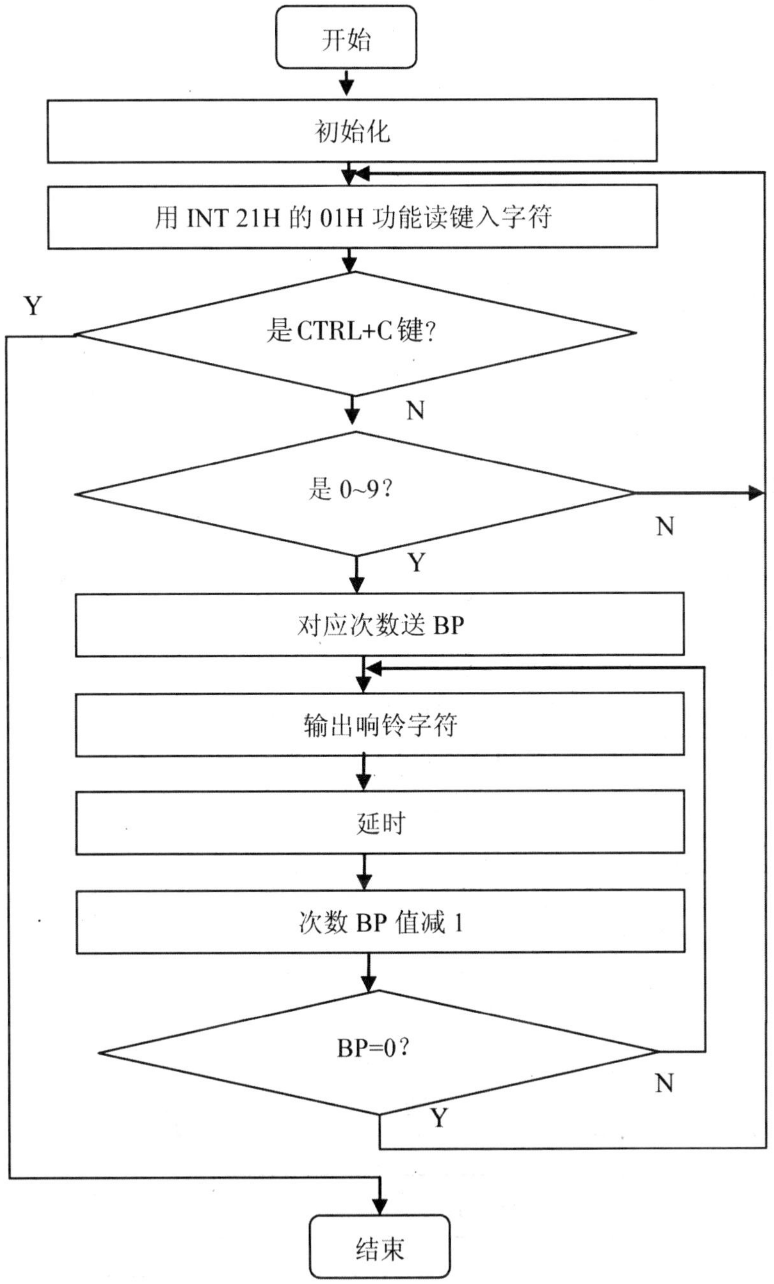

图 7-2　响铃程序流程图

2.编写程序利用键盘控制,模拟弹钢琴。

编写程序,在程序运行时使主机成为一架可弹奏的“钢琴”。当按下数字键 1～8 时,依次发出 1,2,3,4,5,6,7,i 这个 8 个音调,按 CTRL+C 则退出“钢琴”状态。其参考流程图如图 7-3 所示。

图 7–3　计算机钢琴程序参考流程

四、实验要求

1.编程实现响铃和计算机钢琴功能，书写实验报告。

2.思考题。

(1)响铃和扬声器发声的区别是什么？

(2)如何让计算机演奏给定乐曲(如“友谊地久天长”)？

实验八　磁盘文件读写实验

一、实验目的

掌握利用DOS功能调用对磁盘文件的读写操作。

二、实验原理

1.打开文件(功能号3DH)

调用格式：
```
MOV  DX, OFFSET BUFFER; DS:DX指向文件标识符
MOV  AH, 3DH
MOV  AL, 0; 或者1,2
INT  21H
```

功能:在缺省或指定的磁盘目录下,查找并打开指定的文件,为读写文件返回一个文件描述字。

入口:AL=0,文件打开供读;AL=1,文件打开供写;AL=2,文件打开供读写;DS:DX指向文件标识符。

出口:CF=0,打开成功,AX=文件描述字,文件打开后,读写指针指向文件的头一个字节;CF=1,打开失败,AX=错误类型码

2.关闭文件(功能号3EH)

调用格式：
```
MOV  AH, 3EH
MOV  BX, 文件描述字
INT  21H
```

功能:内存缓冲区文件送磁盘,关闭文件。若文件被修改,则目录项中的日期、时间和文件大小被修改。

入口:BX是由打开文件(3DH)或建立文件(3CH)等调用返回的有效描述字。

出口:CF=0,关闭文件成功;CF=1,关闭文件失败,AX=错误类型码。

3.读文件(功能号3FH)

调用格式：
```
MOV  DX, OFFSET BUFFER; DS:DX指向文件存入的缓冲区
MOV  BX, 文件描述字
MOV  CX, 文件字节数
MOV  AH, 3FH
INT  21H
```

功能:按照有效的文件描述字,从磁盘文件的当前指针下读文件到缓冲区,长度由CX指定。

入口:DS:DX指向读入缓冲区,BX是有效的文件描述字,CX是要读入的字节数。

出口:CF=0,读文件成功,AX=实际读入的字节数;CF=1,读文件失败,AX=错误类型码

4.写文件(功能号40H)

调用格式：
```
MOV  AH, 40H
LEA  DX, BUFFER; DS:DX指向数据缓冲区
MOV  BX, 文件描述字
MOV  CX, 数据长度(字节数)
INT  21H
```

功能:按照有效的文件描述字,把缓冲区数据写到磁盘文件当前指针下,长度由CX决定。

入口:BX=有效的文件描述字,CX=要求写入磁盘文件的字节数,DS:DX指向数据缓冲区。

出口:CF=0,写文件成功,AX=实际写入磁盘的字节数;CF=1,写文件失败,AX=错误类型码。

表8-1　错误类型码

错误类型码	含义
1	无效功能号
2	文件没找到
3	路径未找到或文件不存在
4	无文件描述字或打开文件太多
5	拒绝存取(访问失败)
6	无效文件描述字
7	内存文件控制块被破坏
8	无足够的内存空间
12	存取码无效,无效访问
13	无效数据
14	指示了无效的驱动器

三、实验内容

1.读入并显示文本文件(程序流程图如图8-1所示)。

2.创建文本文件(程序流程图如图8-2所示)。

四、实验要求

1.编写程序,读入文本文件a.txt中内容并显示。

2.编写程序,创建文本文件b.txt,并通过键盘键入文件内容。

3.总结文件操作的汇编语言程序设计,书写实验报告。

4.思考题。

(1)如何实现对指定整数数据文件进行排序,并输出到排序后的新文件中?

(2)如何设置/获取文件日期和时间?

(3)如何设置/获取文件属性?

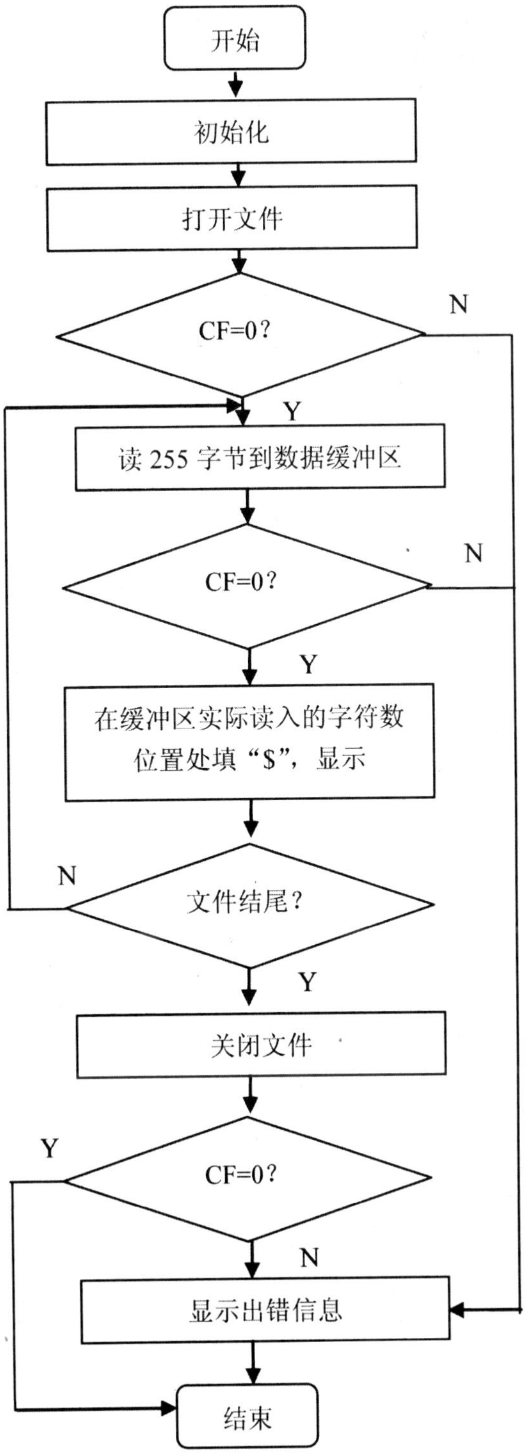

图 8–1　读入并显示文本文件流程图

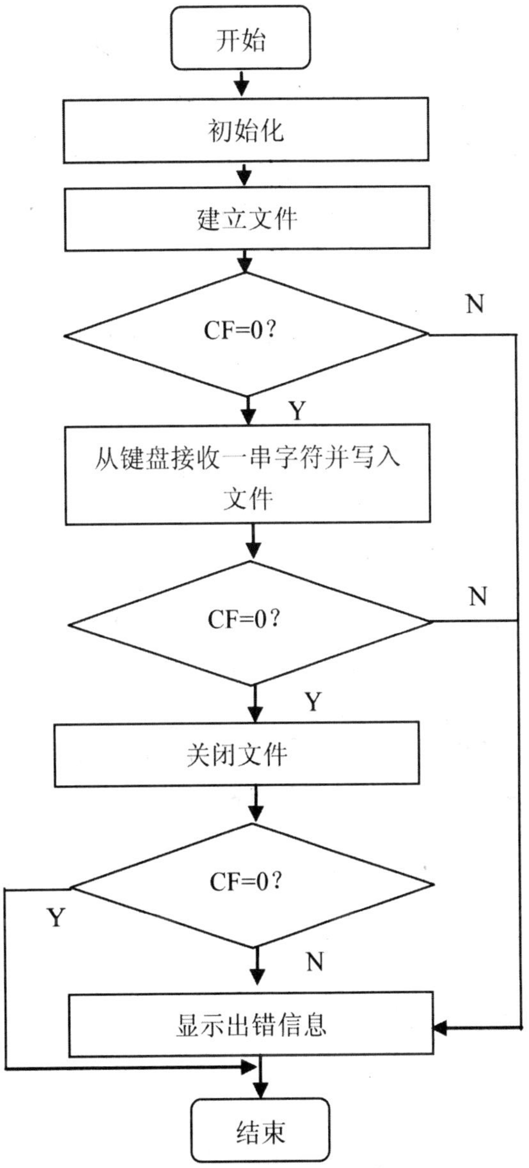

图 8–2　创建文本文件流程图

实验九　目录操作实验

一、实验目的

掌握目录操作的DOS功能调用。

二、实验原理

检索目录应首先使用INT 21H功能调用4EH号，将检索到第一个匹配的文件，然后不断使用INT 21H功能调用4FH号，检索下一个匹配文件，就能实现DIR功能。

三、实验内容

编写程序，使其功能相当于DOS的DIR命令，即在屏幕上显示目录。其流程图如图9-1所示。

四、实验要求

1.编写程序，显示指定目录，实现DIR功能。
2.总结目录显示的汇编语言程序设计，书写实验报告。
3.思考题。
(1)如何实现建立子目录、删除子目录功能?
(2)如何实现文件改名和文件删除功能?

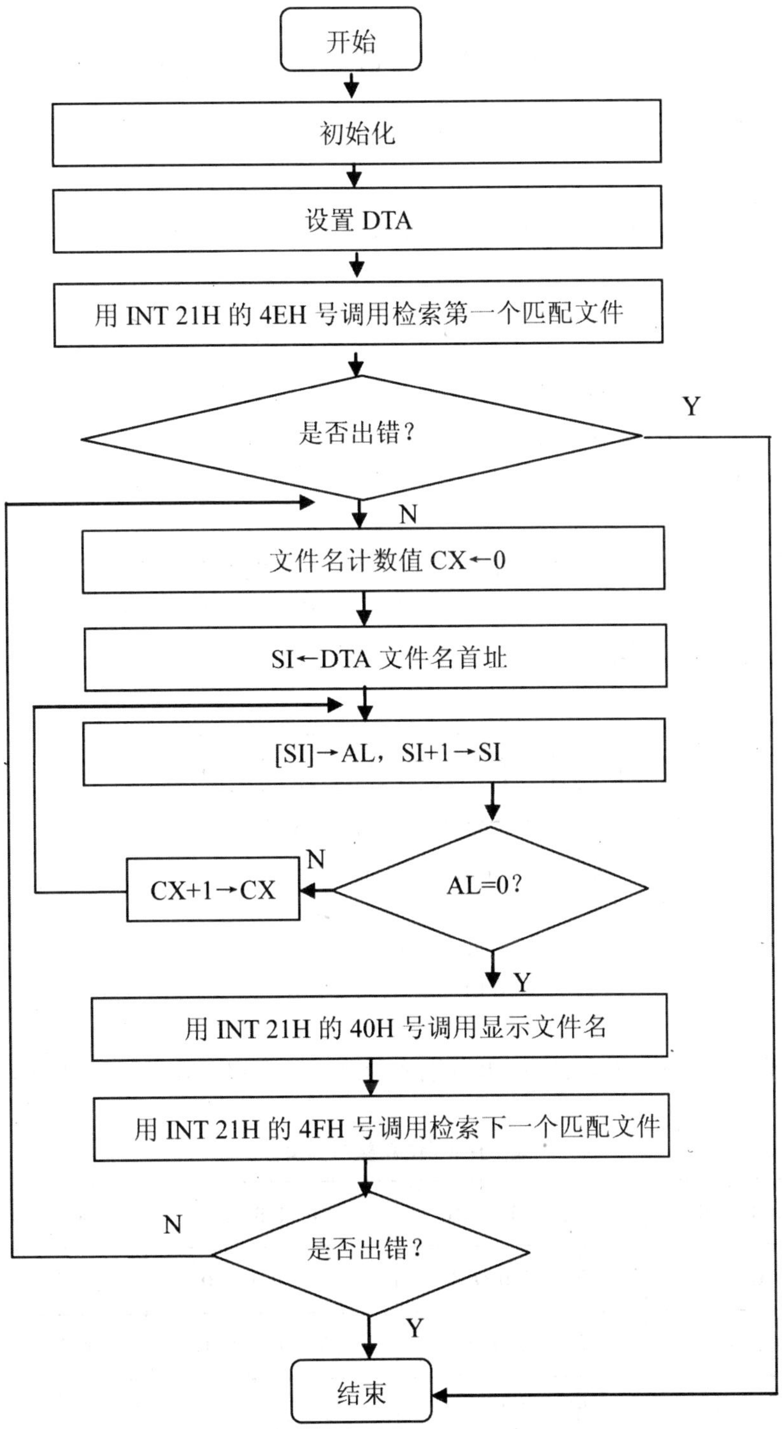

图9–1　显示目录实验程序流程图

实验十　图形显示程序实验

一、实验目的

了解和掌握用INT 10H中断实现图形显示程序设计方法。

二、实验原理

1.显示方式设置

例如：
```
MOV  AH, 00H; 置显示方式
MOV  AL, 03H; 将显示方式设置为彩色文本方式
INT  10H
```

2.文本方式

在文本方式下，属性字节对单色显示和彩色显示都是有效的。对单色文本方式属性提供了闪烁、反相和高亮度这三种效果。对彩色文本，属性字节能选择前景(显示的字符)和背景的颜色，每个字符可以选择16种颜色中的一种，背景有8种颜色可以选择。

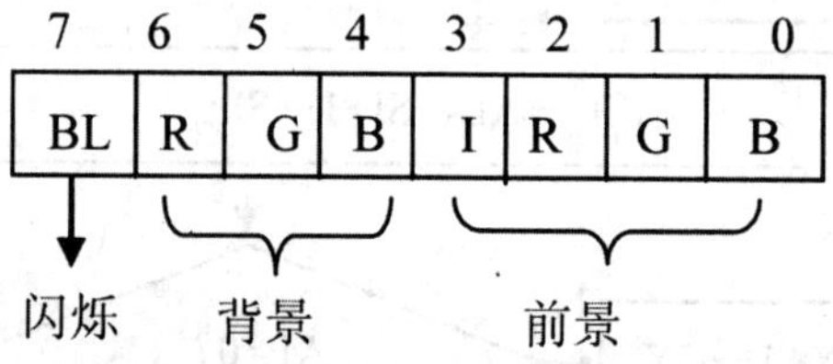

图10-1　彩色属性字节

前景的16种颜色由位0~3组合，R、G、B分别表示红、绿、蓝，BL表示闪烁，I为亮度，BL和I只用于前景。

表10-1　16种颜色的组合

颜色 I R G B	颜色 I R G B	颜色 I R G B	颜色 I R G B
黑　0 0 0 0	灰　1 0 0 0	红　0 1 0 0	浅红　1 1 0 0
蓝　0 0 0 1	浅蓝　1 0 0 1	品红 0 1 0 1	浅品红 1 1 0 1
绿　0 0 1 0	浅绿　1 0 1 0	棕　0 1 1 0	黄　1 1 1 0
青　0 0 1 1	浅青　1 0 1 1	灰白 0 1 1 1	白　1 1 1 1

显示屏幕的背景颜色只能是表10-1中I为0的8种颜色。如果背景和前景是同一种颜色，显示出的字符是看不见的，但属性字节中的位7可以使字符闪烁(BL=1)。

例如：在品红背景下，显示5个浅绿色闪烁的星号。

```
MOV AH, 09H
MOV AL, '*'
MOV BH, 0
MOV BL, 0DAH
MOV CX, 05H
```

INT 10H

三、实验内容

1.设置光标,起始行位置为第5行第6列,结束行位置为第7行第6列。其流程图如图10-2所示。

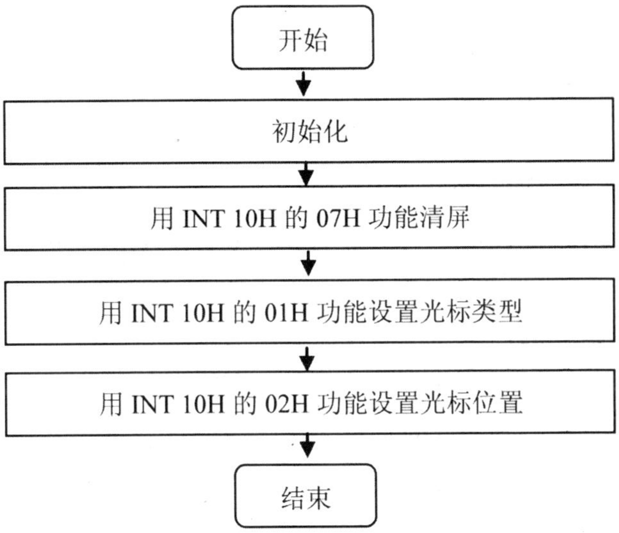

图10-2 设置光标参考流程

2.清除左上角为(10,20)、右下角(50,60)的窗口,并将其初始化为反相显示。其流程图如图10-3所示。

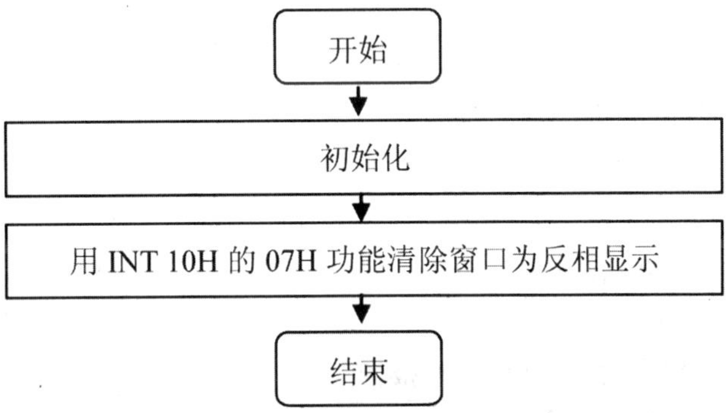

图10-3 清除窗口参考流程

3.图形显示,设计一个程序,将显示器置于中分辨率图形方式,然后用4种颜色各显示一个矩形块。

设计思路:显示矩形块的工作需要用4次,可编写一个子程序。为使程序结构清晰,主、子程序间参数传递采用内存变量形式。BIOS调用中并没有现成的显示矩形的功能,所以采用控制写点的方式来显示矩形。其流程图如图10-4所示。

4.用"笑脸"符画一条斜线。

设计思路:第一个笑脸(02H)位置是(0,0),第2个是(1,1),最后一个是(24,24)。程序中可以调用INT 10H的四个功能:

AH=0FH,把显示页号读入BH;

AH=00H,选择80×25黑白文本方式;

AH=02H,移动光标;

AH=0AH,显示一个字符。

完成相应程序的编制,进行调试并验证结果,流程见图10-5。

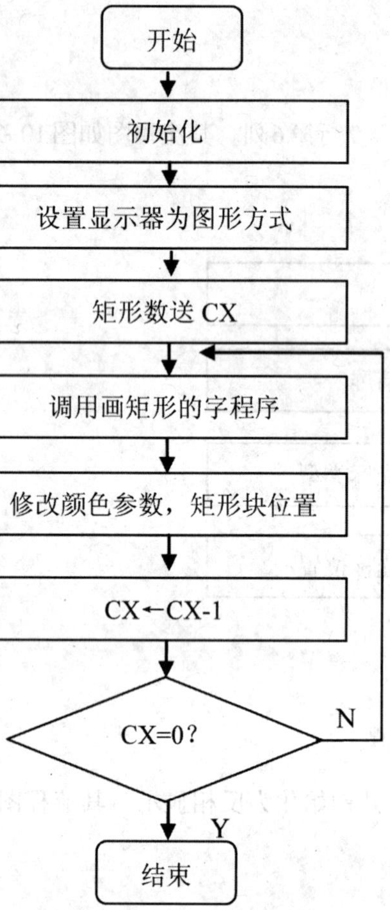

图 10–4 图形显示流程图

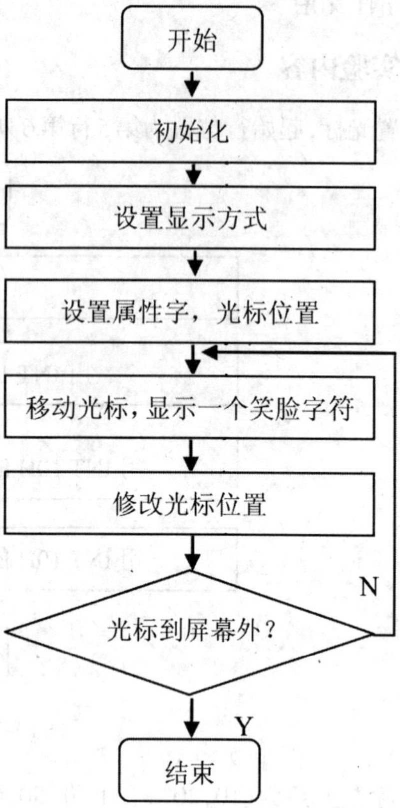

图 10–5 笑脸流程图

四、实验要求

1.利用功能调用设置光标和清除窗口。

2.设计程序，完成图形显示。

3.总结图形显示的汇编程序设计，书写实验报告。

4.思考题。

(1)什么是显卡驱动程序？起什么作用？

(2)Windows 界面是如何绘制的？

第二篇　硬件实验

实验一　基本I/O接口实验

一、实验目的

1.了解TTL芯片扩展简单I/O口的方法，掌握接口操作的基本方法。
2.掌握数据输入输出程序的编制方法。

二、实验原理

74LS244是一种三态输出的8位总线缓冲驱动器，无锁存功能，当G为低电平时，A_i信号传送到Y_i，当G为高电平时，Y_i处于禁止高阻状态。

74LS273是一种8D触发器，当CLR为高电平且CLK端电平正跳变时，D_0~D_7端数据被锁存到8D触发器中。

本实验利用74LS244作为输入口，读取开关状态，并将此状态通过74LS273驱动发光二极管显示出来。

端口地址范围：　IOY0:0000H~000FH　　IOY1:0010H~001FH
　　　　　　　　IOY2:0020H~002FH　　IOY3:0030H~003FH

实验原理见图1-1。

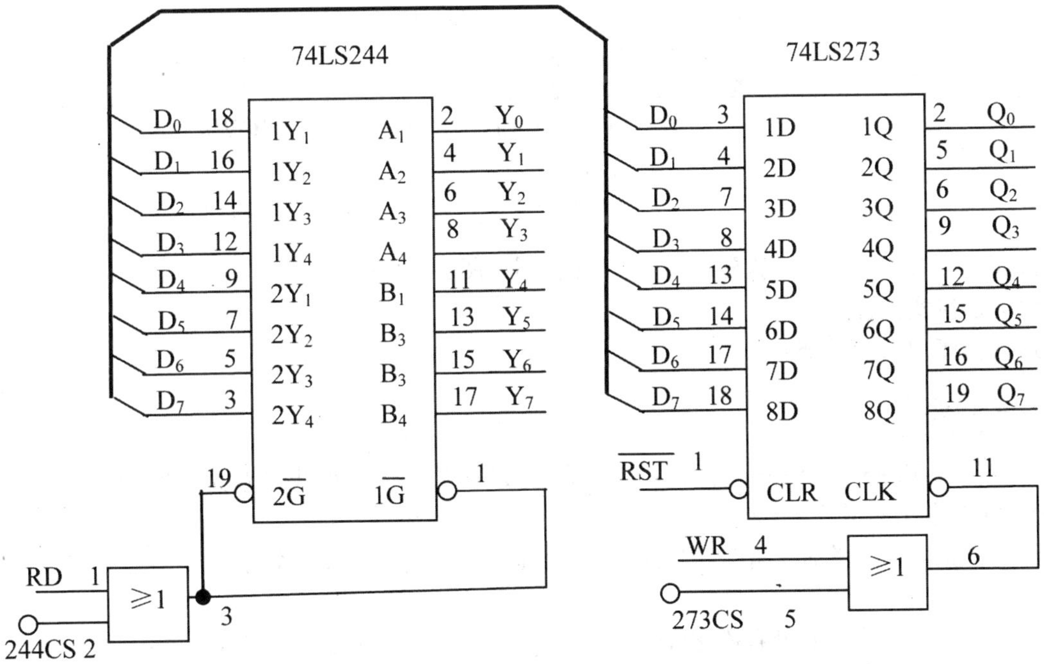

图1-1　74LS244与74LS273扩展I/O口原理图

三、实验设备和器件

1.集成芯片74LS244、74LS273
2.高低电平开关
3.发光二极管单元

4.ISA总线接口模块

四、实验内容及实验步骤

1.实验连线：

扩展I/O口连接图见图1-2(确保电源关闭)。

(1)74LS244的CS—ISA总线接口模块的0000H，Y_7~Y_0分别连接开关K_{01}~K_{08}。

(2)74LS273的CS—ISA总线接口模块的0020H，Q_7~Q_0分别连接发光二极管L_1~L_8。

(3)该模块的WR、RD分别连到ISA总线接口模块的IOWR、IORD。

(4)该模块的数据(AD_0 ~ AD_7)连到ISA总线接口模块的数据(LD_0 ~ LD_7)。

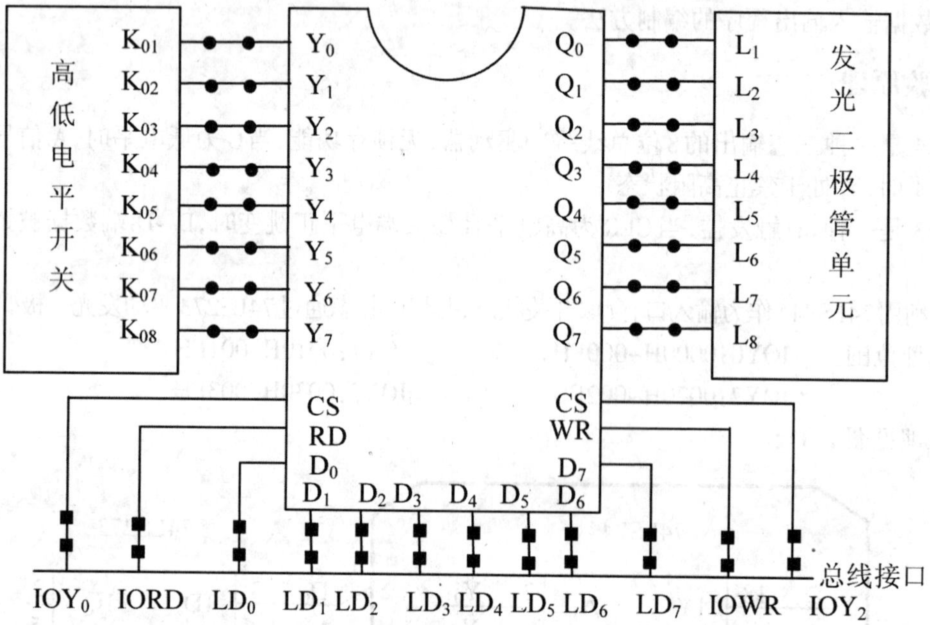

图1-2 扩展I/O口连接图

2.按实验内容要求编写实验程序(其程序流程图如图1-3所示)。

3.编译连接实验程序。

4.运行程序，观察实验现象。

五、实验要求

1.编制程序实现开关状态的读入，并向发光二极管单元发送，连线检查无误后，开机上电，拨动开关，观察发光二极管变化。

2.绘出实验内容的详细线路图，编写汇编程序，运行并记录、整理实验结果，书写实验报告。

3.思考题。

(1)如果IOWR和IORD没有连接或线路断了，分别会出现什么现象？为什么？

(2)如果开关拨动后，发光二极管单元无变化，可能是什么原因？怎么解决？

(3)如果74LS244和74LS273使用同一个端口地址，是否依然能通过拨动开关控制发光二极管的亮灭？请做实验验证一下。

(4)假定74LS244或74LS273的CS接IOY0，用端口地址181H或182H去访问74LS244或74LS273可以吗？原因是什么？

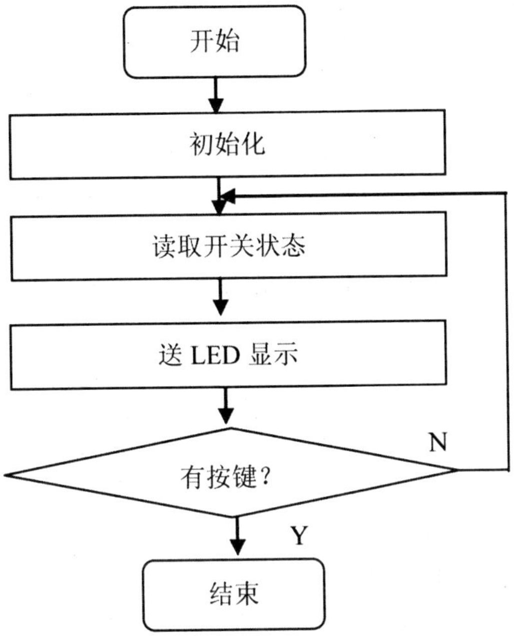

图 1-3　基本 I/O 接口实验程序流程图

实验二　可编程定时器/计数器8254实验

一、实验目的

1.了解计数器的硬件连接方法及时序关系。

2.掌握8254的各种模式的编程及其原理，用示波器观察各信号之间的时序关系。

二、实验原理

8254是一种可编程的定时器/计数器芯片，它具有3个独立的16位计数器通道，每个计数器都可以按照二进制或二-十进制计数，每个计数器都有6种工作方式，计数频率可高达24MHz，芯片所有的输入输出都与TTL兼容。

计数器都有6种工作方式：方式0，计数过程结束时中断；方式1，可编程的单拍脉冲；方式2，频率发生器；方式3，方波发生器；方式4，软件触发；方式5，硬件触发。6种工作方式主要有5点不同：一是启动计数器的触发方式和时刻不同；二是计数过程中门控信号GATE对计数操作的影响不同；三是OUT输出的波形不同；四是在计数过程中重新写入计数初值对计数过程的影响不同；五是计数过程结束，减法计数器是否恢复计数初值并自动重复计数过程的不同。

该实验原理图如图2-1所示。

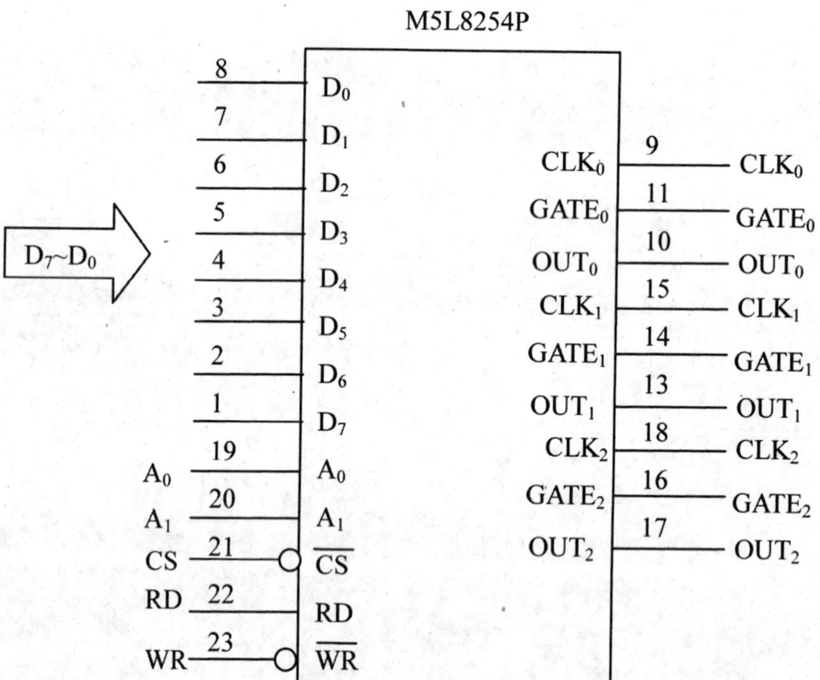

图2-1　可编程定时器/计数器芯片8254

三、实验设备和器件

1.可编程定时器/计数器芯片8254

2.发光二极管

3.32Hz晶振

4.+5V电源

5.ISA总线接口模块

6.示波器

四、实验内容及步骤

1.实验连线(如图2-2)。

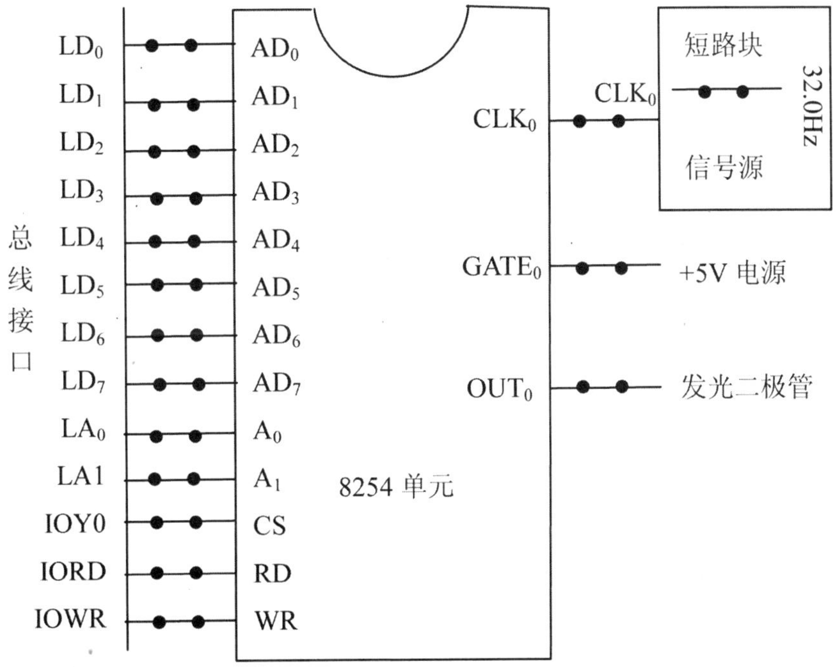

图2-2 8254实验连接图

(1)信号源模块短路块32.0Hz,CLK_0连到8254模块的CLK_0。

(2)8254模块选通线CS连到ISA总线接口模块的0000H。

(3)8254模块$GATE_0$接电源+5V;OUT_0接发光二极管L_1。

(4)该模块的WR、RD分别连到ISA总线接口模块的IOWR、IORD。

(5)该模块的数据(AD_0~AD_7)、地址线(A_0~A_7)分别连到ISA总线接口模块的数据(LD_0~LD_7)、地址线(LA_0~LA_7)。

2.按实验内容要求编写实验程序(其程序流程图如图2-3所示)。

3.编译连接实验程序。

4.运行实验,观察实验现象。

五、实验要求

1.编写8254初始化程序,将32Hz的晶振频率作为8254的时钟输入,利用定时器8254产生1Hz的方波,发光二极管不停闪烁,用示波器可看到输出的方波。

2.绘出实验内容的详细线路图,编写汇编程序,运行并记录、整理实验结果,书写实验报告。

3.思考题。

(1)改变计数初值,发光二极管的状态会有何变化?例如计数初值为0000H或0020H。OUT_0接示波器,可能产生什么样的波形?利用示波器观察波形的变化情况,验证自己的猜测。

(2)改变8254工作模式,不同模式下发光二极管的状态会产生什么样的变化情况?OUT_0接示波器,可能产生什么样的波形?利用示波器观察波形的变化情况,验证自己的猜测。

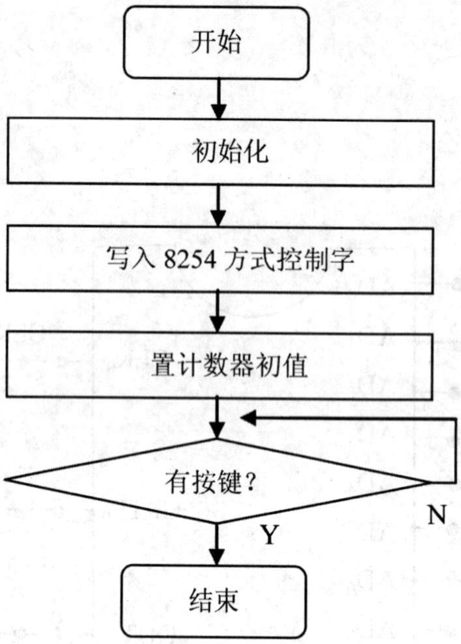

图 2-3　8254 实验程序流程图

实验三　可编程并行接口8255实验

一、实验目的

了解可编程并行接口芯片8255的内部结构、工作方式、初始化编程及应用。

二、实验原理

1.8255A的内部结构

(1)数据总线缓冲器:这是一个双向三态的8位数据缓冲器,它是8255A与微机系统数据总线的接口。输入输出的数据、CPU输出的控制字以及CPU输入的状态信息都是通过这个缓冲器传送的。

(2)三个端口A,B和C:A端口包含一个8位数据输出锁存器和缓冲器,一个8位数据输入锁存器。B端口包含一个8位数据输入/输出锁存器和缓冲器,一个8位数据输入缓冲器。C端口包含一个8位数据输出锁存器及缓冲器,一个8位数据输入缓冲器(输入没有锁存器)。

(3)A组和B组控制电路:这是两组根据CPU输出的控制字控制8255工作方式的电路,它们对于CPU而言,共用一个端口地址相同的控制字寄存器,接收CPU输出的一字节方式控制字或对C口按位复位字命令。方式控制字的高5位决定A组工作方式,低3位决定B组的工作方式。对C口按位复位命令字可对C口的每一位实现置位或复位。A组控制电路控制A口和C口上半部,B组控制电路控制B口和C口下半部。

(4)读写控制逻辑:用来控制把CPU输出的控制字或数据送至相应端口,也由它来控制把状态信息或输入数据通过相应的端口送到CPU。

2.8255A的工作方式

方式0,基本输入输出方式;方式1,选通输入输出方式;方式2,双向选通输入输出方式。

3.8255A的控制字

8255A方式控制字和C口按位置位/复位控制字分别见表3-1及表3-2。

表3-1　8255A方式控制字

D_7	D_6	D_5	D_4	D_3	D_2	D_1	D_0
=1 特征位	A组方式 00=方式0 01=方式1 1X=方式2		A口 0=输出 1=输入	C口高4位 0=输出 1=输入	B组方式 0=方式0 1=方式1	B口 0=输入出 1=输入	C口低4位 0=输出 1=输入

表3-2　C口按位置位/复位控制字

D_7	D_6	D_5	D_4	D_3	D_2	D_1	D_0
=0 特征位	不用			位选择 000=C口0位…111=C口7位			0=复位 1=置位

4.实验原理图(如图3-1)

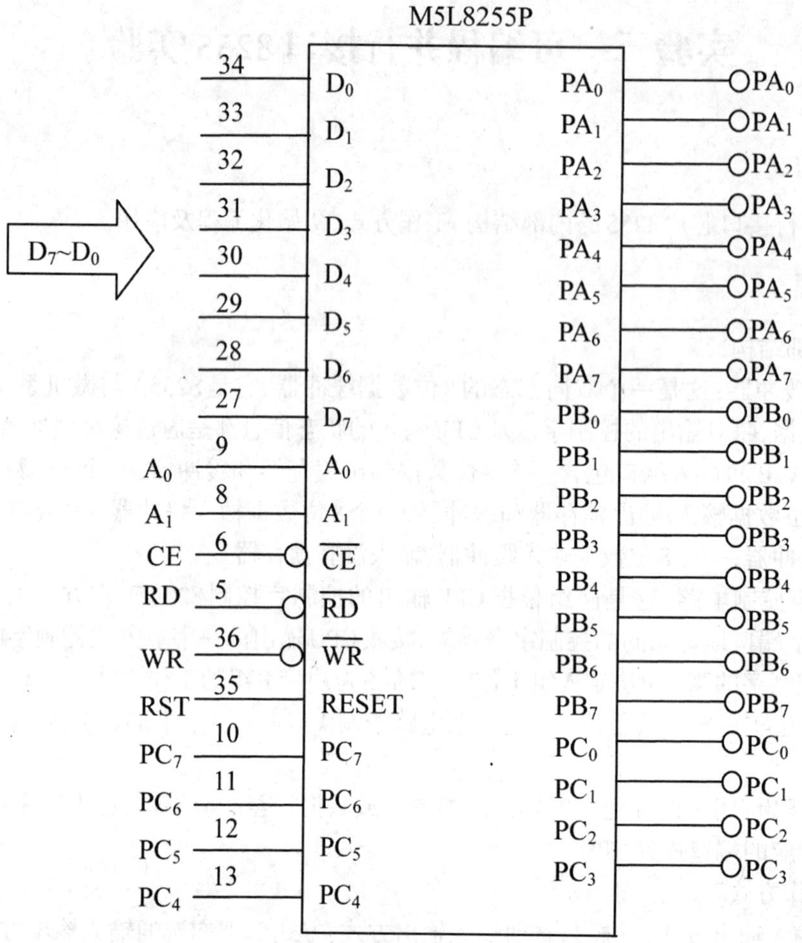

图3-1　可编程并行接口芯片8255A

三、实验设备和器件

1.可编程并行接口芯片8255A

2.发光二极管单元

3.电平开关

4.ISA总线模块

四、实验内容及步骤

1.流水灯实验

(1)实验连线(如图3-2)。

该模块的WR、RD分别连到ISA总线接口模块的IOWR、IORD;

该模块的数据($AD_0 \sim AD_7$)、地址线($A_0 \sim A_7$)分别连到ISA总线接口模块的数据($LD_0 \sim LD_7$)、地址线($LA_0 \sim LA_7$);

8255模块选通线CE连到ISA总线接口模块的0000H;

8255的$PA_0 \sim PA_7$连到发光二极管的$L_0 \sim L_7$;8255的$PB_0 \sim PB_7$连到发光二极管的$L_8 \sim L_{15}$。

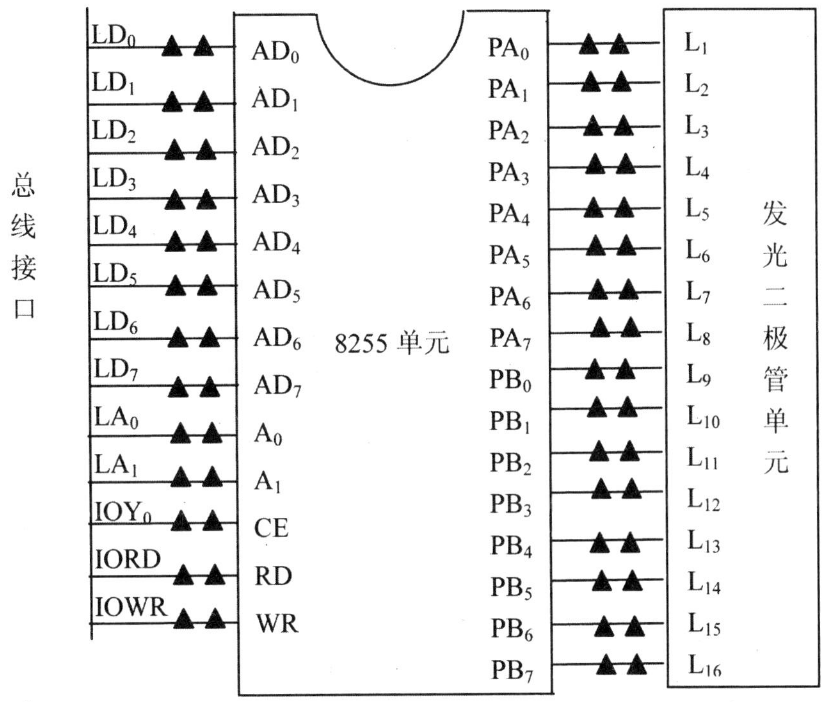

图3-2 流水灯实验接线图

(2)编写程序,实现流水灯功能(其流程图如图3-3所示)。

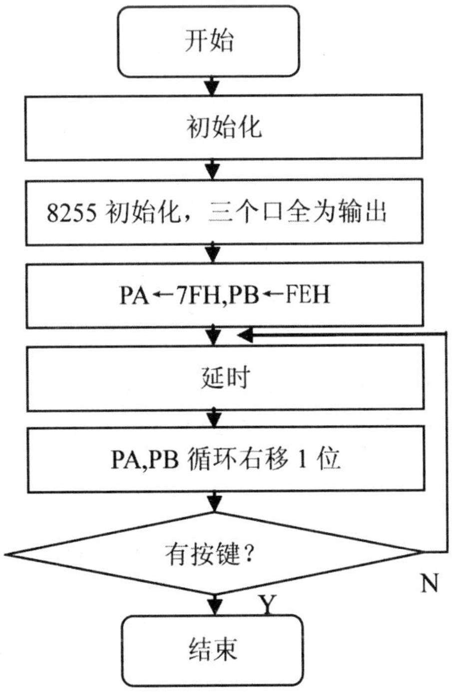

图3-3 流水灯实验程序流程图

(3)运行程序,观察发光二极管状态。

2.交通灯实验

(1)实验连线(如图3-4)。

该模块的 WR、RD 分别连到ISA 总线接口模块的IOWR、IORD;

该模块的数据($AD_0 \sim AD_7$)、地址线($A_0 \sim A_7$)分别连到 ISA 总线接口模块的数据($LD_0 \sim LD_7$)、地址线($LA_0 \sim LA_7$);

8255模块选通线CE连到ISA总线接口模块的0000H;

8255的PA_0-L_7、PA_1-L_6、PA_2-L_5、PA_3-L_3、PA_4-L_2、PA_5-L_1。

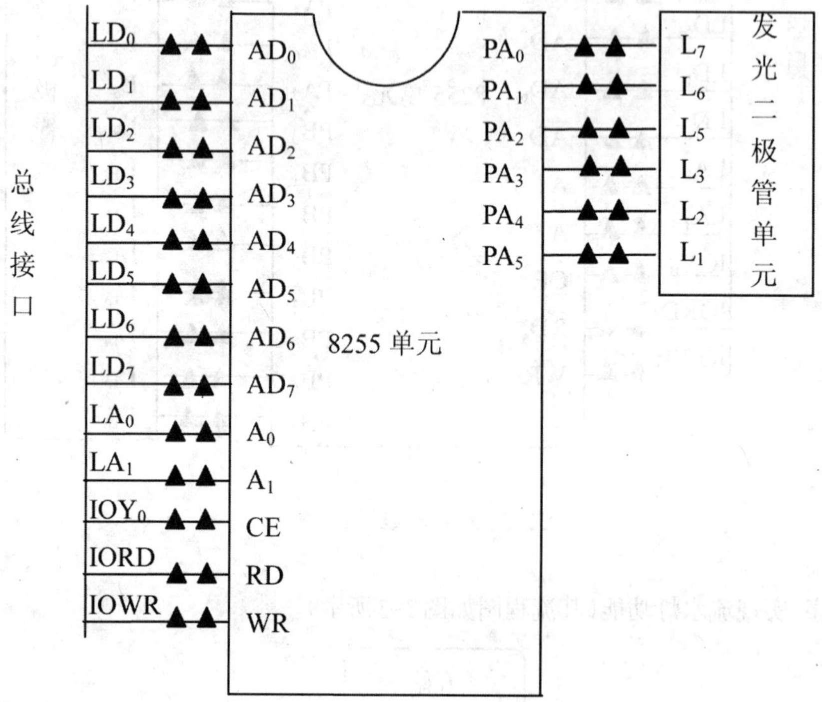

图3-4 交通灯实验接线图

(2)编写程序,实现交通灯功能(其流程图如图3-5所示)。

(3)运行程序,观察发光二极管状态。

3.I/O输入输出实验

(1)实验连线(如图3-6)。

该模块的WR、RD分别连到ISA总线接口模块的IOWR、IORD;

该模块的数据($AD_0 \sim AD_7$)、地址线($A_0 \sim A_7$)分别连到 ISA 总线接口模块的数据($LD_0 \sim LD_7$)、地址线($LA_0 \sim LA_7$);

8255 模块选通线CE连到ISA总线接口模块的0000H;

8255 的$PA_0 \sim PA_7$接开关$K_{01} \sim K_{08}$,8255的$PB_0 \sim PB_7$接发光二极管$L_0 \sim L_7$。

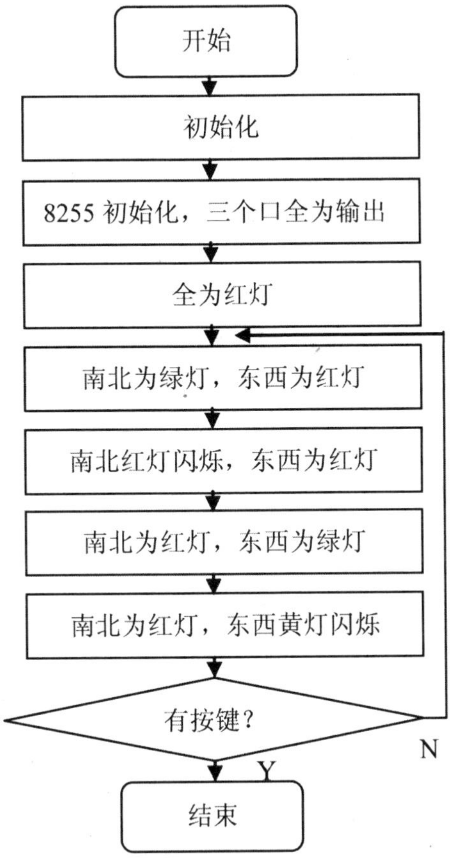

图3-5　交通灯实验程序流程图

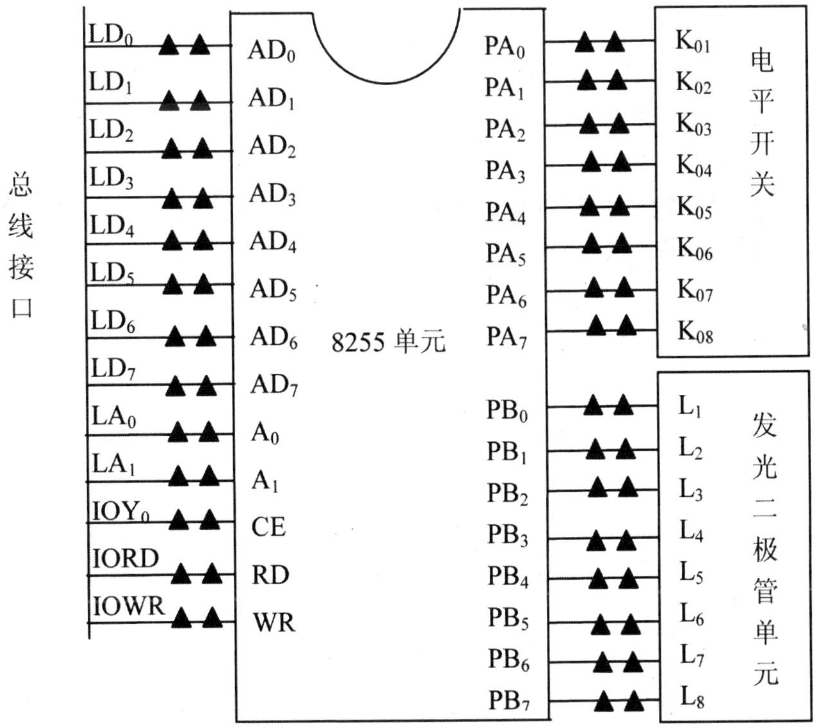

图3-6　I/O 输入输出实验接线图

(2)编写程序,实现输入输出功能(其流程图如图3-7所示)。

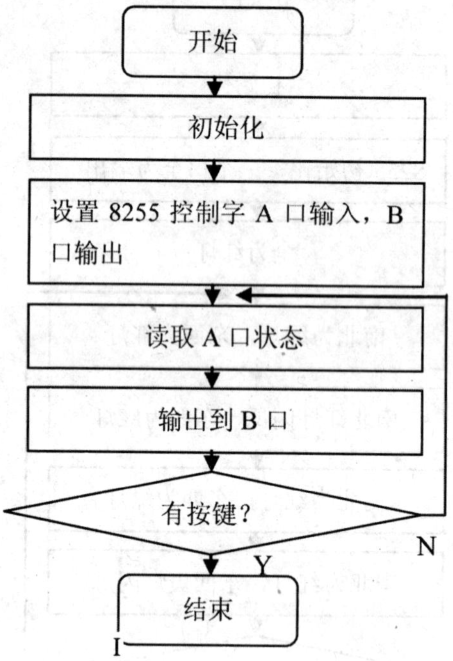

图3-7 Z/O输入输出实验程序流程图

(3)运行程序,拨动开关,观察发光二极管。

五、实验要求

1.完成如下实验。

(1)流水灯实验:利用8255的A口、B口循环点亮发光二极管;

(2)交通灯实验:利用8255的A口模拟交通信号灯;

(3)I/O输入输出实验:利用8255的A口读取开关状态,8255的B口把状态送发光二极管显示。

绘出实验内容的详细线路图,编写汇编程序,运行并记录、整理实验结果,书写实验报告。

2.思考题。

(1)使用8255读取开关状态/控制LED与使用74LS244或74LS273有何不同?

(2)8255可以应用在哪些系统中?

实验四　可编程串行接口16C550实验

一、实验目的

1.掌握16C550芯片的结构及工作方式和应用。

2.学习有关串行通信的知识。

3.学习PC机串口的操作方法。

4.掌握使用16C550实验双机通信的软件编制和硬件连接技术。

二、实验原理

1. 16C550接口电路

16C550是一种连接任何类型虚拟串行接口的可编程通信接口，是与Intel微处理器完全兼容的使用非常广泛的异步接收/发送器(UART)。它内置了16字节的FIFO缓冲器，最大通信速率可达115kb/s，是现代基于微处理设备包括PC机和许多调制解调器的最普遍的通信接口。

16C550内部有11个寄存器，在芯片选择有效的前提下，由芯片的寄存器选择输入线A_2、A_1和A_0来确定访问的寄存器，芯片中采用两条措施来解决端口地址少的问题。

① 送保存寄存器和接收数据寄存器共用一个地址，以"写入"访问前者、"读出"访问后者加以区分。

② 除数寄存器的高字节与中断允许寄存器使用相同的地址，高字节和接收数据寄存器、发送保持寄存器使用相同的地址，为了区分，借用线路控制寄存器的最高位DLAB位来区分。访问除数寄存器时，令DLAB位为"1"；访问接收数据寄存器、发送保持寄存器和中断允许寄存器时，则将DLAB位置"0"，如表4-1所示。

表4-1　16C550内部寄存器地址及其选择方法

DLAB	$A_2A_1A_0$	被访问的寄存器
0	000	接收数据寄存器(读)，发送保持寄存器(写)
0	001	中断允许寄存器IER
1	000	波特率除数寄存器(低字节)
1	001	波特率除数寄存器(高字节)
X	010	中断识别寄存器IIR(只读)，FIFO控制器FCR(只写)
X	011	线路控制寄存器LCR
X	100	MODEM控制寄存器MCR
X	101	线路状态寄存器LSR
X	110	MODEM状态寄存器MSR
X	111	Scratch寄存器

寄存器控制字说明如下：

(1)线路控制寄存器(LCR)，主要用于指定异步串行通信的数据格式(见表4-2)。

表4-2　LCR格式

D7	D6	D5	D4	D3	D2	D1	D0
DLAB	SB	SP	EPS	PEN	STB	WLS1	WLS0
除数寄存器访问允许	中止设定	附加奇偶标志位选择	奇偶校验选择	奇偶校验允许	停止位选择	字符长度选择	
1:允许 0:禁止	1:中止 0:正常	1:附加一位 0:不附加	11:偶校验 01:奇校验 X0:无校验		0:1 位停止位 1:1.5 或2 位停止位根据D1D0 区分	00:5 位 01:6 位 10:7 位 11:8 位	

（2）线路状态寄存器（LSR），主要是向处理器提供有关数据传输状态（见表4-3）。

表4-3　LSR格式

D7	D6	D5	D4	D3	D2	D1	D0
	TSRE	THRE	BI	FE	PE	OE	DR
FIFO中接收数据错误	发送移位寄存器空	发送保持寄存器空	中止识别指示	接收格式错	接收奇偶错	接收重叠错	接收缓冲区满

（3）波特率除数寄存器，用该寄存器设置串行数据的传送波特率。除数寄存器值=基准时钟频率÷（16×波特率）。实验仪16C550芯片输入的基准时钟频率为3.6864MHz，若波特率为9600b/s，则除数寄存器为0018H，DLH中应填00H，DLL中应填18H。PC机16C550芯片输入的基准时钟频率为1.8432MHz，若波特率为9600b/s，则除数寄存器为000CH，DLH中应填00H，DLL中应填0CH。

（4）中断允许寄存器（IER），16C550共有4级中断，按优先级从高到低依次为：接收中断出错、接收缓冲器满中断、发送保持寄存器空中断和MODE输入状态改变中断。这些中断的允许或屏蔽由IER来控制（见表4-4）。

表4-4　IER格式

D7	D6	D5	D4	D3	D2	D1	D0
0	0	0	0	I_0E	I_3E	I_1E	I_2E
				类型0 中断 MODE 状态改变 1=允许 0=屏蔽	类型3 中断 接收出错 1=允许 0=屏蔽	类型1 中断 发送保持器空 1=允许 0=屏蔽	类型2 中断 接收缓冲器满 1=允许 0=屏蔽

（5）中断识别寄存器（IIR），当16C550处于中断处理方式，IIR指出有无待处理的中断发生及其类型，并且封锁比此类优先级低的所有类型中断（见表4-5）。

表4-5　IIR格式

D7	D6	D5	D4	D3	D2	D1	D0
FIFO 指示标志		0	0	超时中断	中断类型标识		未决中断指示
00=无FIFO 01=允许FIFO，但不可用 11=允许FIFO				0=不超时 1=超时	11=接收出错 10=接收缓冲器满 01=发送保持器空 00=MODE 状态改变		0=有 1=无

(6)MODEM 控制器(MCR),MCR控制芯片的4个引脚的输出和芯片的环路检测(见表4-6)。

表4-6　MCR格式

D7	D6	D5	D4	D3	D2	D1	D0
0	0	0	环路检测	输出2	输出1	请求发送	数据终端就绪
			0:正常收发 1:内部自循环	1:引脚OUT2置0	1:引脚OUT1置0	1:引脚RTS置0	1:引脚DTR置0

(7)MODEM状态寄存器(MSR),MSR反映UART与通信设备(如MODEM)之间联络信号的当前状态以及这些信号的变化情况(见表4-7)。

表4-7　MSR格式

D7	D6	D5	D4	D3	D2	D1	D0
RLSD	RI	DSR	CTS	△RLSD	TERI	△DSR	△CTS
收到"接收线载波检测"	收到"振铃指示"	收到"数传机就绪"	收到"清除发送"	RLSD位发生改变	收到"振铃指示后沿"	DSR位发生变化	CTS位发生变化

说明:

D7=1 表示输入引脚RLSD=0,MODEM 收到来自电话线的载波信号。

D6=1 表示输入引脚RI=0,MODEM 收到振铃信号。

D5=1 表示输入引脚DSR=0,MODEM 做好了发送准备,请16C550准备接收。

D4=1 表示输入引脚CTS=0,MODEM 做好了接收准备,16C550可以发送数据。

D3,D1,D0 位为"1"是说明在上次读取MSR之后,MSR的D7,D5,D4 中相应的位发生了变化。

D2位为"1"是说明输入芯片的RI已由逻辑"1"变成逻辑"0"。

(8)FIFO控制寄存器(FCR),16C550增加了一个FIFO缓冲器,用于缓冲正在发出或接收的数据,这是早期的UART器件所没有的(见表4-8)。

表4-8　FCR格式

D7	D6	D5	D4	D3	D2	D1	D0
接收端中断触发器水平(MSB)	接收端中断触发器水平(LSB)	不用	保留	DMA方式	清除发送FIFO缓冲器	清除接收FIFO缓冲器	允许FIFO缓冲器工作

2.PC机COM1

16C550与PC机串口通信实验,用电缆线将PC机COM1与16C550连接起来,分别对两个串口进行设置,实现数据通信。PC机中集成的串口控制器完全与16C550兼容,其寄存器设置方式与前面所述的完全一致。PC机COM1的端口地址如表4-9所示。

表4-9　PC机COM1端口地址分配表

端口地址	DLAB	相应寄存器
03F8	0	接收数据寄存器(读),发送数据寄存器(写)
03F8	1	波特率除数寄存器(低字节)
03F9	0	中断允许寄存器
03F9	1	波特率除数寄存器(高字节)
03FA	X	中断识别寄存器
03FB	X	线路控制寄存器(位7即为DLAB)
03FC	X	MODEM控制器
03FD	X	线路状态寄存器
03FE	X	MODEM状态寄存器

本实验由16C550发送一串字符,PC机串口COM1接收并在屏幕上显示。

3.实验原理图(图4-1)

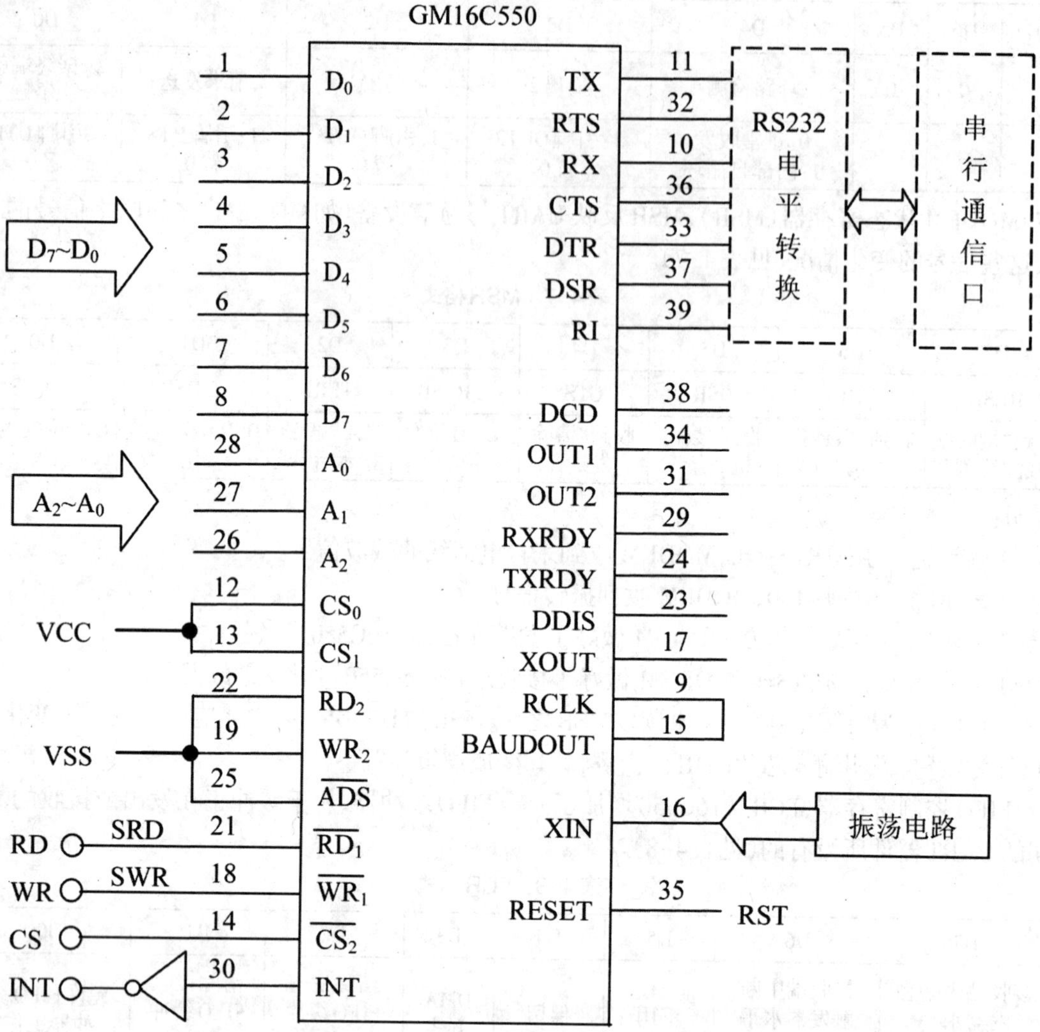

图4-1 可编程串行接口芯片16C550

三、实验设备和器件

1.可编程串行接口芯片16C550

2.PC机(带有Windows串口调试助手程序)

3.一端为母口,另一端为公口的DB9串行通信线路

四、实验内容及步骤

1.实验连线(图4-2)。

16C550模块的WR、RD分别连到ISA总线接口模块的IOWR、IORD;

16C550模块的数据($AD_0 \sim AD_7$)、地址线($A_0 \sim A_7$)分别连到ISA总线接口模块的数据($LD_0 \sim LD_7$)、地址线($LA_0 \sim LA_7$);

16C550模块选通线CS连到ISA总线接口模块的0000H;

用电缆把16C550模块与PC机COM1相连。

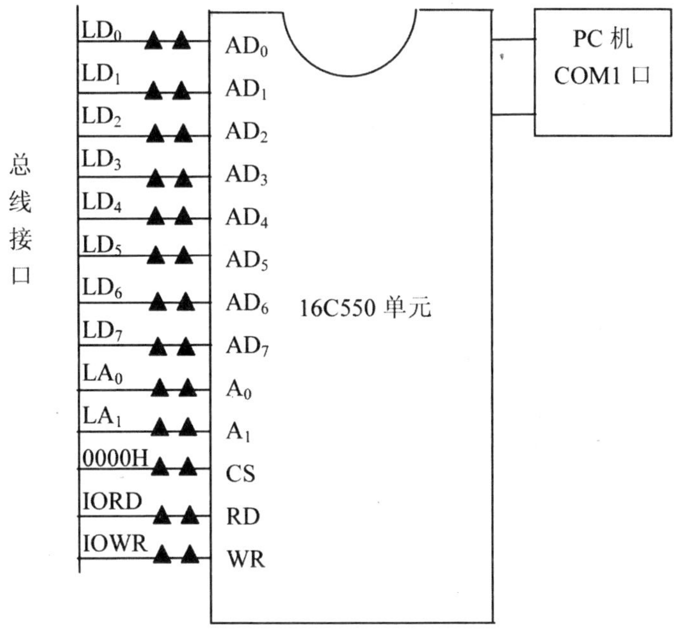

图4-2　与 PC 机通信基础实验

2.编写程序,实现与PC机的串行通信功能(其流程图如图4-3所示)。

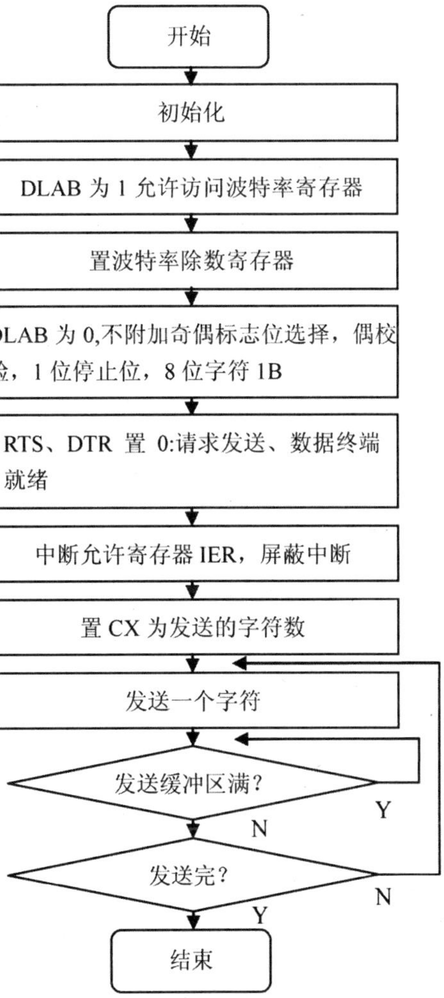

图4-3　串行接口实验程序流程图

3.在PC端启动串口调试助手,设置格式和波特率,并在实验仪器上运行程序,在PC端观察屏幕显示的数据。

五、实验要求

1.由实验仪器发送一串字符,PC机串口COM1接收并在屏幕上显示。

2.绘出实验内容的详细线路图,编写汇编程序,运行并记录、整理实验结果,书写实验报告。

3.思考题。

(1)16C550串行通信的速率分布在什么范围?与并行通信相比,有何特点?

(2)可以通过PC机发送字符,利用16C550芯片接收字符码?如何实现?

(3)可否利用串行通信线路连接两台PC机,实现双向通信?如何实现?

(4)比较下16C550与8255有何不同。

实验五　可编程中断控制器8259A实验

一、实验目的

1.学习8259 A中断控制器的结构及其工作原理。

2.掌握8259A的工作方式及初始化。

3.学习8259可编程控制器的应用编程。

4.掌握使用PC机内8259的方法。

5.掌握修改中断向量的方法。

二、实验原理

中断控制是微机系统的主要管理方式之一，也是处理器与外设之间通信的最有效方法之一。它可以减少系统为反复查询外部设备状态而消耗的时间，提高了系统的整体运行效率。在现代32位微机系统中，系统的中断有两类：软件中断和硬件中断 。硬件中断可以实现微机系统对外设的管理，由8259A中断控制器完成。

1.8259A

中断控制器8259A是Intel公司专为控制优先级中断而设计开发的芯片。它将中断源优先级排队、辨别中断源以及提供中断矢量的电路集于一片中，因此无需附加任何电路，只需对8259A进行编程，就可以管理8级中断，并选择优先模式和中断请求方式，即中断结构可以由用户编程来设定。同时，在无需增加其他电路的情况下，通过多片8259A的级连，能构成多达64级的矢量中断系统。它的管理功能包括：①记录各级中断源请求，②判别优先级，确定是否响应和响应哪一级中断，③响应中断时，向CPU传送中断类型号。8259A的内部结构和引脚如图5-1所示。

D7～D0(bidirectional data BUS)：双向、三态数据线，与CPU系统总线连接。

$\overline{RD}$：读信号，输入，低电平有效。当有效时CPU对8259A进行读操作。

$\overline{WR}$：写信号，输入，低电平有效。当有效时CPU对8259A进行写操作。

A0：端口地址选择信号，输入，由8259A片内译码，选择内部寄存器。

CS：片选信号，输入，低电平有效。当有效时8259A被选中。

$\overline{SP/EN}$：双向信号线，用于从片选择或作为总线驱动器的控制信号。当8259A工作于非缓冲方式时，作为输入信号线，用于从片选择。级联中的从片接低电平，主片接高电平。当8259A工作于缓冲方式时，作为输出信号线，用做8259A与系统总线驱动器的控制信号。

INT：中断请求信号，与CPU的中断请求信号相连。

$\overline{INTA}$：中断响应信号，与CPU的中断应答信号相连。

CAS2～CAS0(cascade lines)：级联信号线，作为主片与从片的连接线，主片为输出，从片为输入，主片通过CAS2～CAS0的编码选择和管理从片。

IR7～IR0(interrupt requests)：中断请求输入信号，由外设输入。

VCC：+5V电源输入信号。

GND：接地。

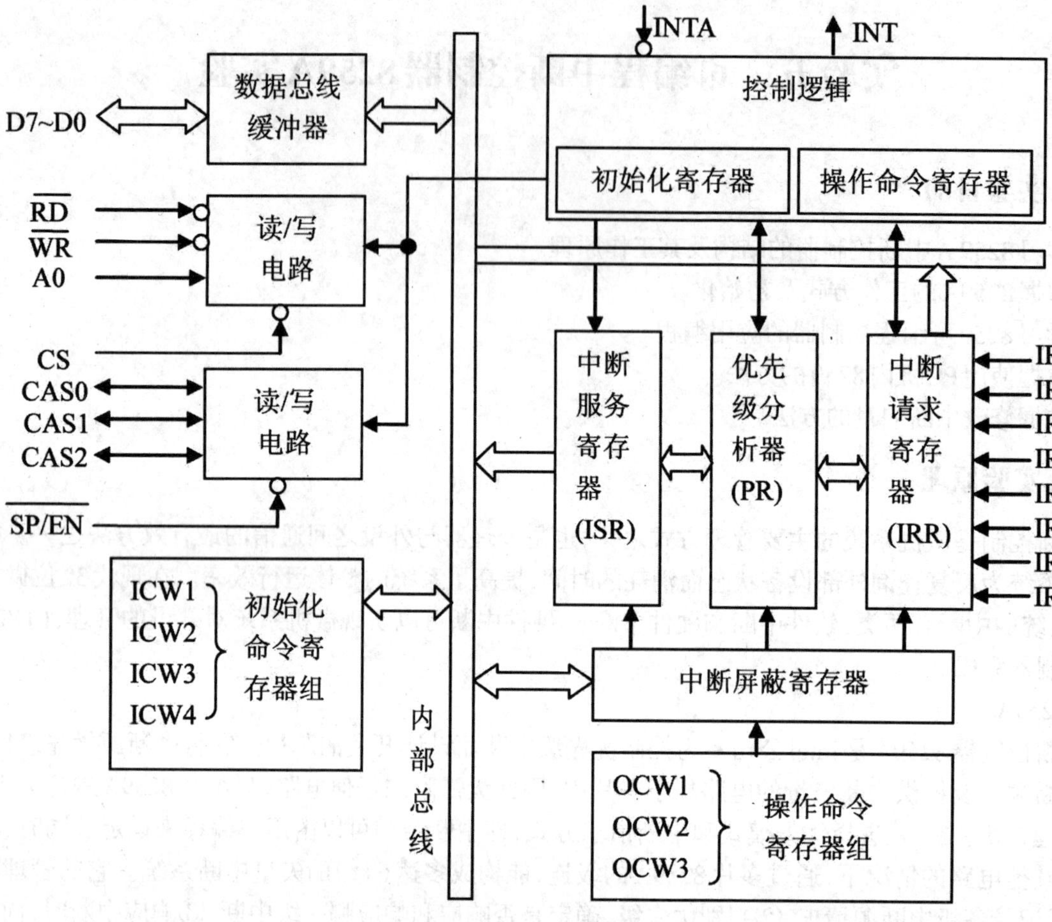

（a）内部结构图

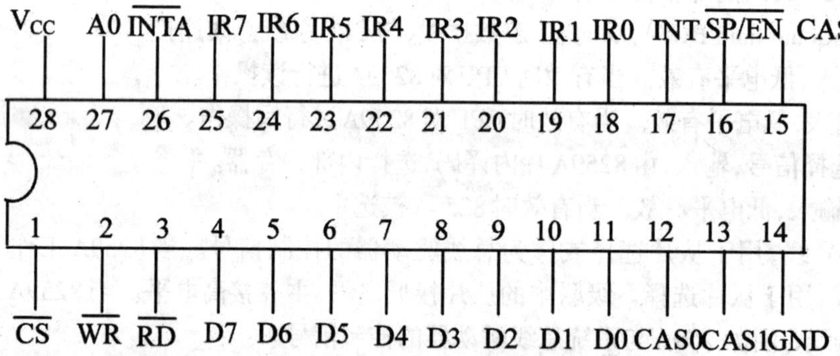

（b）引脚图

图5-1 可编程中断控制器8259A

2.PC微机系统中8259A的应用

在现代PC微机系统中，包含了两片8259A中断控制器，经级联可以管理16级硬件中断，其中部分中断源已经被系统硬件占用，具体使用情况如表5-1示。两片8259A的端口地址为：主片在020H~03FH，实际使用020H和021H两个端口；从片在0A0H~0BFH范围，实际使用0A0H和0A1H两个端口。

3.中断向量表

80x86微机系统中能处理256个中断向量，其类型号为00H~0FFH，但其中断处理方式及过程应根据CPU的工作模式加以区分。在保护模式下，系统中有一张中断描述符表，记录所有中断/异常处理程序的入口。在实模式下微机系统采用矢量中断，无论是内部中断还是外部中断均对应一个相应的中断向量码，每个中断向量占用4字节，分别存放中断服务程序的IP和CS。存放256个中断向量需要占用1k字节的空间，该区域称为中断向量表，被放置于内存从0开始的1k字节区域中。

表5-1　PC微机系统中的硬件中断

中断源	功能	中断向量号	中断源	功能	中断向量号
主8259A IRQ0	定时中断	08H	从8259A IRQ8	实时钟	70H
主8259A IRQ1	键盘中断	09H	从8259A IRQ9	保留	71H
主8259A IRQ2	接从8259A	0AH	从8259A IRQ10	保留	72H
主8259A IRQ3	COM2	0BH	从8259A IRQ11	保留	73H
主8259A IRQ4	COM1	0CH	从8259A IRQ12	保留	74H
主8259A IRQ5	硬盘/并口2中断	0DH	从8259A IRQ13	写处理中断	75H
主8259A IRQ6	软盘	0EH	从8259A IRQ14	硬盘控制器	76H
主8259A IRQ7	打印机	0FH	从8259A IRQ15	保留	77H

对于微机系统没有使用的中断向量,可以作为软中断被用户使用。使用前,只需要将软中断处理程序入口填入对应中断矢量即可。而微机系统已经占用的中断向量可以根据需要修改其中断矢量。填写或修改中断矢量的方法为:

MOV [中断矢量*4],IP地址　　MOV [中断矢量*4+2],CS地址

4.键盘中断

PC微机中使用的是编码键盘,在键盘内部有一片单片机对整个键盘上的字符键、功能键、控制键和组合键进行管理,当键盘上键入一个键时,键盘上的处理器首先向微机产生硬件中断请求(IRQ1),然后将该键的扫描码传送给主机,而PC主机在IRQ1中断的作用下,调用INT 09H硬件中断读入键盘的扫描码,并转换成ASCII码,存入键盘缓冲区。本实验中的键盘中断处理程序,必须对键盘控制器完成键盘复位。复位键盘控制器只需要端口61H的内容读出,将最高位置1,再写入该端口。另外,按键按下和抬起均会引起中断,所以实际中断响应次数等于按键次数乘以2。

三、实验设备和器件

PC机

四、实验内容及步骤

1.画出实验流程图(如图5-2)。

2.按实验内容要求编写实验程序。

3.编译连接实验程序 。

4.运行程序,按键盘若干次,观察实验现象。

五、实验要求

1.编写一按键中断处理程序,计算按键中断次数,当按键中断产生10次后,显示按键次数并结束应用。

2.绘出实验内容的详细线路图,运行并记录、整理实验结果,书写实验报告。

3.思考题。

(1)需要对系统8259A初始化吗?

(2)在中断处理程序中,最后一条指令IRET前一般要有什么指令?

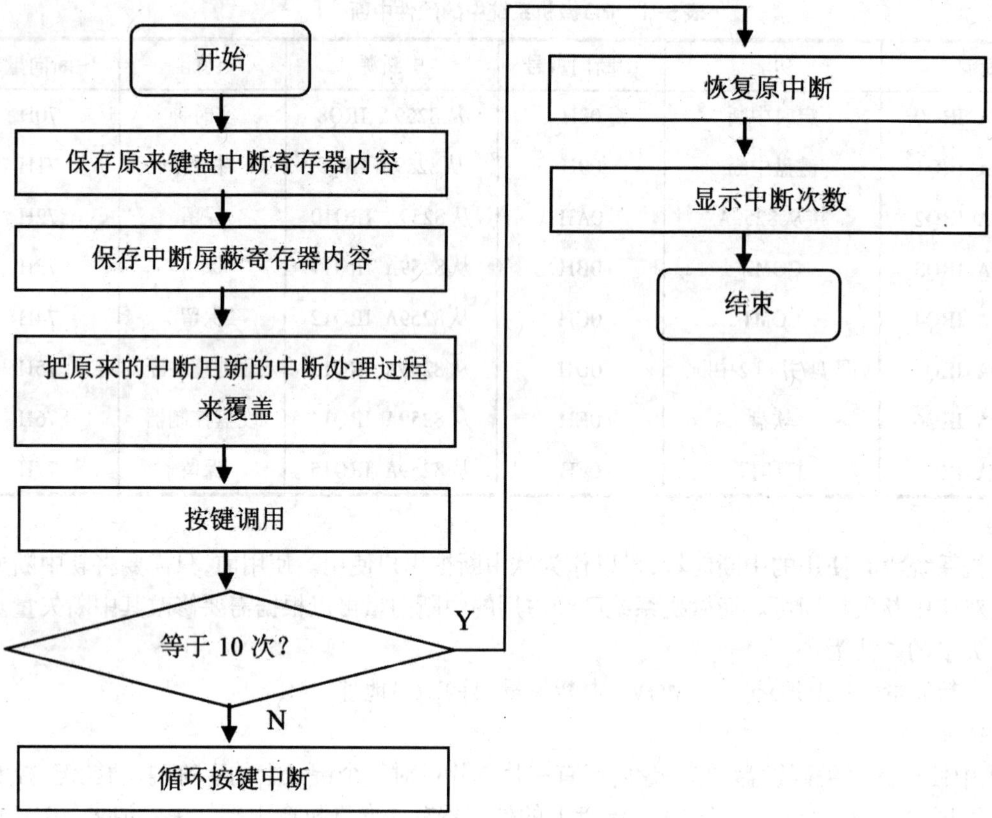

图5-2 按键中断程序流程图

实验六　A/D 转换实验

一、实验目的

掌握ADC0809A/D 转换芯片的硬件电路和软件编程。

二、实验原理

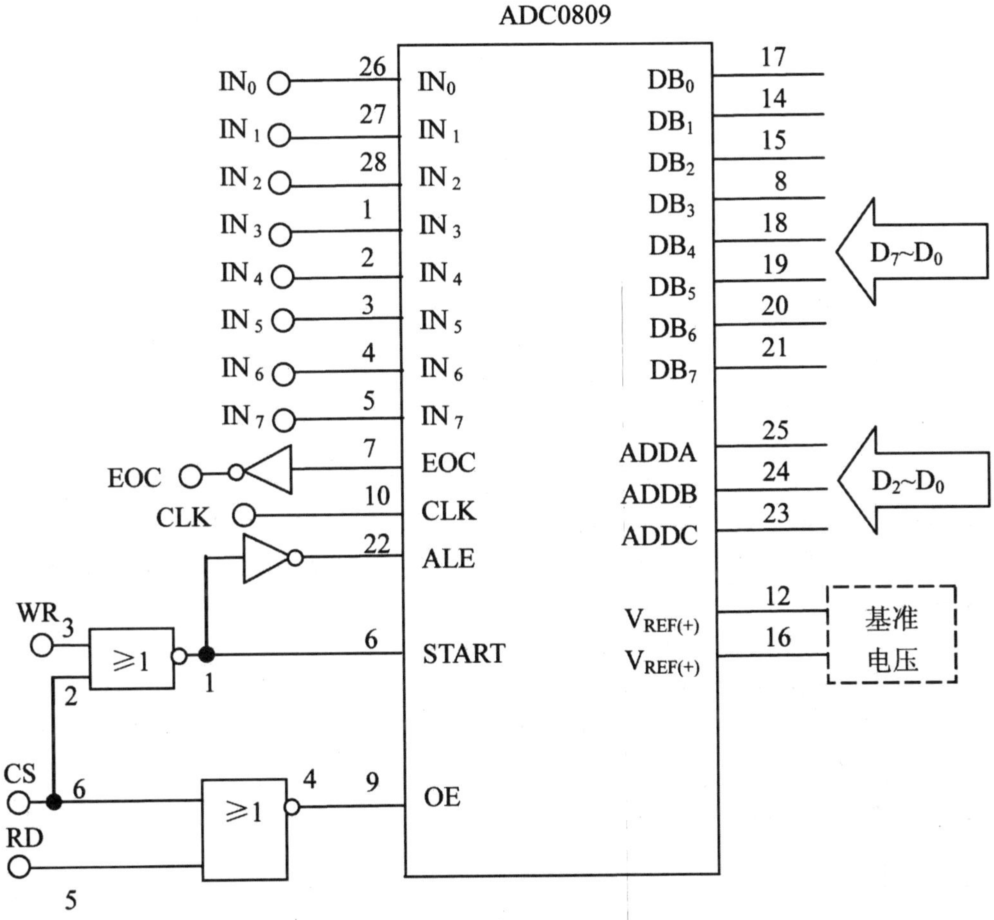

图6-1　ADC0809 电路原理

ADC0809是CMOS的8位模/数转换器，采用逐次逼近原理进行A/D转换，芯片内有模拟多路转换开关和A/D转换两大部分，可对8路0～5V的输入模拟电压信号分时进行转换。模拟多路开关由8路模拟开关和3位地址锁存译码器组成，可选通8路模拟输入中的任何一路，地址锁存信号ALE将3位地址信号ADDA、ADDB、ADDC进行锁存，然后由译码电路选通其中的一路，被选中的通道进行A/D转换。A/D转换部分包括比较器、逐次逼近寄存器（SAR）、256R电阻网络、树状电子开关、控制与时序电路等。另外ADC0809输出具有TTL三态锁存缓冲器，可直接连到CPU数据总线上。

在实时控制与实时检测系统中，被控制与被测量的电路往往是几路或几十路，对这些电路的参数进行模/数、数/模转换时，常采用公共的模数、数模转换电路。因此，对各路进行转换是分时进行的。此时，必须轮流切换各被测电路与模数、数模转换电路之间的通道，以实现分时切换的功能。

（1）ADC0809 的主要性能如下。

① 8 位逐次逼近型A/D转换器，所有引脚的逻辑电平与TTL电平兼容。

② 带有锁存功能的8路模拟量转换开关,可对8路0～5V模拟量进行分时切换。

③ 输出具有三态锁存功能。

④ 分辨率:8位,转换时间:100μs。

⑤ 不可调误差:±1LBS,功耗:15mW。

⑥ 工作电压:+5V,参考电压标准值+5V。

⑦片内无时钟,一般需外加640kHz以下且不低于100kHz的时钟信号。

ADC0809转换需要遵循一定的时序,首先输入地址选择信号,在ALE信号作用下,地址信号被锁存,产生译码信号,选中一路模拟量输入。然后输入启动转换控制信号START(不小于100ns),启动A/D转换。转换结束,数据送三态门锁存,同时发出EOC信号,在允许输出信号控制下,再将转换结果输出到外部数据总线。

(2)实验原理图如图6-1所示。

三、实验设备和器件

1.ADC0809芯片

2.261.14kHz晶振

3.电位器

4.ISA总线接口模块

四、实验内容及步骤

1.实验连线(如图6-2)。

信号源模块短路262.14kHz,CLK0连到AD0809模块的时钟输入端ADCLK。

AD0809模块的ADWR、ADRD分别连到ISA总线接口模块的IOWR、IORD。

AD0809模块的数据(AD_0～AD_7)、地址线(A_0～A_7)分别连到ISA总线接口模块的数据(LD_0～LD_7)、地址线(LA_0～LA_7)。

AD0809模块选通线ADCS连到ISA总线接口模块的0020H。

AD0809模块IN_0接到电位器的DCOUT。

2.按实验内容要求编写实验程序(其程序流程图如图6-3所示)。

3.编译连接实验程序。

4.运行实验,观察实验现象。

五、实验要求

1.利用ADC0809做A/D转换实验,将模拟信号转换成数字信号并在屏幕上显示,调节电位器观察屏幕上显示的变化。

2.绘出实验内容的详细线路图,运行并记录、整理实验结果,书写实验报告。

3.思考题。

(1)如果不动电位器,采集到的数值是否恒定?为什么?

(2)A/D转换器可以应用在哪些领域?

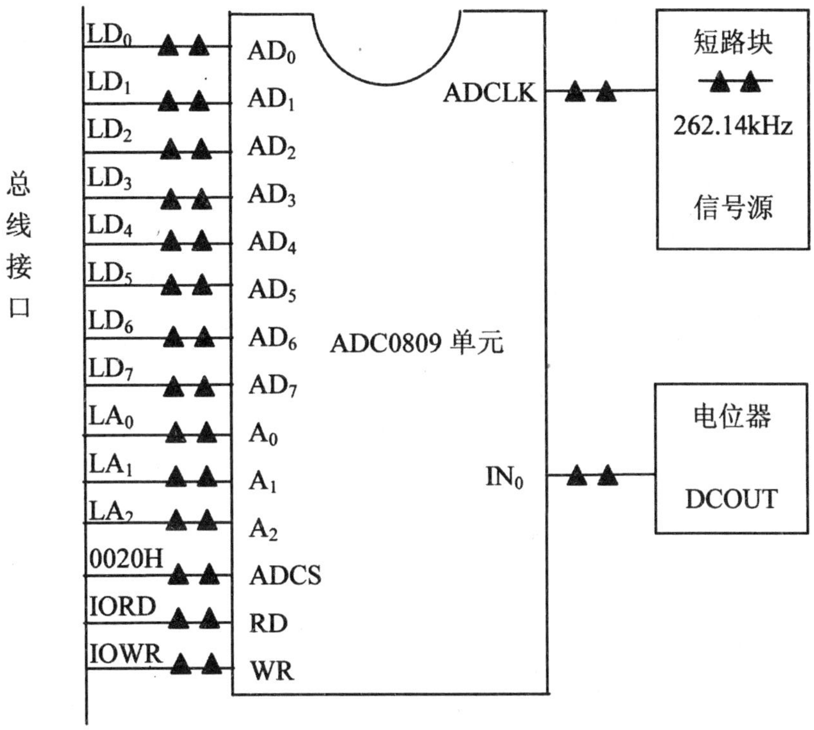

图6-2　A/D 转换实验连线图

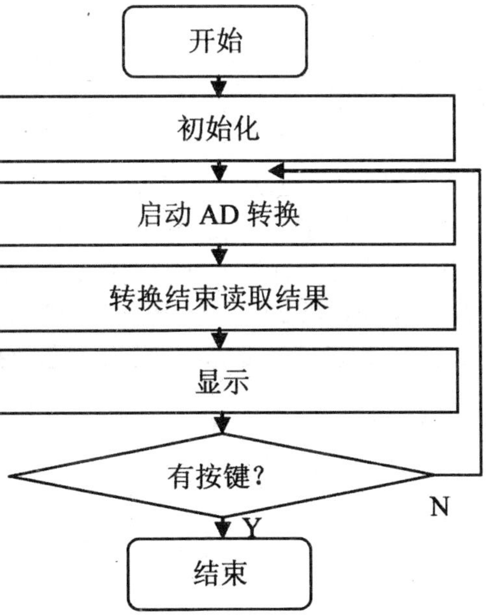

图6-3　A/D 转换实验程序流程图

实验七 D/A 转换实验

一、实验目的

了解DAC0832转换芯片的硬件电路和软件编程。

二、实验原理

1.DAC0832的主要性能

(1)输入的数字量为8位。

(2)采用CMOS工艺,所有引脚的逻辑电平与TTL兼容。

(3)数字量输入可以采用双缓冲、单缓冲和直通方式。

(4)转换时间为1 μs。

(5)线性误差:0.2%FSR。(FSR为满量程)。

(6)分辨率:8位。

(7)单一电源:5V ~ 15V,功耗20mW。

(8)参考电压:+10V ~ -10V。

2.DAC0832 的内部结构

它由一个8位输入寄存器、一个8位DAC寄存器和一个8位D/A转换器三部分组成。在D/A转换器中采用R~2R电阻网络。LE信号为每个输入寄存器的内部控制信号,当LE=1时,接收输入数据;当LE=0时,内部锁存数据。

3.DAC0832的工作方式

双缓冲工作方式:进行两级缓冲。采用双缓冲工作方式,可在对某数据转换的同时,进行下一个数据的采集,以提高速度,更重要的是能够用于需要同时输出多个参数的模拟量系统中,此时对应于每一种参数需要一片DAC0832。双缓冲方式时,CPU必须进行两步操作,第一步把数据写入8位输入寄存器,第二步再把数据从8位输入寄存器写入8位DAC寄存器。

单缓冲工作方式:只进行一级缓冲,可用第一组或第二组控制信号对第一级或第二级缓冲器进行控制。在一组控制信号作用下,输入的数据能一步写入到8位DAC寄存器中。

直通工作方式:不进行缓冲。当DAC0832芯片的CS、WR1、WR2和XFER引脚全部接地,ILE引脚接+5V高电平时,芯片就处于完全直通状态,CPU送来的八位数字量直接送到DAC转换器进行转换。

4.实验原理图(如图7-1)

三、实验设备和器件

1.ADC0832芯片

2.示波器

3.ISA总线接口模块

四、实验内容及步骤

1.实验连线(如图7-2)。

DAC0832模块的DAWR连到ISA总线接口模块的IOWR。

DAC0832模块的数据(AD_0 ~ AD_7)连到ISA总线接口模块的数据(LD_0 ~ LD_7)。

DAC0832模块选通线DACS连到ISA总线接口模块的0000H。

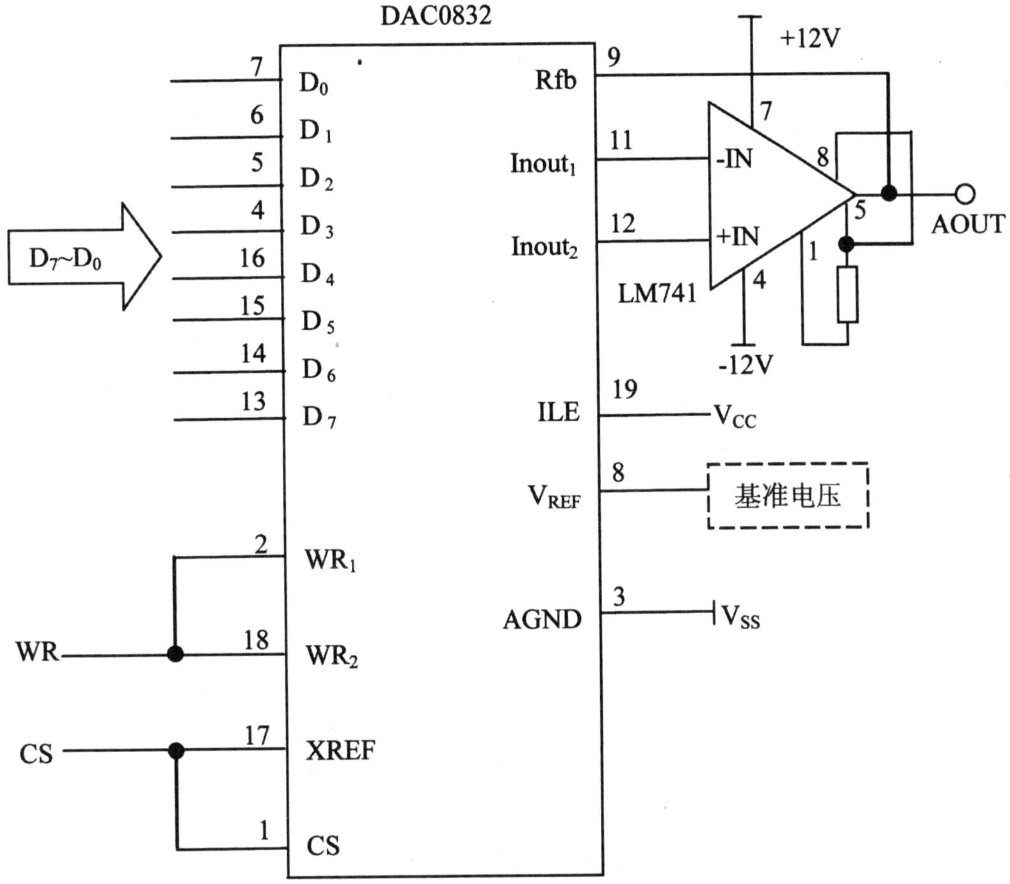

图7-1　ADC0832 电路原理

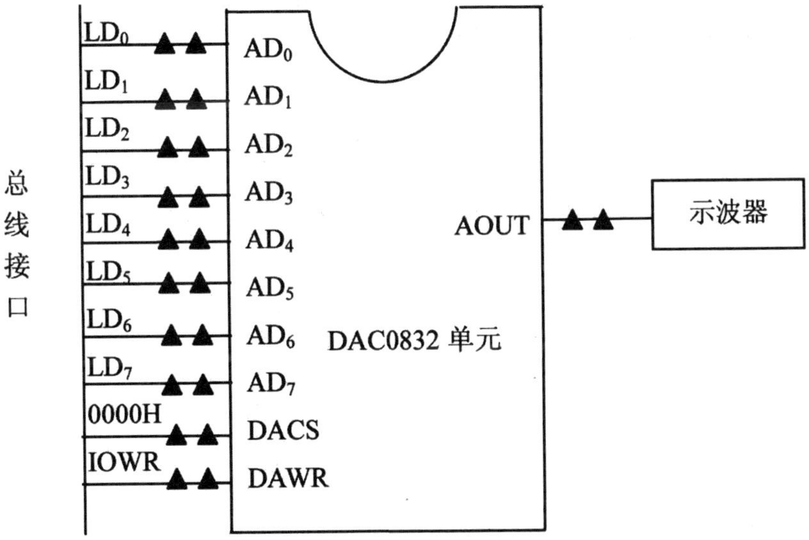

图7-2　D/A 转换实验连线图

2.编写程序,完成实验(图7-3为其程序流程图)。

(1)使D/A转换模块输出阶梯波(AL每次加20H)。

(2)使D/A转换模块输出锯齿波(AL每次加01H)。

(3)使D/A转换模块输出方波(AL每次取反)。

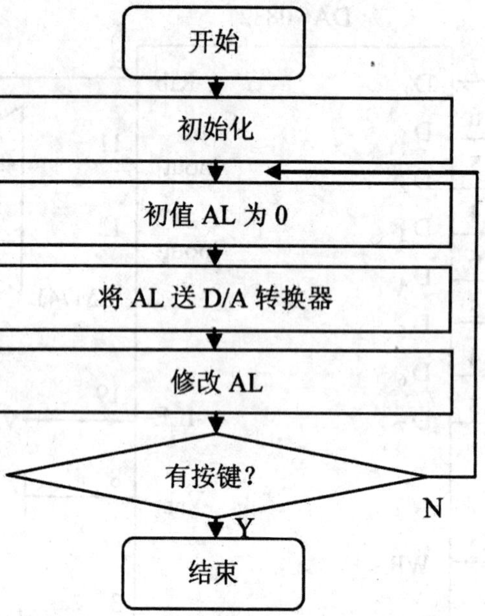

图 7-3　A/D 转换实验程序流程图

3.运行程序,用示波器观察 AOUT 的波形。

五、实验要求

1.利用 DAC0832 做 D/A 转换实验,用示波器观察 AOUT 的波形。
2.绘出实验内容的详细线路图,运行并记录、整理实验结果,书写实验报告。
3.思考题。
(1)调节示波器的扫描速度,可以观察到三角波的边缘是一条直线吗?
(2)D/A 转换器可以应用在哪些领域?

实验八　直流电机驱动实验

一、实验目的

1.了解直流电机的基本控制方法。
2.掌握驱动直流电机程序的编制方法。

二、实验原理

1.直流电机

定义输出或输入为直流电能的旋转电机，称为直流电机，它是能实现直流电能和机械能互相转换的电机。当它作电动机运行时是直流电动机，将电能转换为机械能；作发电机运行时是直流发电机，将机械能转换为电能。

本实验使电机正反转及停止。

由CH0、CH1来控制电机转动方向，由DJ来控制电机的转速。

CH0=0、CH1=1 正转

CH0=1、CH1=0 反转

CH0=0、CH1=0 停止

2.实验原理图（如图8-1）

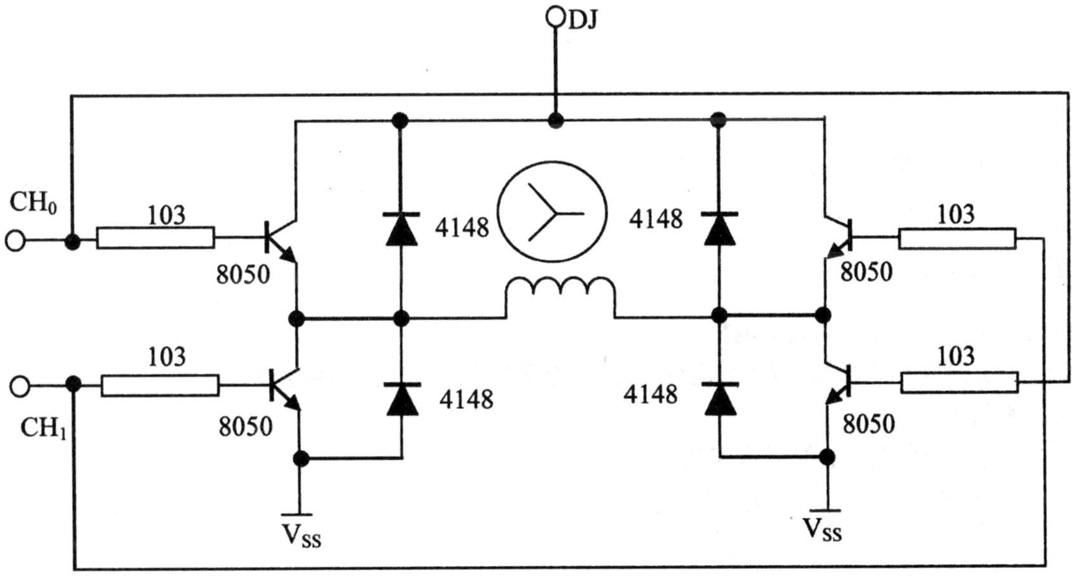

图8-1　直流电机原理图

三、实验设备和器件

1.直流电机
2.8255A芯片
3.ISA总线接口模块

四、实验内容及步骤

1.实验连线。

8255模块的WR、RD连到ISA总线接口模块的IOWR、IORD，8255选通信号CE连到ISA总线接口模块的0000H。

8255模块的数据线$AD_0 \sim AD_7$、地址线$A_0 \sim A_7$分别连到ISA总线接口模块的$LD_0 \sim LD_7$,$LA_0 \sim LA_7$。直流电机的DJ—+5V,CH_0—PC_0,CH_1—PC_1。

2.按实验要求编写实验程序(图8-2为其程序流程图)。

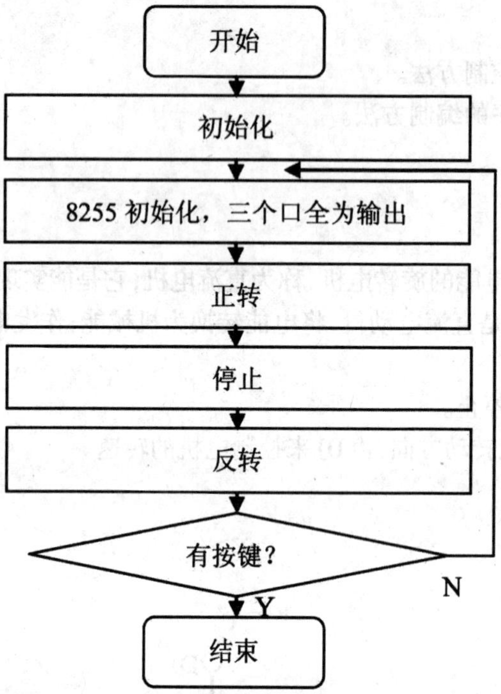

图8-2 直流实验程序流程图

3.编译连接实验程序。

4.运行实验,观察实验现象。

五、实验要求

1.利用8255A芯片驱动直流电机。

2.绘出实验内容的详细线路图,运行并记录、整理实验结果,书写实验报告。

3.思考题。

(1)如何改变直流电机的运行速度?

(2)直流电机可以应用在哪些领域?

实验九　步进电机驱动实验

一、实验目的

1.了解步进电机的基本控制方法。
2.掌握驱动步进电机程序的编制方法。

二、实验原理

1.步进电机

步进电机又称为脉冲电机，是工业过程控制和仪表中一种能够快速转动、反转和制动的执行元件。其原理是将电脉冲转换为相应的角位移或直线位移。步进电机的运转是由电脉冲信号控制的，步进电机的角位移量或线位移量与脉冲数成正比，每给一个脉冲，步进电机就转动一个角度（步距角）或前进/倒退一步。步进电机旋转的角度由输入的电脉冲数确定，所以，也称步进电机为一个数字/角度转换器。

当某一相绕阻通电时，对应的磁极产生磁场，并与转子形成磁路，这时，如果定子和转子的小齿没有对齐，在磁场的作用下，由于磁通具有力图走磁阻最小路径的特点，转子将转动一定的角度，使转子与定子的齿相互对齐，由此可见，错齿是促使电机旋转的原因。

如步进电机每一相均停止通电，则电机处于自由状态；若某一相一直通直流电时，则电机可以保持在固定的位置上，即停在最后一个脉冲控制的角位移的终点位置上，这样，步进电机可以实现停转时转子定位，这就是步进电机的自锁功能。当步进电机处于自锁时，用手旋转它，会感觉很难转动。

四相步进电机以四相单四拍、四相双四拍、四相八拍方式工作时的脉冲分配表如表9-1、表9-2和表9-3所示。

表9-1　四相单四拍脉冲分配表

项目	A	B	C	D
N	1	0	0	0
N+1	0	1	0	0
N+2	0	0	1	0
N+3	0	0	0	1

表9-2　四相双四拍脉冲分配表

项目	A	B	C	D
N	1	1	0	0
N+1	0	1	1	0
N+2	0	0	1	1
N+3	1	0	0	1

表9-3　四相八拍脉冲分配表

项目	A	B	C	D	项目	A	B	C	D
N	1	0	0	0	N+4	0	0	1	0
N+1	1	1	0	0	N+5	0	1	1	0
N+2	0	1	0	0	N+6	0	0	1	1
N+3	0	1	1	0	N+7	1	0	0	1

本实验采用4相8拍方式工作，产生四相八拍脉冲分配表的开关顺序如表9-4所示。

2.步进电机原理图（如图9-1）

三、实验设备和器件

1.步进电机
2.8255A芯片

3.ISA总线接口模块

表9-4 开关顺序表

正转（1→8） 反转（8→1）

节拍	引线			
	HA	HB	HC	HD
1	+	−	−	−
2	+	−	−	+
3	−	−	−	+
4	−	−	+	+
5	−	−	+	−
6	−	+	+	−
7		+	−	−
8	+	+	−	−

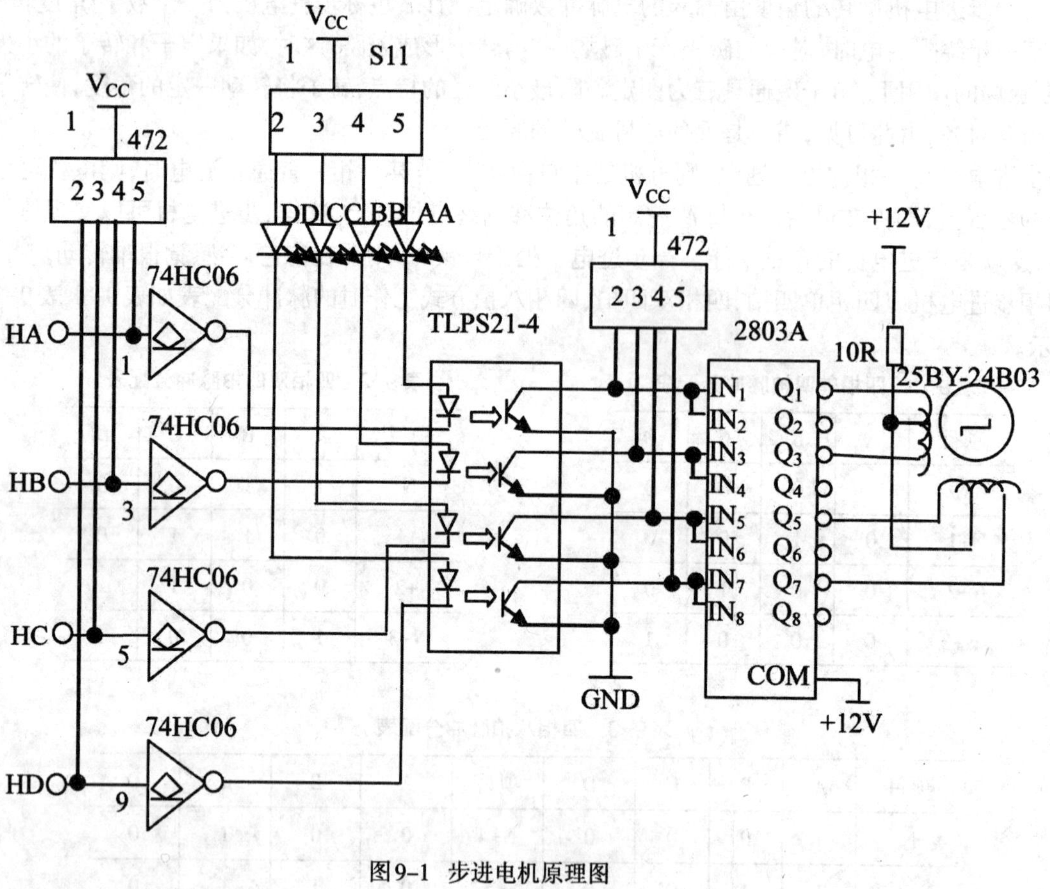

图9-1 步进电机原理图

四、实验内容及步骤

1.实验连线(如图9-2)。

8255模块的WR、RD连到ISA总线接口模块的IOWR、IORD，8255选通信号CE连到ISA总线接口模块的0000H。

8255模块的数据线$AD_0 \sim AD_7$、地址线$A_0 \sim A_7$分别连到ISA总线接口模块的$LD_0 \sim LD_7$，$LA_0 \sim LA_7$。

步进电机的HA—PA_0，HB—PA_1，HC—PA_2，HD—PA_3。

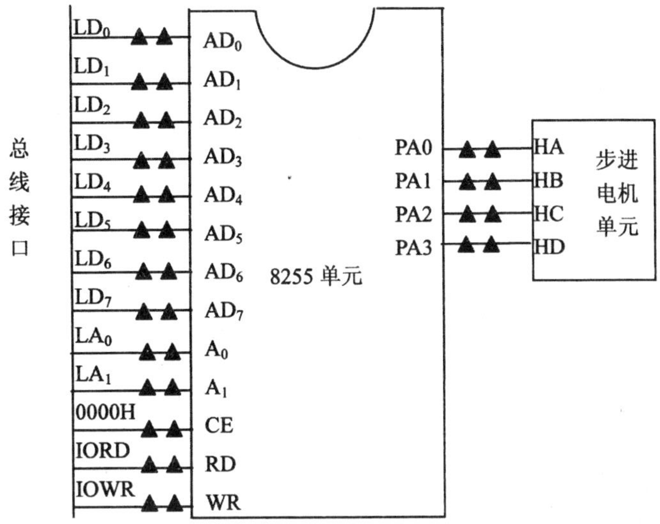

图9-2　步进电机连线图

2.按实验内容要求编写实验程序(其程序流程图如图9-3所示)。
3.编译连接实验程序。
4.运行程序,观察实验现象。

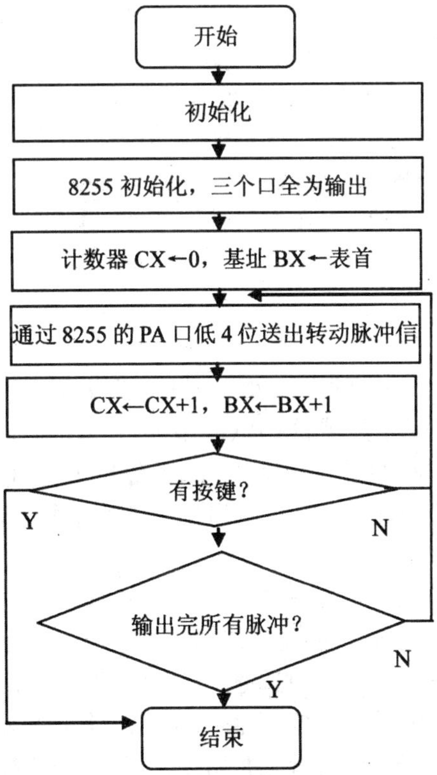

图9-3　直流实验程序流程图

五、实验要求

1.编写程序,产生驱动步进电机运转的脉冲信号,控制步进电机运转。
2.绘出实验内容的详细线路图,运行并记录、整理实验结果,书写实验报告。
3.思考题。
(1)如何改变步进电机的运行速度?
(2)步进电机可以应用在哪些领域?

实验十　键盘显示实验

一、实验目的

1.熟悉并掌握系统中扩展键盘显示接口的方法。

2.掌握键盘显示的工作原理和编程的方法。

二、实验原理

1.键盘接口

一般分为独立式和矩阵式。

独立式按键就是指各按键相互独立、每个按键各接一根输入线，一根输入线上的按键是否按下不会影响其他输入线上的工作状态。因此，通过检测输入线的电平状态可以很容易判断哪个按键被按下了。

独立式按键电路配置灵活，软件结构简单。但每个按键需占用一根输入线，在按键数量较多时，输入口浪费大，电路结构显得很繁杂。故此种键盘适用于按键较少或操作速度较高的场合。若采用此方式，各按键开关均采用上拉电阻，这是为了保证在按键断开时，各IO口接线有确定的高电平。当然如输入口线内部已有上拉电阻，则外电路的上拉电阻可省去。

矩阵式键盘适用于按键数量较多的场合，它由行线和列线组成，按键位于行、列的交叉点上，一个4*4的行、列结构可以构成一个含有16个按键的键盘。很明显，在按键数量较多的场合，矩阵键盘与独立式按键键盘相比，要节省很多的I/O口。矩阵式键盘的行、列线分别接到按键的两端。行线通过上拉电阻接到+5V上。平时无按键时，行、列线处于高电平状态，而当有键按下时，行、列线将导通，因此行线电平状态将由与此行线相连的列线电平决定。按键的识别一般采用扫描法，让所有的列线处于低电平，当有键按下时，按键所在的行电平将被拉成低电平，根据此行电平的变化，便能判定此行有键被按下。为了进一步判定到底哪一列的键被按下，可在某一时刻只让一条列线处于低电平，而其余所有列线处于高电平。

2.八段数码管

有静态和动态两种显示方法。

静态显示方法：当显示器显示某一字符时，相应的发光二极管恒定地导通或截止。这种显示方式的各位相互独立，公共端恒定接地（共阴极）或接+5V（共阳极）。每位的8段（a～dp）分别与一个8位I/O口地址相连，I/O只要有段码输出相应的字符即显示出来，并保持不变，直到I/O输出新的数码。采用静态显示方式，较小的电流就能得到较高的亮度，但占用的口线较多，适合于显示器位数较少的场合，当显示位数较多时一般采用动态显示。

动态显示方法：就是一位一位轮流点亮各位显示器（位扫描）。通常各位显示器的段选码相应并联在一起，由一个8位的I/O口控制。而各位的位选线（共阴或共阳极）分别由相应的I/O口线的不同位控制，分时选通。采用动态扫描即在同一时刻只选通一个显示器，并送出相应的段码，而在下一时刻再选通另一个显示器，并送出相应的段码，如此循环下去，就可以使各位显示出将要显示的字符，虽然这些字符是在不同时刻分别显示的，但由于人眼有视觉暂留现象，只要每位显示间隔足够短，就可以给人同时显示的感觉。

键盘与显示电路如图10-1所示。

三、实验设备和器件

1.键盘与显示电路

2.8255

3.ISA总线接口模块

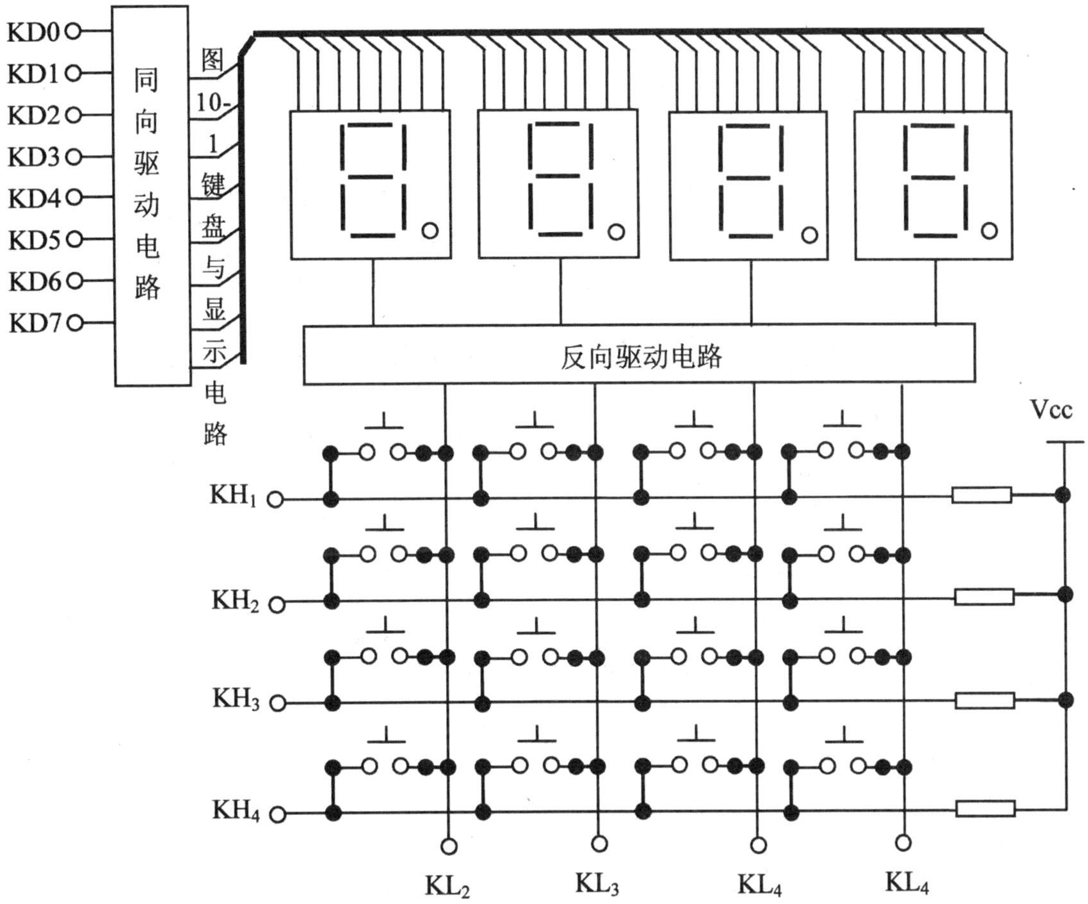

图 10-1　键盘与显示电路

四、实验内容及步骤

1.实验连线。(图 10-2)

8255 模块的 WR、RD 分别连到 ISA 总线接口的 IOWR、IORD。

8255 模块的数据($AD_0 \sim AD_7$)、地址线($A_0 \sim A_7$)分别连到 ISA 总线接口的数据($LD_0 \sim LD_7$)、地址线($LA_0 \sim LA_7$)。

8255 模块选通线 CE 连到 ISA 总线接口模块的 0000H。

8255 的 $PA_0 \sim PA_7$ 连到键盘显示模块的 $KD_0 \sim KD_7$；8255 的 $PB_0 \sim PB_3$ 连到键盘显示模块的 $KL_1 \sim KL_4$；$PC_0 \sim PC_3$ 连到键盘显示模块的 $KH_1 \sim KH_4$。

2.编写实验程序实现由键盘输入相应的数据在 LED 显示。

在初始状态，没键按下时，最高位闪烁显示 P，按一个键在 LED 上显示该键值，再按一个在下一个数码管上显示，长时间按下同一个键值为连续按键，要修改的位不断闪烁(图 10-3 为其程序流程图)。

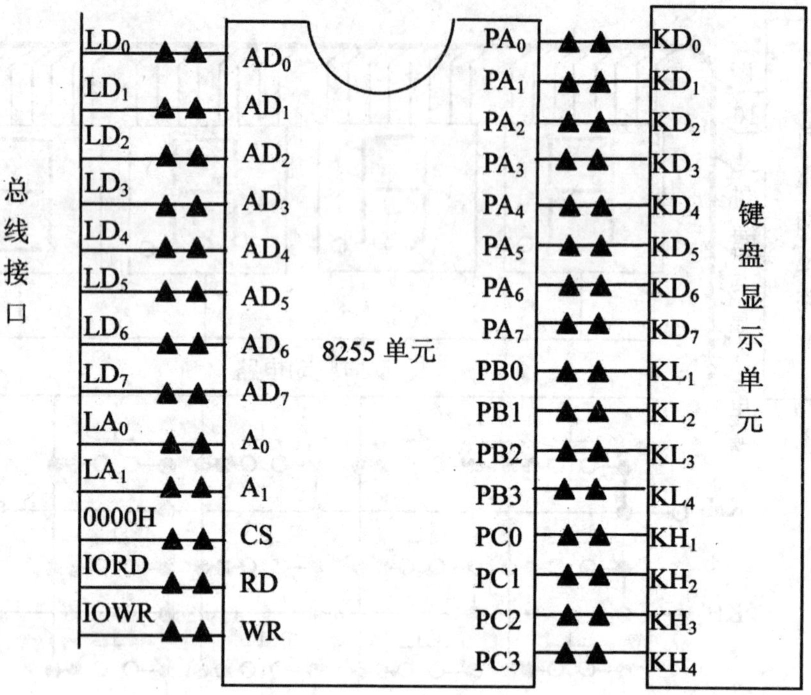

图 10–2　键盘显示实验连线图

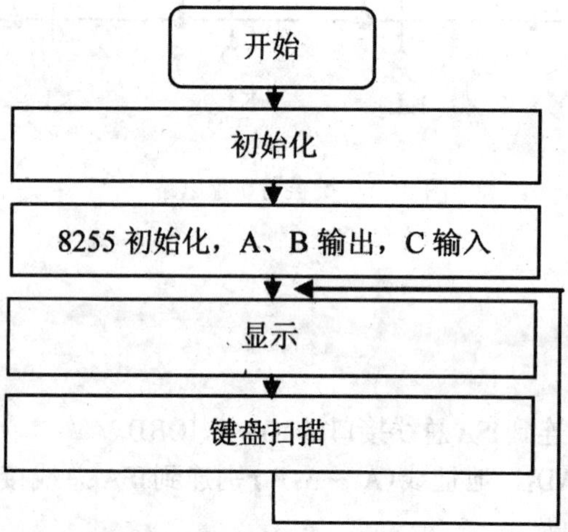

图 10–3　键盘显示实验程序流程图

3.编译连接实验程序。

4.运行实验程序，按动键盘，观察数码管的变化。

五、实验要求

1.编制程序，读取键盘输入信号，并在LED上显示相应结果。

2.绘出实验内容的详细线路图，运行并记录、整理实验结果，书写实验报告。

3.思考题。

(1)LED显示时，如果动态扫描速度较低，会出现什么现象？请通过测试来确定扫描速度。

(2)比较一下16键扫描和通用104键盘扫描有何共同点和不同点。

实验十一　LED和LCD显示实验

一、实验目的

1.了解中文字符的读取，点阵显示器的显示原理。

2.掌握点阵式LCD液晶显示器硬件接口电路，并了解字符的提取及显示原理。

二、实验原理

1.16*16点阵LED

16*16点阵LED是由4个8*8的点阵组成的，其内部每一行8个发光二极管的阴极连在一起，每一列的阳极也连在一起，要使某一点亮，只要使该点所在的行为低电平，所在列为高电平就可以了。列由4-16译码器控制，行由74LS273控制，动态扫描各列，扫描到的列给予对应的码子，循环下去就使各列显示出想要点亮的点，4个LED拼在一起就成一个字符了。

图11-1为其原理图。

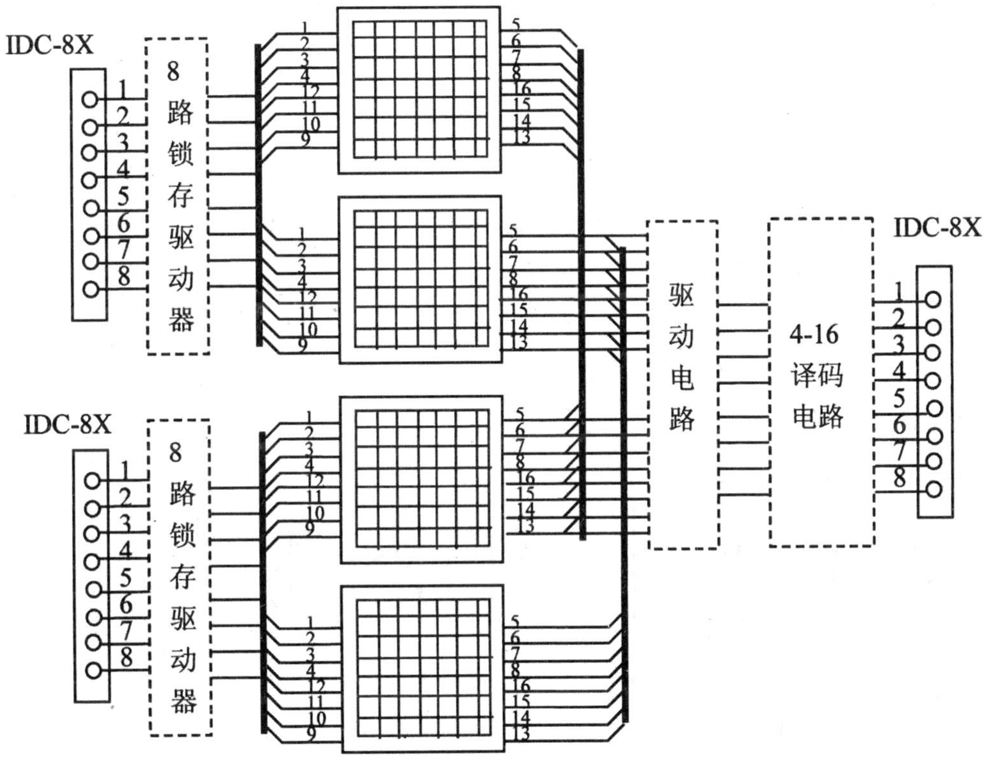

图11-1　16*16点阵LED

2.128*64点阵式LCD

其引脚如表11-1所示。

控制器接口说明：

(1)基本操作时序。

读状态：输入：RS=L，R/W=H，CS1或CS2=H，E=高脉冲；输出：D7-D0=状态字；

写指令：输入：RS=L，R/W=L，D7-D0=指令码，CS1或CS2=H，E=高脉冲；输出：无；

读数据：输入：RS=H，R/W=H，CS1或CS2=H，E=H；输出：D7-D0=数据；

写数据：输入：RS=H，R/W=L，D7-D0=数据，CS1或CS2=H，E=高脉冲；输出：无。

表 11-1　液晶显示器的引脚

编号	符号	引脚说明	编号	符号	引脚说明
1	VSS	电源地	11	DB4	Data I/O
2	VDD	电源正极(+5V)	10	DB5	Data I/O
3	VO	液晶显示偏压输入	13	DB6	Data I/O
4	RS	数据/命令选择端(H/L)	14	DB7	Data I/O
5	R/W	读写控制信号(H/L)	15	CS1	片选IC1信号
6	E	使能信号	16	CS2	片选IC2信号
7	DB0	Data	I/O	17	RST复位端(低电平复位)
8	DB1	Data	I/O	18	VEE负电源输出(-10V)
9	DB2	Data	I/O	19	BLA背光源正极(+4.2V)
10	DB3	Data	I/O	20	BLK背光源负极

(2) 状态字说明:对控制器每次读写操作之前,都必须进行读写检测,确保STA7为0。

D7	D6	D5	D4～D0
STA7	STA6	STA5	STA4～STA0
读写操作使能 1:关闭,0:显示	未用	液晶显示状态 1:禁止,0:允许	未用

(3) RAM地址映射图:LCD显示屏由两片控制器控制,每个内部带有64*64位(510字节)的RAM缓冲区,对应关系如图11-2。

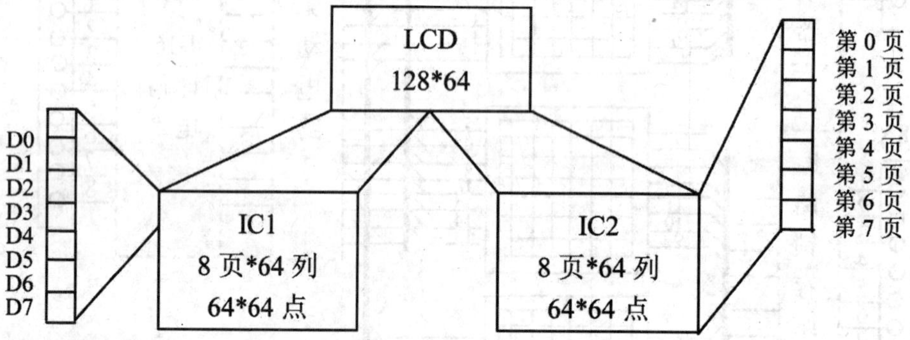

图11-2　LCD控制器

(4) 指令说明。

指令码	功能	指令码	功能
3EH	关显示	B8H+页码(0～7)	设置数据地址页指针
3FH	开显示	40H+列码(0～36)	设置数据地址列指针
C0H	设置显示初始行		

其原理图如图11-3所示。

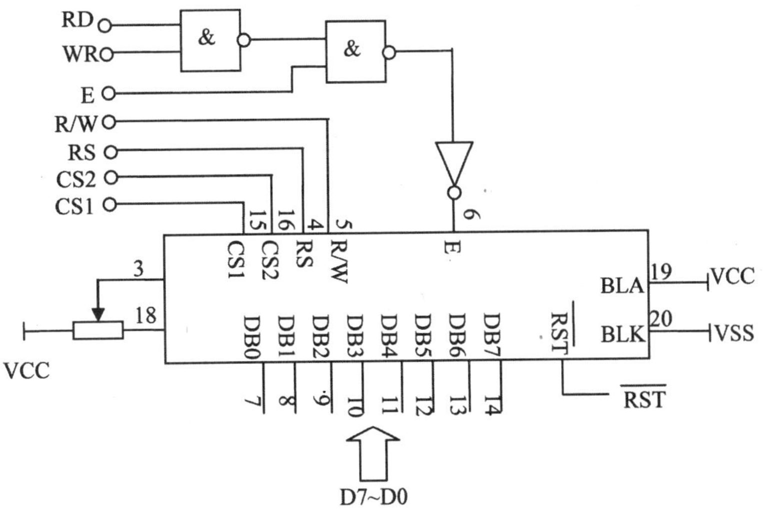

图 11-3　点阵式 LCD 原理图

三、实验设备和器件

1.LED 显示单元
2.LCD 显示单元
3.ISA 总线接口模块
4.LS723 单元

四、实验内容及步骤

1.LED 实验
(1) 实验连线(如图 11-4)。
LS273 模块的 WR、RD 分别连到 ISA 总线接口模块的 IOWR、IORD。
LS273 模块的数据($AD_0 \sim AD_7$)连到 ISA 总线接口模块的数据($LD_0 \sim LD_7$)。
LS273 模块选通线 CE 连到 ISA 总线接口模块的 0000H。
点阵模块选通线 CS_1连到 ISA 总线接口模块的 0020H,CS_2连到 0040H;WR 连到 ISA 模块的 IOWR。
点阵模块数据线($D_0 \sim D_7$、$D_8 \sim D_{15}$)连到 ISA 总线接口模块的数据($LD_0 \sim LD_7$)。
点阵模块八线插座 CZ_3连到 LS273 模块的 $Q_0 \sim Q_3$即 A_0—Q_0,A_1—Q_1,A_2—Q_2,A_3—Q_3。

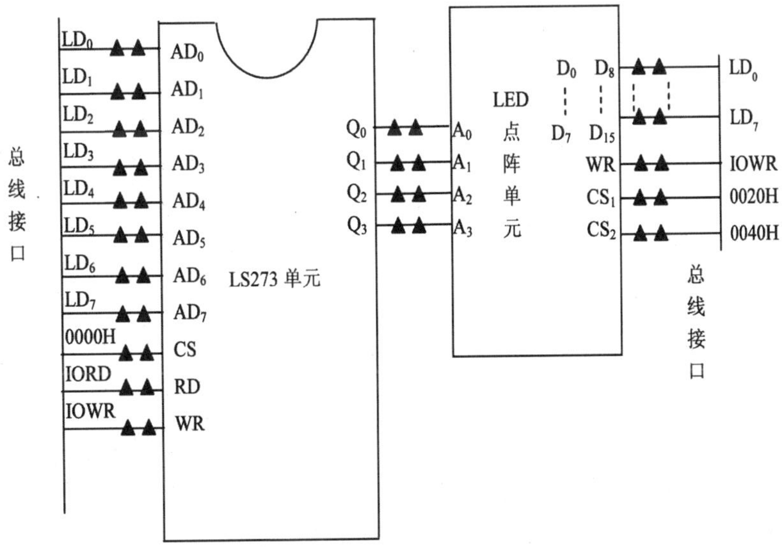

图 11-4　LED 中文字幕移动实验连线

(2)编写程序,使LED滚动显示"安徽师范大学"。

2.LCD实验

(1)实验连线(如图11-5)。

LCD液晶显示模块的SWR、SRD分别连到ISA总线接口模块的IOWR、IORD。

LCD液晶显示模块的数据线($AD_0 \sim AD_7$)连到ISA 总线接口模块的数据线($LD_0 \sim LD_7$)。

LCD 控制信号接ISA总线的地址线,对应如下E—A_6,RW—A_3,CS_1—A_2,CS_2—A_1,RS—A_0。

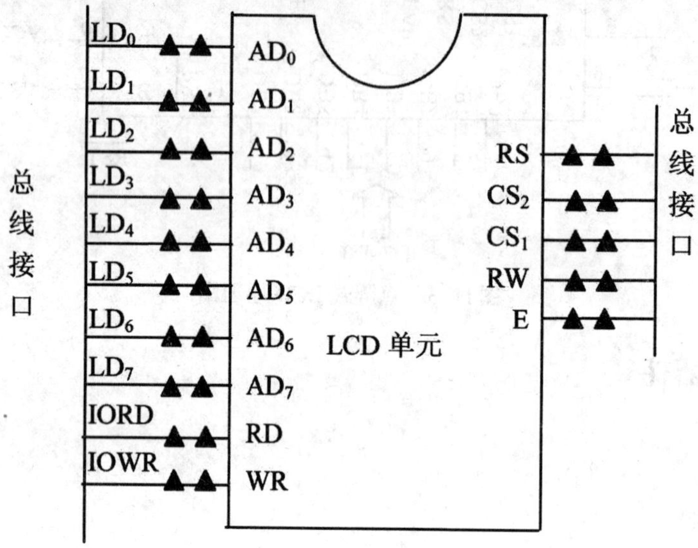

图11-5　LCD中文字幕实验连线

(2)编写程序,使LCD显示"安徽师范大学"。

五、实验要求

1.编制程序,并在LED或LCD上显示相应结果。

2.绘出实验内容的详细线路图,运行并记录、整理实验结果,书写实验报告。

3.思考题。

(1)LED和LCD显示时,有什么区别?

(2)LED和LCD可以应用在哪些领域?

实验十二　IC卡读写实验

一、实验目的

了解IC卡的功能特性及硬件接口电路。

二、实验原理

1.SLE4442 IC卡

SLE4442 IC卡是德国西门子公司设计的逻辑加密存储卡。由于它具有2k位的存储容量和完全独立的可编程代码存储器(PSC),内部电压提升电路保证了芯片能够以单+5V电压供电,较大的存储容量能够满足通常应用领域的各种需要,因此是目前国内应用较多的一种IC卡芯片。

(1)SLE4442特性

- 256*8位的EEPROM的主存储器;
- 32*1位的写保护存储器;
- 2线制通信协议,可按字节寻址;
- 串行接口、触点配置、复位响应符合ISO标准7816-3;
- 擦除和写入的编程时间都为2.5ms;
- 至少可以擦写1000次,数据保持10年以上。

(2)卡功能分区

卡存储器分为主存储器和密码存储器。

主存储器:容量为256个字节,每个字节为8位,主存储器可分为保护区和应用区。地址单元为00~1FH的32个字节是保护区,带位保护功能,一旦实行保护后,被保护的单元不可擦除和改写,保护区中没有设置为保护状态的字节,其使用与应用区完全相同。20H~0FFH为应用区,该区的读写是以字节方式进行的。

表12-1　引脚定义及功能

卡触点	引脚名称	功能
C1	VCC	提供电源
C2	RST	复位
C3	CLK	时钟输入
C4	NC	没连
C5	GND	地
C6	NC	没连
C7	I/O	双向数据线
C8	NC	没连

密码存储器:SLE4442提供了一个4字节的密码存储器,其中0单元的EC是误码计数器,只用了该单元的后三位,其余3个字节存放密码。上电以后,除密码以外,整个存储器都是可读的,如果擦除或改写卡中内容,必须校验密码,只有3个字节密码内容完全相同才可进行。这时才可读出密码内容,如果需要的话还可以改写密码。如果输入的密码不正确,错一次EC为011,再一次不正确,EC为001,三次不正确,EC为000,这时卡片自锁,不能进行读写操作。三次输入只要有一次正确,EC为111。

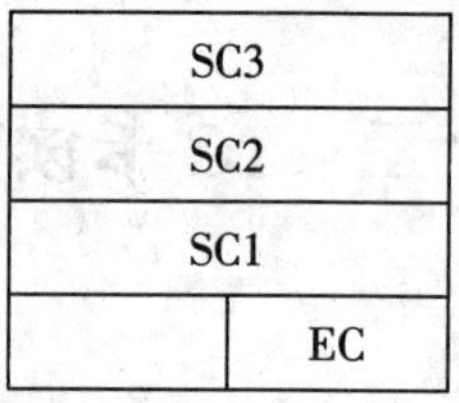

(3)对IC卡的操作:IC卡与接口设备的通信采用I2C总线形式

①复位与应答。

上电以后,随着CLK上的1个时钟脉冲,当RST由高电平到低电平时进行了一次复位操作。在以后的32个时钟脉冲的输入,I/O线上将得到相应32位数据,这是从卡发送到CPU的复位应答标头,由H1、H2、H3、H4四个字节组成。其中H1表示同步传输协议的类型,H2表示协议类型的参数,它们必须符合ISO7816-3标准;H3和H4不在该标准范围之内,SLE4442的标头为A2 14 10 91。在对卡操作前,一般进行复位和复位应答操作,有时要连续进行两次才能得到正确的复位应答信息。

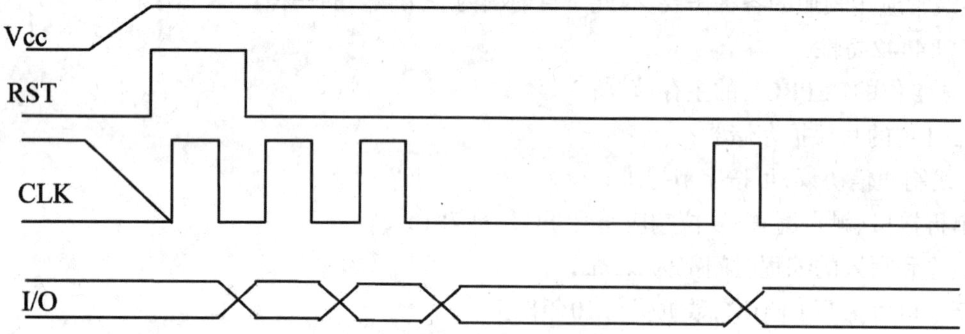

图12-1　IC 时序

表12-2　复位与复位应答

Byte 1	Byte 2	Byte 3	Byte 4
DO7…DO0	DO15…DO8	DO23…DO16	DO31…DO24

②操作命令。

复位应答以后就可以对芯片进行输入操作命令。每个命令必须由三部分组成:一个开始命令,接着三个字节包括命令字、地址和数据,再接着是一个停止命令。

起始位时序:当CLK线在高位时,I/O线由高转至低。

停止位时序:当CLK线在高位时,I/O线由低转至高。

以下为7个命令字:

控制								地址	数据	操作
B7	B6	B5	B4	B3	B2	B1	B0	A0~A7	D0~D7	
0	0	1	1	0	0	0	0	地址	—	读主储存器
0	0	1	1	1	0	0	0	地址	输入数据	写主存储器
0	0	1	1	0	1	0	0	—	—	读保护区
0	0	1	1	1	1	0	0	地址	输入数据	写保护区
0	0	1	1	1	1	0	1	—	—	读密码
0	0	1	1	1	0	0	1	地址	输入数据	写密码
0	0	1	1	0	0	1	1	地址	输入数据	校验密码

③密码存储器操作。

对密码存储器的操作有三个命令:读密码、写密码和校验密码。

校验密码必须严格按图12-3的程序框图进行,任何改变都会导致失败,不仅不能修改密码还可能引起EC位从“1”变为“0”。

④主存储器操作。

对主存储器的操作命令有四个读写应用区、读写保护区。保护区被保护的信息不能改写,伴随着32个时钟脉冲的输入,使用读写保护区的命令可以知道哪些位被保护。

三、实验设备和器件

1.SLE4442 IC卡

2.8255

3.ISA总线接口模块

四、实验内容及步骤

1.实验连线(如图12-2)。

8255模块的WR、RD分别连到ISA总线接口模块的IOWR、IORD。

8255模块的数据($AD_0 \sim AD_7$)、地址线($A_0 \sim A_7$)分别连到ISA总线接口模块的数据($LD_0 \sim LD_7$)、地址线($LA_0 \sim LA_7$)。

8255模块选通线CE连到ISA总线接口模块的0000H。

8255的PC_0连到IC卡的IC-CLK,PC1连到IC卡的IC-RET,PC_4连到IC卡的IC-I/O。

2.编写程序,实现IC卡数据的写入和读出。

卡的初始密码为:FFH,FFH,FFH,校验密码成功后,在应用存储器中写入数据,再读出数据看是否正确。

图12-3为其校验密码流程图。

五、实验要求

1.编制程序,实现IC卡的写入和读出。

2.绘出实验内容的详细线路图,运行并记录、整理实验结果,书写实验报告。

3.思考题。

(1)SLE4442 IC卡有哪些触点?分别传输什么信号?试画图说明。

(2)SLE4442 IC卡可以应用在哪些领域?

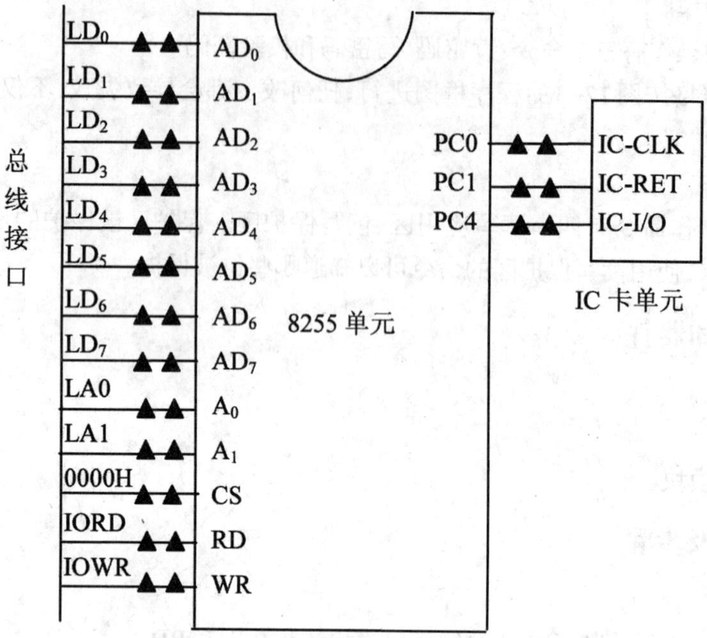

图 12-2　IC 卡实验连线图

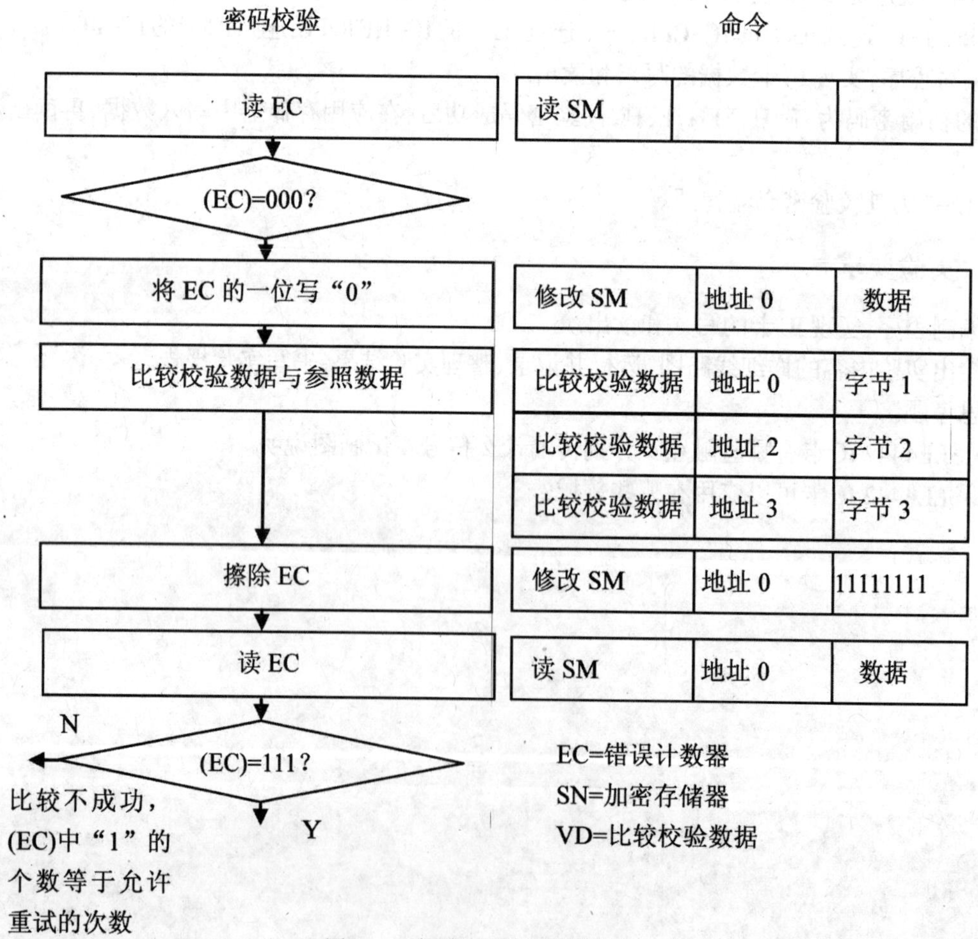

图 12-3　校验密码程序流程图

第三篇　课程设计

设计一　Win32汇编程序设计

一、设计目的

1.在了解Win32汇编语言与DOS汇编语言不同特点的基础上，学习Win32汇编程序的框架结构和编程方法。

2.建立Win32汇编的工作环境，熟悉其使用方法，掌握Win32汇编源程序的基本结构，利用Win32汇编程序编程显示一个简单对话框。

3.利用Win32汇编程序编程显示一个简单对话框并可显示计时值，掌握消息传递机制及定时器的设置与取消方法。

二、设计内容

1.利用Win32汇编程序编程显示一个简单的对话框

编写如图1-1(a)所示的界面：单击“确定”按钮则显示图1-1(b)；在图1-1(b)中单击“×”按钮则显示图1-1(c)所示的界面；在图1-1(c)中单击“否”则重新显示图1-1 (b)；单击“是”则显示图1-1 (d)；在图1-1 (d)中单击“确定”按钮则结束整个程序的运行。

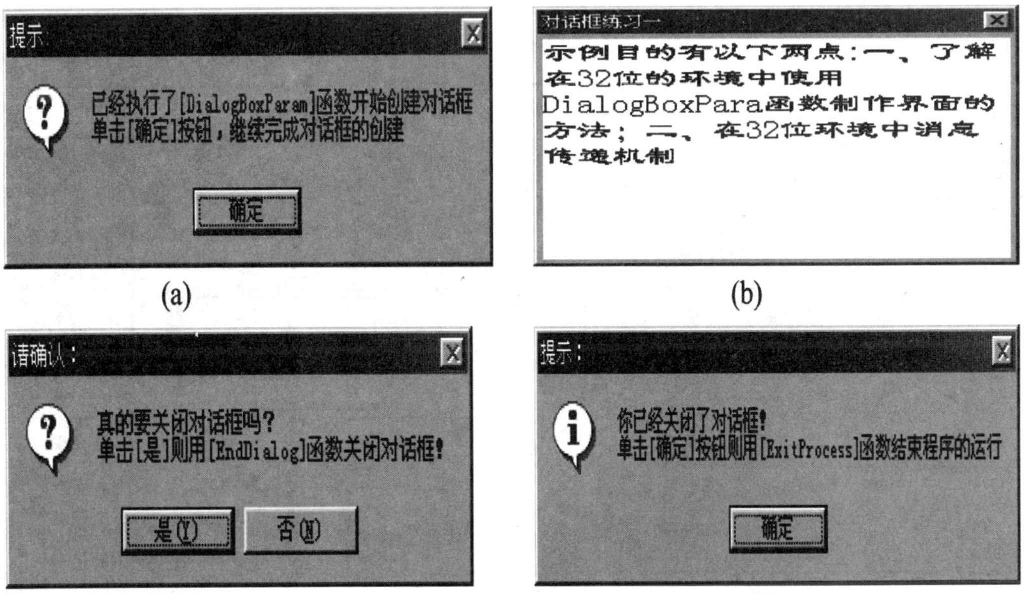

(a)　(b)　(c)　(d)

图1-1　对话框

2.利用Win32汇编程序编程显示一个简单对话框并可显示计时值

编写具有如下功能如图1-2所示的界面：

① 单击“开始计时”按钮，则在“显示时间”按钮上以“时:分:秒”的格式显示时间；

② 单击“暂停计时”按钮，则“显示时间”按钮显示的时间值保持不变；

③ 该程序只能通过单击“退出”按钮结束程序的运行。

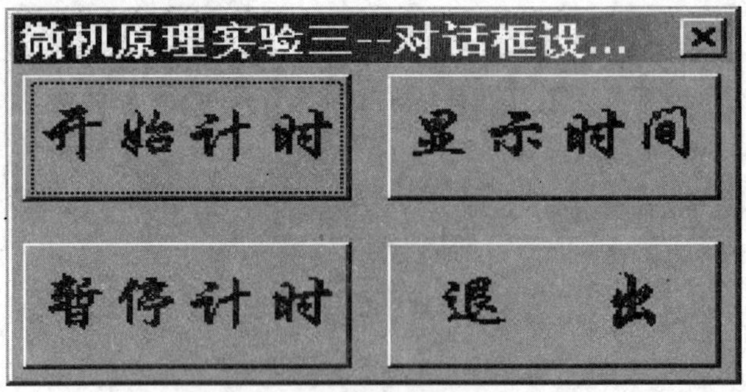

图1-2 计时器

三、设计思路

在DOS下，生成一个可执行文件的步骤比较简单，用编译器将源程序编译为obj文件，再用连接器将obj文件连接成exe文件，不同语言的开发过程都差不多。

Win32可执行文件叫做PE文件。PE文件的基本结构和DOS可执行文件有很大的不同。它把程序中的不同部分分成各种节区(Section)，其中可以有一个节区是放置各种资源的，如菜单、对话框、位图、光标、图标和声音等。虽然可以把资源部分理解成类似DOS可执行文件中的“覆盖”部分，但由于资源是Win32可执行文件的标准组成部分，而且是非常重要的组成部分，它的格式是固定的。所以与DOS软件的开发过程相比，Win32软件的开发中多了一个创建资源文件的步骤。

以使用MASM32软件包为例，在用Win32汇编开发软件的流程中，程序员要做的工作分创建代码和创建资源两部分，如图1-3所示。

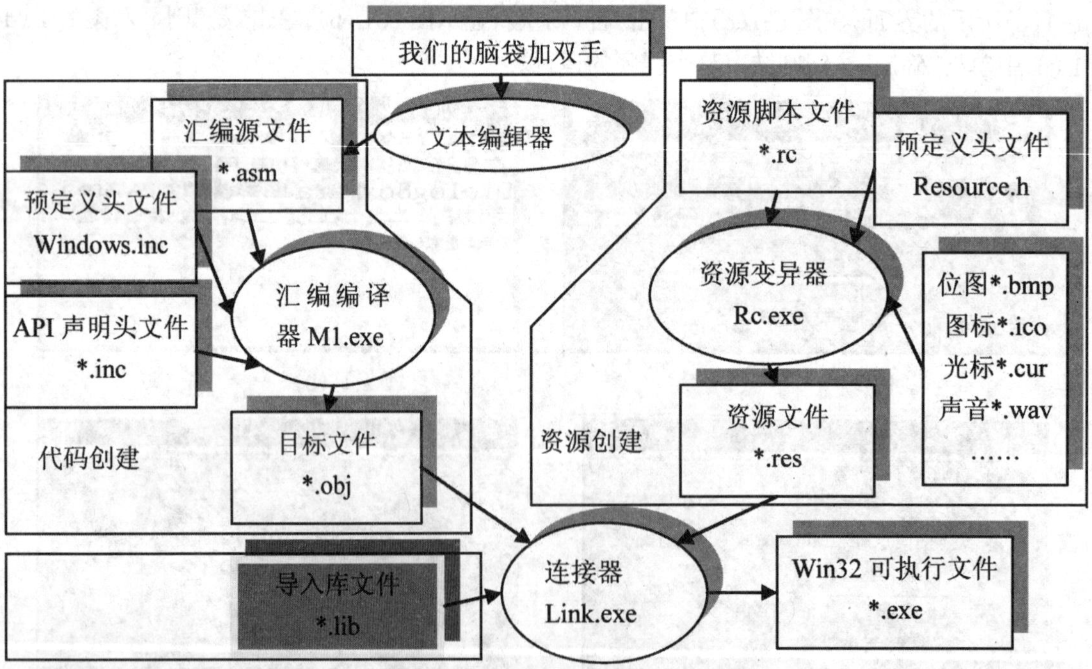

图1-3 Win32程序开发过程

代码部分的开发工作与DOS下写代码的步骤是一样的。程序员用文本编辑器书写汇编源代码(*.asm文件)。与C源代码类似，asm文件中也可以用include语句包含数据定义和函数声明的头文件，Win32汇编的头文件一般用inc作扩展名。大部分的inc文件是编译器软件包附带提供的，如MASM32软件包附带的Windows.inc文件定义了Win32 API中很多参数和数据结构，其他的inc文件则是不同DLL中的Win32 API函数声明。最后，asm文件经汇编编译器编译成以obj为扩展名的目标文件。

资源文件中包括对话框、快捷键、菜单、字符串、版本信息和一些图形资源等内容。资源文件的源文件是一种类似“脚本”的文本文件，它的扩展名一般为rc，其中用不同的语法定义了不同类型的资源，资源脚本文件最后由资源编译器编译成资源文件*.res。资源脚本文件同样用到很多预定义值，所以软件包中一般也包括资源头文件供源文件来导入。MASM32 软件包中的资源头文件是Resource.h。

在资源文件中，不同类型资源的记录方式是不同的。对话框资源只记录定义值，如对话框的大小、位置等，并非真正存储对话框最后显示在屏幕上的像素，这些大小、位置等信息最后由Windows解释后才在屏幕上被绘画成像素；菜单、字符串、快捷键等由文本构成；图形资源则真正由像素组成，它们在资源脚本中被定义为一个文件名，由资源编译器从磁盘文件导入。Windows在资源中支持的图形文件有bmp位图文件、cur光标文件和ico图标文件，这些图形文件可以用其他图形处理软件生成。另外，wav声音文件也可以用在资源中。

编译好目标文件*.obj 和资源文件*.res后，最后一步是用连接器将它们连接成可执行文件。连接的时候要用到函数库。在DOS环境下编程的时候，使用的函数库是静态库。静态库是一些已经编译好的代码模块。当用户在源程序中用到某个函数的时候，连接器从库文件中将这个函数的二进制代码取出，与obj文件合在一起生成最终的exe文件。但在Win32环境下，大部分的公用函数封装在DLL文件中，以动态连接的方式供用户程序调用。这时候库文件中只需要包含函数在DLL中的位置信息，不再需要有二进制代码部分。所以连接的时候也只是把库文件中的位置信息取出放入最后的可执行文件中。Win32中这种只包含位置信息的库文件称为导入库。

设计二　目录和文件管理

一、设计要求

通过调用INT 21H中断,实现简单的DOS目录和文件管理。

二、设计内容

1.文件管理

功能包括:

(1)创建(文本)文件CREATE;

(2)删除文件DEL;

(3)复制文件COPY;

(4)移动文件MOVE;

(5)修改文件名REN;

(6)修改文件属性ATTRIB;

(7)显示(文本)文件TYPE。

2.目录管理

功能包括:

(1)查看目录DIR;

(2)切换目录CD;

(3)建立目录MD;

(4)删除目录RD。

三、设计思路

仿照DOS中支持的文件和目录操作命令的格式,利用INT 21H系统调用,为每个操作编写单独的汇编程序,编译并连接成可执行文件,实现等效的DOS文件和目录操作命令。

设计三　数字电子钟

一、设计要求

利用128*64点阵式LCD、键盘与显示电路、8255芯片、ISA总线接口模块等器件，设计一个数字电子钟。

二、设计内容

数字电子钟可以显示和设置年、月、日、时、分、秒，钟面总体排列效果自行设计，字体及点阵自行设计。

1.初态或按下键“2”，液晶屏中部显示时钟

2012 年 12 月 11 日　星期二 11：26：26A

顶行用较小的字显示年、月、日、星期；中间用大号字体显示数字式时间，“时:分:秒”居中。

2.按下键“3”，通过按键应能调整日历的年、月、日、时、分、秒值

(1)按“4”键调整年；按一次“0”键，年值增1；按一次“1”键，年值减1；按“E”键可以终止数字“4”键命令执行。

(2)按“5”键调整月；按一次“0”键，月值增1；按一次“1”键，月值减1；按“E”键可以终止数字“5”键命令执行。

(3)按“6”键调整日；按一次“0”键，日值增1；按一次“1”键，日值减1；按“E”键可以终止数字“6”键命令执行。

(4)按“7”键调整时钟的时；按一次“0”键，时值增1；按一次“1”键，时值减1；按“E”键可以终止数字“7”键命令执行。

(5)按“8”键调整时钟的分；按一次“0”键，分值增1；按一次“1”键，分值减1；按“E”键可以终止数字“8”键命令执行。

(6)按“9”键调整时钟的秒；按一次“0”键，秒值增1；按一次“1”键，秒值减1；按“E”键可以终止数字“9”键命令执行。

按“F”键返回到初态。

3.小时制切换

按“A”键，实现12小时制与24小时制切换。切换为12小时制后，应能以A、P表示上下午。

4.清零

按“C”键，液晶屏中部显示时钟：

2000 年 1 月 1 日　星期六 00：00：00A

5.秒表

按“B”键，液晶屏中部显示秒表并启动计时：

0

按“D”键，停止计时。

三、设计思路

1.可以利用并行接口芯片8255A的PA端口接收键盘输入，PB口发送LCD显示命令。
2.延时可以采用软件方式。
3.软件编程要结合自己的功能设计和电路连线，实现设计的功能。

设计四　电梯调度模拟系统

一、设计要求

利用128*64点阵式LCD、键盘与显示电路、8255A芯片、ISA总线接口模块等器件，设计一个电梯调度模拟系统，完成电路设计、电路连线、软件编程、系统调试等工作。

二、设计内容

模拟电梯的运行控制。楼层层数为1F~6F，屏幕显示出6行，分别对应1层到6层（从下到上）。要求程序运行后，能够正确表达电梯运行（上行，下行）所到达的楼层及运行过程。1、2、3、…、A，表示1、2、3、…、0十个数字键，B上行，C下行。电梯初始停在1F。

1.一架电梯运行

设B键为上行，C键为下行。按上行或下行键后再按某数字键，电梯应到达指定的楼层，显示电梯运行过程（当电梯达到对应楼层时，该楼层底纹亮）。

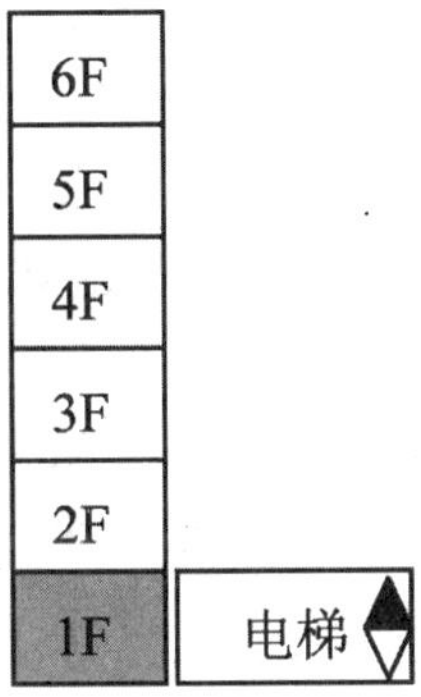

（a）一架电梯

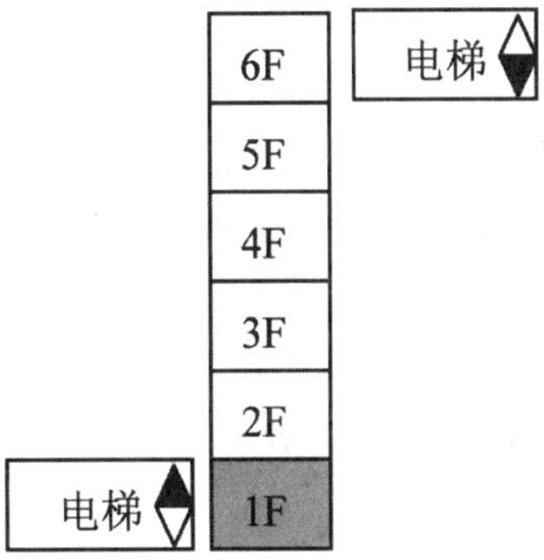

（b）两架电梯

图4-1　电梯运行模拟

2.两架电梯运行

(1)电梯(左)初始停在1F，电梯(右)初始停在6F，B键上行，C键下行。屏幕左侧逐行显示左电梯的运行，屏幕右侧逐行显示右电梯的运行。

(2)按上行或下行键后再按某数字键，两架电梯之一按当前其所在处楼层，以就近运行的原则，到达指定的楼层（电梯运行过程的屏幕显示同(1)）。

示例1：电梯(左)初始停在1F，电梯(右)初始停在6F。按上行键及3键后，电梯(左)响应。

示例2：电梯(左)初始停在6F，电梯(右)初始停在4F。按上行键及2键后，电梯(右)响应。

三、设计思路

1.可以利用可编程并行接口芯片8255A的PA端口从键盘接收输入，并通过PB端口发送命令至LCD。

2.延时可以采用软件方式。

3.软件编程要结合自己的功能设计和电路连线，实现设计的功能。

设计五　步进电机转速器

一、设计要求

利用步进电机、LCD、8255A芯片、键盘与显示电路和ISA总线接口模块等器件，设计一个步进电机控制及转速设置与显示系统。

二、设计内容

1.用LCD显示当前转速（单位:RPM，转/分钟）。

10 RPM

2.用某个按键模拟转速增加，另一个按键模拟转速减少。

3.用某个按键模拟正向方向控制，再次按下调整为反向方向控制。

三、设计思路

1.可用键盘实现电机转速和转向的控制功能，用2个按键分别控制步进电机的转速变化，用1个开关控制步进电机的转向。

2.利用可编程并行接口芯片8255A输出脉冲序列，按键0和1控制电机的转速，按键2控制电机的转向。当键0按下时，步进电机增速，当键1按下时，步进电机减速；当2按下时，电机正转，再次按下时，电机反转。

设计六　交通信号灯管理器

一、设计要求

编写程序控制8255可编程并行接口芯片，使红、绿、黄发光二极管按照十字路口交通信号灯的规律变化，同时用两组2位数码管表示南北、东西方向交通信号灯的时间。

二、设计内容

设有一十字路口，如图6-1所示，其道路为南北和东西走向，南北和东西交通灯（红、黄、绿）各用一组发光二极管表示。

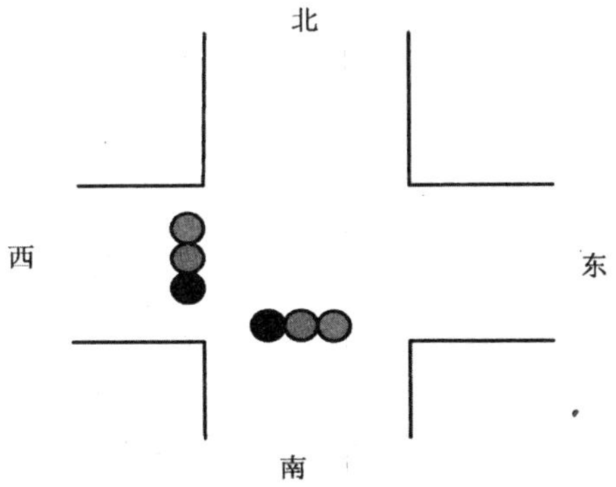

图6-1　十字路口

此路口交通信号灯的亮灭规律如下：

(1)初态为南北和东西红灯全亮，禁止通行；

(2)南北绿灯亮(20 s)，东西红灯亮(22 s)；

(3)南北绿灯闪烁；

(4)南北绿灯灭，黄灯亮(2 s)；

(5)南北黄灯灭，红灯亮(22 s)，东西绿灯亮(20 s)；

(6)东西绿灯闪烁；

(7)东西绿灯灭，黄灯亮(2 s)；

(8)东西黄灯灭；

(9)转(2)循环执行。

说明：

①南北、东西方向各用一组2位数码管显示指示灯亮的剩余时间（倒计时）。绿灯闪烁时间可控制在2 s，包含在绿灯亮的时间(20 s)内。

②为了方便修改亮灭时间，建议设置变量存储20、22和2这三个数值。

三、设计思路

(1)交通信号灯及数码管显示的控制可通过8255实现，编程设置8255的PA、PB、PC口均输出，且工作方式为0。其中PA0、PA1、PA2控制南北方向的红、黄、绿灯，PA4、PA5、PA6控制东西方向的红、黄、绿灯；PB0~PB7控制数码管的段码；PC0、PC1控制南北方向数码管的位码；PC2、PC3控制东西方向数码管的位码。

(2)交通信号灯亮灭的时间及数码管显示的时间可通过8254控制。

附 录

QTH-2008PCI-B 实验仪简介

QTH-2008PCI-B 实验仪是启东市微机应用研究所开发设计的高性能的PCI 总线开发平台，采用了PLX 公司的PCI9054 芯片作为PCI 的接口芯片。

一、系统特点

1.系统采用模块化、积木式设计，清晰明了，提高了灵活性和适应性

布局合理，清晰明了：实验模板上的接口电路均采用模块化设计，开放式结构，各模块既可独立实验，也可灵活组合。

无限升级，永不淘汰的实验平台：从小到大的模块化设计，无限扩展的组合设计空间为用户提供永不淘汰的实验平台。提供几十种模块可供用户自由组合，并在以后不断推出新的实验模块，供用户无限升级。

兼容性强，减少设备投资："基板+模块"分体式结构设计，只需购买一种实验箱，通过更换基板便可组成多种实验仪。一机多用，可减少院校设备投资经费，经济实用。

使用方便，易于维护：模块化设计，可通过更换实验模块避免由于电路的部分损坏而使整个实验系统处于瘫痪状态；实验母板上的所有芯片都是安放在IC插座上的，更换方便；采用的自锁式连接导线，接触十分可靠。

2.完善的基本微机接口技术实验教学平台

系统以PC微机为主机，通过采用PCI9054为桥接主芯片的PCI-LOCAL_ISA BUS PCI 插卡，将PC机的PCI总线转换为LOCAL及ISA总线。将PCI-LOCAL_ISA BUS PCI插卡安装在PC机的某一插槽内，并有34、40芯扁平电缆把LOCAL_ISA BUS总线信号连接到实验箱内，供基本接口实验使用。在接口实验单元中，系统提供了各种常用外围接口及其控制应用部件从而全面支持"微机接口技术"及"微机控制应用"的各项实验内容。

3.对实验设计具有良好的开放性，有利于增强学生综合设计能力

实验系统所具有的硬软件结构对用户的实验设计具有良好的开放特性，系统总线及各种外围接口器件都可由用户来操作连接，从而极大地提高了学生的实践操作能力，克服了单纯验证式实验方式的缺点。

4.集成调试软件，为用户提供了完整的32位微机原理实验调试平台

① 调试界面采用自行开发的VC++风格的QTH组合软件包。

② 全新的WINDOWS界面版本，支持WIN98/ME/2000/XP/NT操作系统。

③ 符合编程语言语法的彩色文本显示，用户可根据个人爱好修改特定的着色功能。

④ 先进的错误定位，可直接进入错误位置，无需查找错误。

⑤ 良好的编辑编译集成环境，可在同一个编辑窗口中编译连接源程序，无需做其他任何设置。

⑥ 良好的集成调试环境，可在Windows 98/ME及Windows XP环境下，在QTH调试窗口中直接运行源程序和调试任意ASM汇编程序，无需任何其他繁琐的操作。

二、总线的概念

总线是微机各部件间进行信息传输的公共通路，微机用总线的形式将微机中的各个模块，包括CPU主模块、存储器模块、I/O模块和DMA模块等互连在一起，按照总线规范传送数据、控制信息和状

态信息。

基于PCI总线的扩展卡设计的特点及问题：

扩展设备设计与系统分离：设计扩展设备时是面向LOCAL总线而不是系统本身。而LOCAL总线又是可以自由配置的，因此设计灵活性较大。

资源的自动分配：所有资源的分配都是系统根据当前资源使用情况来配置，不需要用户分配。系统比用户更了解当前资源的使用情况，因此不会出现冲突现象，而且非常方便。

LOCAL地址空间的重映射：LOCAL侧的地址可以重映射到系统空间中，实现地址的重定位。

1.总线的主设备和从设备

微机中的各种设备均挂在总线上，这些设备对于总线来讲有主从之分。能在总线上生成总线周期从而发起对存储器或I/O访问的设备称为主设备，响应主设备访问的设备称为从设备。例如CPU可以成为总线的主设备，因为它们能够主动发起对内存或I/O等从设备的访问。DMA控制器既可以是总线的主设备（即当它占用总线将外设数据搬到内存时），也可以是从设备（即当CPU占用总线读写DMA控制器内部寄存器时）。某一时刻总线上只有一对主从设备在传递信息。

2.分层的总线结构

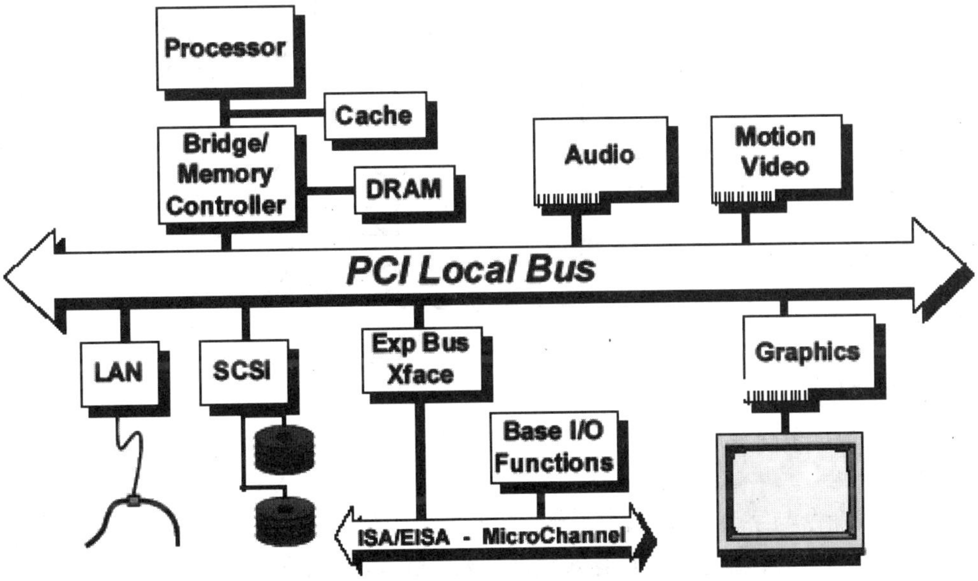

图1 PCI总线构建的微机系统的结构图

如图1所示是一个PCI总线构建的微机系统，可见现在的Pentuim机都是以PCI总线为中心，CPU的Host总线通过Bridge/Memory Controller和PCI总线相连，图中网卡、声卡、图形卡等高速设备直接挂在PCI总线上，而一些较慢的ISA遗留设备则挂在ISA总线上，这样就形成了一个分层的总线结构。Bridge/Memory Controller也叫做北桥，负责cache控制、主存访问和Host-PCI总线周期的转换，在配有AGP总线的系统里，北桥还负责AGP总线事务处理。而Exp BUS Xface也叫做南桥，集成PCI-ISA桥、PCI总线仲裁、电源管理、DMA控制器和中断控制器。

三、PCI总线基本知识

1.PCI总线引脚定义

PCI能够作为32或64位总线使用，它们可以按照功能不同分为以下几组：

① 系统引脚：包括时钟和重启引脚。

② 地址和数据引脚：包括32条传输地址和数据的引线，其余的引线是为了配合它而使用的。

③ 接口控制引脚：用来保持Master和Target之间通信的一致性。

④ 仲裁引脚：和其他的PCI信号线不同，这些不是共享的数据线，每一个PCI Master都有它自己的

仲裁信号线来直接和ARBITOR相连接。

⑤ 错误监测引脚:用于奇偶校验和其他错误的报告。

除此之外,PCI还提供了另外50条可选的信号线来支持中断缓存及64位扩展等功能。

对于只作从设备的PCI设备而言,至少需要47个管脚;而对于用作主设备而言,至少需要48个管脚。下图是对主从兼容设备管脚定义的说明。左边的管脚是必需的,右边的是可选的。

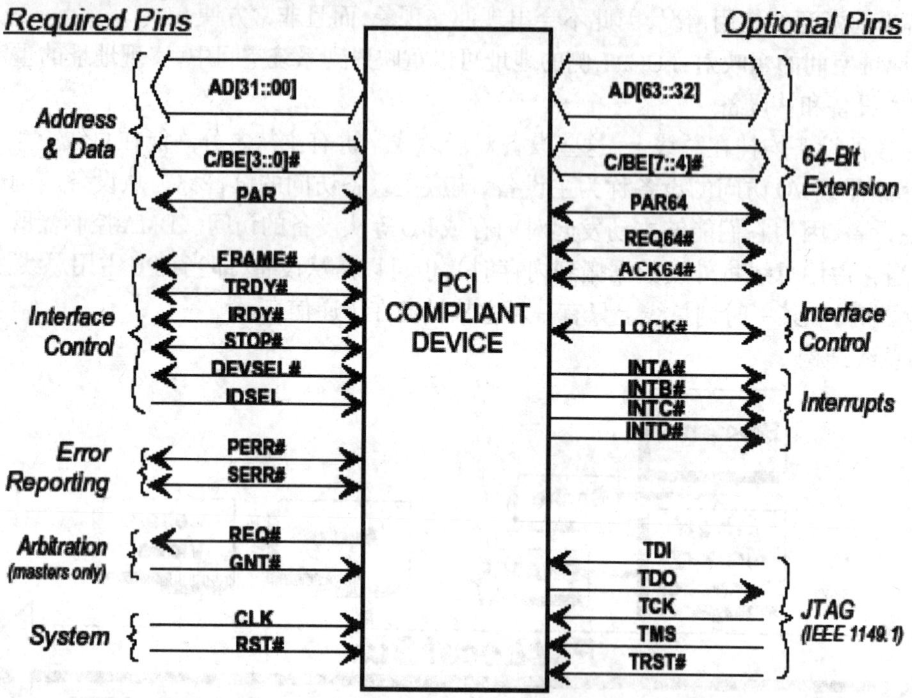

图2 主从兼容设备管脚定义

2.PCI总线基本时序

AD[31~0]:地址数据多路复用信号。在FRAME有效的第一个周期为地址,在IRDY与TRDY同时有效的时候为数据。

C/BE[3~0]:总线命令与字节使能控制信号。在地址期内传输的是总线命令;在数据期内是字节使能控制信号,表示AD[31~0]中哪些字节是有效数据。表1是总线命令编码说明。

表1 总线命令表

C/BE[3~0]#	命令类型说明	C/BE[3~0]#	命令类型说明
0 0 0 0	中断应答	1 0 0 0	保留
0 0 0 1	特殊周期	1 0 0 1	保留
0 0 1 0	I/O读	1 0 1 0	配置读
0 0 1 1	I/O写	1 0 1 1	配置写
0 1 0 0	保留	1 1 0 0	存储器多行读
0 1 0 1	保留	1 1 0 1	双地址周期
0 1 1 0	存储器读	1 1 1 0	存储器一行读
0 1 1 1	存储器写	1 1 1 1	存储器写并无效

PCI总线上所有的数据传输基本上都由以下三条信号线控制。

(1)FRAME:帧周期信号。由主设备驱动,表示一次访问的开始和持续时间。FRAME有效时(0为有效,下同)表示数据传输进行中,失效后为数据传输最后一个周期。

(2)IRDY:主设备准备好信号。由主设备驱动,表示主设备已经准备好进行数据传输。

(3)TRDY:从设备准备好信号。由从设备驱动,表示从设备已经准备好进行数据传输。当IRDY与TRDY同时有效时,数据传输才会真正发生。

另外,还有IDSEL信号用来在配置空间读写期间作为片选信号。对于只有一个PCI从设备的情况,它总可以接高电平。IDSEL信号由从设备驱动,表示该设备已成为当前访问的从设备,可以不理会。

在PCI总线上进行读写操作时,PCI总线上的各种信号除了RST、IRQ、IRQC、IRQ之外,只有时钟的下降沿信号会发生变化,而在时钟上升沿信号必须保持稳定。

3.配置寄存器

一般来讲,PC机有4种资源,即IO空间,MEM空间,中断和DMA。Windows下用户可以通过设备管理器查看。

在早期的PC机中,每种板卡上都有许多跳线和拨动开关。用户用它们来设置所需要的各种计算机资源,如地址空间、中断号、DMA通道号等,防止板卡之间的资源冲突。这就对用户提出了很高的要求,限制了PC机的使用。为此,Pentium级处理器以上的PC机推出了有计算机自动配置各种资源的方法——即插即用(Plug and Play),从而最大限度地避免了人工干预资源的配置,这就完全解放了用户,降低了对用户的要求,使得PC的使用得到了极大的普及。

所谓即插即用,其原理就是在每块支持PNP的板卡上都有一组称为配置空间的寄存器,在这些寄存器中保存有自己对系统资源的需求参数。当Windows启动时,其BIOS引导程序首先读出这些参数,然后综合每块板卡的对资源的需求,统一对整个系统的资源进行分配,从而避免用户干预。为了BIOS引导程序能够正确地对板卡所需的资源进行动态分配,其配置空间寄存器中存储的是物理空间大小等相对信息,而不是绝对的物理地址。当然对于不支持PNP的板卡,用户仍需进行手动配置资源。

PCI配置空间:是长度为256个字节的一段内存空间,其前64个字节包含PCI接口的信息,我们可以通过它来访问PCI接口,如表2所示。

这64个字节中,第一个32位的双字包含了DeviceID和VendorID。DeviceID是一个16位的数,如果这个单元没有安装,在启动时,计算机就会显示FFFFH;如果安装了,在0000H和FFFFH之间就会有一个确定的数代表它。类代码用来区分PCI接口类别,VendorID由PCISIG来分配。头标区中比较重要的有Base Address, Interrupt Pin, Interrupt Line。它们主要用来指明设备所需的资源。

LOCAL配置空间:PCI协议中只定义了PCI配置空间的格式,为了实现PCI总线到LOCAL总线的桥接,PLX9054中也实现了LOCAL配置空间,该配置空间的主要作用是实现LOCAL总线的配置。如LOCAL侧的IO基地址/存储器基地址和LOCAL侧需要的资源大小等。

LOCAL基地址寄存器组:

(1)Space0

① Space0 Range Register

② Space0 Remap Register

③ Space0 Descriptors Register

(2)Space1

① Space1 Range Register

② Space1 Remap Register

③ Space1 Descriptors Register

表2 PCI 配置寄存器

字节3	字节2	字节1	字节0	配置空间地址
设备识别(DID)		供应商代码(VID)		00H
状态寄存器		命令寄存器		04H
分类代码			修改版本	08H
内含自测试	头标类型	延时计数	缓冲区大小	0CH
基地址寄存器0				10H
基地址寄存器1				14H
基地址寄存器2				18H
基地址寄存器3				1CH
基地址寄存器4				20H
基地址寄存器5				24H
Card BUS 卡信息结构指针				28H
子系统ID		子系统供应商ID		2CH
扩展ROM 基地址寄存器				30H
保留			功能指针	34H
保留				38H
优先级请求	时间片请求	中断管脚	中断线	3CH

表3 LOCAL 配置寄存器

字节3	字节2	字节1	字节0	PCI 空间地址	LOCAL 空间地址
Range for PCI-to-Local Address Space 0				00H	80H
Local Base Address (Remap) for PCI-to-Local Address Space 0				04H	84H
Mode/DMA Arbitration				08H	88H
Reserved	Serial EEPROM Write-Protected Address Boundary	Local Miscellaneous Control	Big/Little Endian Descriptor	0CH	8CH
Range for PCI-to-Local Expansion ROM				10H	90H
Local Base Address (Remap) for PCI-to-Local Expansion ROM and BREQo Control				14H	94H
Local BUS Region Descriptors (Space 0 and Expansion ROM) for PCI-to-Local Accesses				18H	98H
Range for PCI Initiator-to-PCI				1CH	9CH
Local Base Address for PCI Initiator-to-PCI Memory				20H	A0H
Local Base Address for PCI Initiator-to-PCI I/O Configuration				24H	A4H
PCI Base Address (Remap) for PCI Initiator-to-PCI				28H	A8H
PCI Configuration Address Register for PCI Initiator-to-PCI I/O Configuration				2CH	ACH
Range for PCI-to-Local Address Space 1				F0H	170H
Local Base Address (Remap) for PCI-to-Local Address Space 1				F4H	174H
Local BUS Region Descriptor (Space 1) for PCI-to-Local Accesses				F8H	178H
PCI Base Dual Address Cycle (Remap) for PCI Initiator-to-PCI (Upper 32 bits)				FCH	17CH

LOCAL 基地址寄存器格式：LOCAL基地址寄存器格式如图3所示，最低位表示映射的使能位，为0表示不允许映射，为1表示允许映射。当该寄存器为IO 基地址时其各位的作用如图3(a)，若该寄存器

为存储器基地址时，其各位的作用如图3(b)。

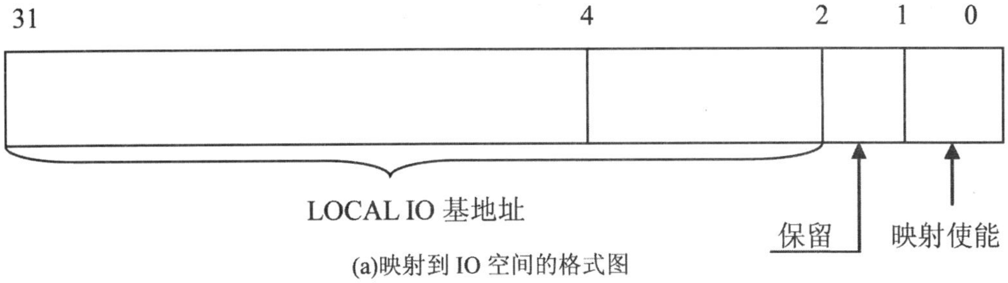

(a)映射到IO空间的格式图

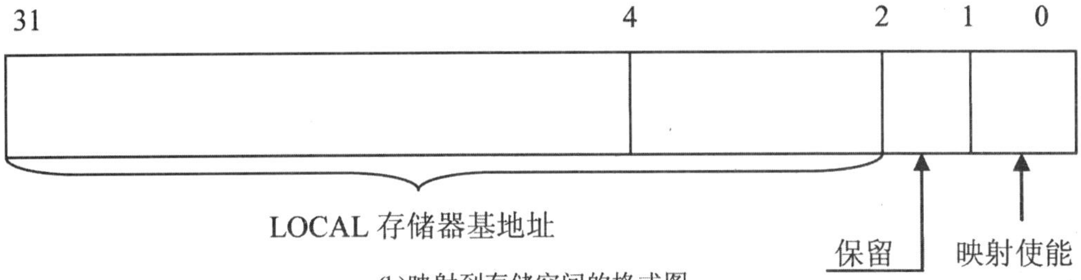

(b)映射到存储空间的格式图

图3　LOCAL基地址寄存器格式

四、硬件设备介绍

1.PCI接口卡

PCI接口卡主要由PCI9054、93C56、XILINX CPLD 95108、信号隔离电路组成，如图4所示。

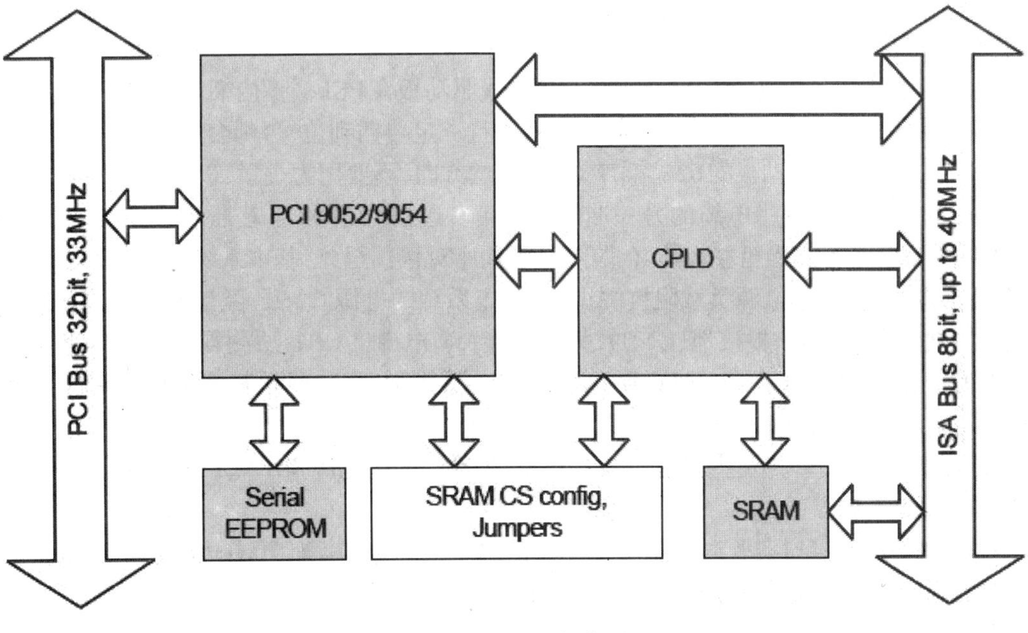

图4　PCI9054板卡图

PCI9054是PLX公司的PCI90XX系列芯片中的一款从模式桥芯片（其硬件与PCI9050相兼容），93C56（EEPROM）用于存放PCI9054初始化设置信息，在开发板上还提供了一个ISA总线扩展插座，可提供8位和16位的总线宽度。可与PLX公司的开发软件PlxMon联合使用，用户可重新定义总线宽度，IO、MEMORY地址空间，中断方式等。CPLD中集成了相当简单的逻辑，便于用户重新设计和升级，板上留有烧写CPLD的插座。该9054卡是连接PC机和QTH-2008PCI-B实验机的桥梁，实现用户资源到系统的双向映射。

2.QTH-2008PCI-B 实验仪

QTH-2008PCI-B 实验仪的标准配置及功能如表4，共8个模块。

表4 QTH-2008PCI-B 实验仪的标准配置及功能

主控模块2 (编号:G) 1.提供ISA 32位数据总线、16位地址总线接口 2.符合ISA接口的控制插口：存储器读写、DMA等信号	LCD与IC卡实验模块 (编号:D) 1.128*64 LCD显示实验 2.IC卡实验	主控模块1(编号:A) 1.提供ISA 8位数据总线、16位地址总线接口 2.符合ISA接口的控制插口：片选、读写、中断、DMA等信号 3.电源信号：+5V/3A、±12V/0.5A 4.简单的门电器：或、与、非门、触发器 5.复位按钮
电机、风扇、喇叭(编号:H) 1.四相步进电机 2.直流电机 3.音频电路 4.光、磁控制风扇 5.单刀双掷继电器 6.164串并转换电路	244/273、8254实验模块 (编号:E) 1.74LS244与74LS273基本输入/输出实验 2.8254定时器与计数器和分频器实验	8255、16C550实验模块 (编号:B) 1.8255通用I/O接口实验、打印机实验 2.16C550通用串行口接口与PC机通信实验
AD/DA，32位DRAM，语音 (编号:I) 1.ADC0809 8位AD实验 2.DAC0832 8位DA实验 3.ISD1420语音实验 4.32位存储器读写、DMA传送实验	控制与信号源模块(编号:F) 1.配有带驱动的16个LED显示器 2.8路手动电平控制 3.2路手动单脉冲输出 4.2路振荡方波信号源：1Hz，32Hz，1024Hz，32.768kHz，262.14kHz，1.5MHz，6MHz，24MHz八组选择 5.1路分频器：CLOCK/2，CLOCK/4，CLOCK/8，CLOCK/16四组选择	键盘LED显示模块 (编号:C) 1.4*4键盘与4位LED八段显示实验 2.16*16 LED中文字幕移动实验

3.硬件系统的安装

(1)关掉计算机并拔掉电源，打开机箱，将PCI总线驱动板在PCI插槽内插好，并旋紧固定螺钉。注意：驱动板的金手指一定要和机内插槽的插孔对齐，并且一定要插到位，否则会造成严重后果。

(2)将DB62芯插头与驱动板的62芯插座对接，注意方向，不要用力过猛，以免损坏插座。

(3)在做8位实验时将扁平电缆的另一端与实验箱右边的40芯和34芯插座对接。在做32位实验时将扁平电缆的另一端与实验箱左边的40芯和34芯插座对接。至此，基本系统就安装完毕。

(4)在开电源之前，先作电源负载阻抗测试，以检查系统的电源线路是否有短路。其方法是采用万用表的欧姆挡，将两根表笔一根接地(GND)，另一根接+5V电源(VCC)，所测得的阻抗应有几百欧姆左右。若只有几十欧姆，甚至几欧姆，这说明可能存在电源线路短路，或是某些集成芯片(IC)元器件损坏。请先找出故障，再进行下一步骤。

(5)先打开微机电源，再打开实验箱的电源开关，实验箱上的电源指示灯LED发光。上电后即可启动实验箱基本系统。

(6)在做基本8位的接口实验时与驱动卡相连的扁平电缆插在实验箱右边的两个牛角上，当做32/16位实验时扁平电缆插在实验箱左边的两个牛角上。

五、实验程序(汇编)开发集成环境

QTHPCI开发环境是集编辑、编译/汇编、调试为一体的，VC风格的用户界面，是理想的开发工具。

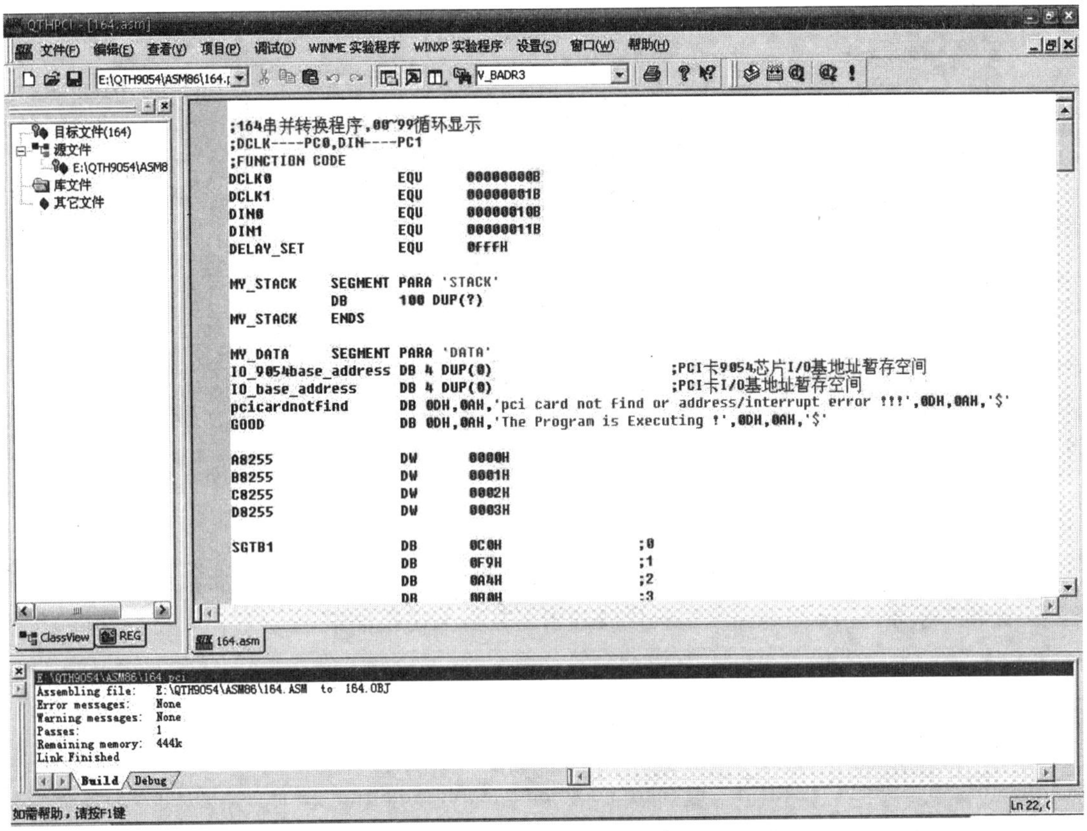

图5　QTHPCI 开发环境

开发环境操作说明如下：

第一步：关闭当前项目。

菜单命令：[项目|关闭项目]

当用户要调用新的文件时必须关闭已经打开的项目，此时QTH集成开发环境关闭界面上所有的窗口。因为打开项目文件后，QTH集成开发环境默认所有编译/汇编、产生代码的过程都是对当前项目进行的。

第二步：在文件菜单下打开应用程序。

如果您要创建一个新的程序文件，使用菜单命令[文件|新建]，或使用工具栏中“新建”命令钮。如果您要打开一个已存在的程序文件，使用菜单命令[文件|打开]，或使用工具栏中的“打开”命令钮。

第三步：编译当前文件、编译连接当前项目。

使用菜单命令[项目|编译当前文件]或使用工具栏中“编译”命令钮。编译通过后还必须进行连接操作，您也可以直接对当前文件进行编译连接操作。此命令自动地对修改过的源程序进行编译或汇编，然后连接所有的OBJ、LIB文件，完成调试程序所需的准备工作。使用菜单命令[项目|编译连接]或工具栏中“编译连接”命令钮。

第四步：执行[项目|编译]命令后产生的结果显示在消息框中，当QTH发生错误时，消息窗口中的错误信息自动与源文件关联，提示出错的位置。在消息窗口中错误提示处双击鼠标左键，也可将错误信息与源文件的错误位置关联。如果编译出现错误，在修改文件后重复进行第三步操作。

第五步：编译连接通过后，按连续运行程序，按按钮进入TD调试器，如图6。

按ALT+ENTER键进入全屏模式后按F9连续执行。也可以单步、宏单步、断点调试，详情请查阅Turbo Debugger调试器的使用手册。

注：在实验过程中需要进行人机交互的(键盘输入)必须先进入TD调试器后按ALT+ENTER、F9连续运行。

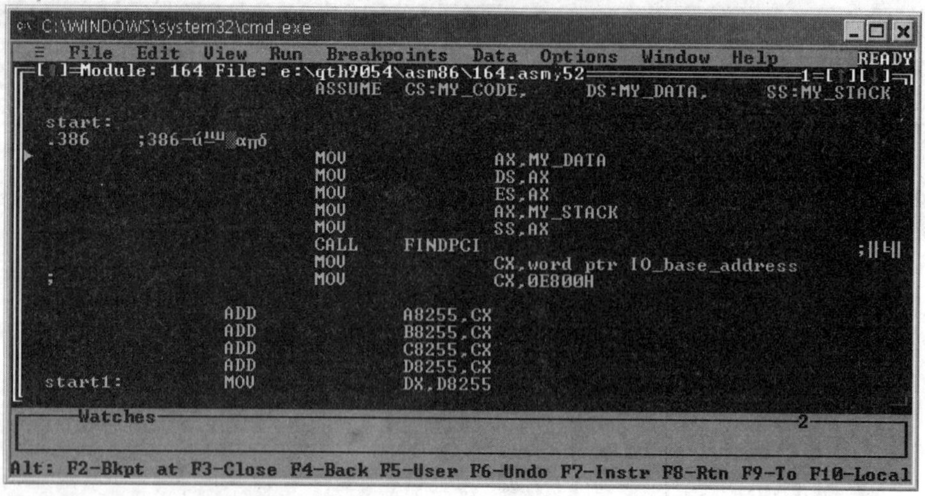

图6　TD调试器

由于QTH-2008PCI-B实验仪器和PC之间通过PCI板卡连接实现通信，因此在编写的汇编程序中必须附加一段找卡的程序，可在主程序初始化后调用。其参考代码如下：

```
MY_DATA     SEGMENT     PARA 'DATA'
IO_9054base_address DB 4 DUP(0);PCI卡9054芯片I/O基地址暂存空间
IO_base_address     DB 4 DUP(0) ;PCI卡I/O基地址暂存空间
pcicardnotfind      DB 0DH, 0AH,'pci card not find or address/interrupt error !!!',0DH,0AH,'$'
GOOD                DB 0DH, 0AH,'The Program is Executing !',0DH,0AH,'$'
MES2                DB ' PCI CONFIG READ ERROR!        $'
…
MY_DATA     ENDs
;*****************************************************************************
;          /* 找卡子程序 */
;*****************************************************************************
;
IO_port_addre       EQU 0CF8H                       ;32位配置地址端口
IO_port_data        EQU 0CFCH                       ;32位配置数据端口
IO_PLX_ID           EQU 200810B5H                   ;PCI卡设备及厂商ID
BADR0               =    10H                        ;基地址寄存器0
BADR1               =    14H                        ;基地址寄存器1
BADR2               =    18H                        ;基地址寄存器2
BADR3               =    1CH                        ;基地址寄存器3
FINDPCI  PROC       NEAR                            ;查找PCI卡资源并显示
            PUSHAD
            PUSHFD
            MOV          EBX, 080000000H
FINDPCI_next:
            ADD     EBX, 100H
            CMP     EBX, 081000000H
            JNZ  findpci_continue
            MOV     DX, offset pcicardnotfind       ;显示未找到PCI卡提示信息
```

```
        MOV     AH, 09H
        INT  21H
        MOV     AH, 4CH
        INT  21H                                    ;退出
findpci_continue:
        MOV     DX, IO_port_addre
        MOV     EAX, EBX
        OUT     DX, EAX                             ;写地址口
        MOV     DX, IO_port_data
        IN      EAX, DX                             ;读数据口
        CMP     EAX, IO_PLX_ID
        JNZ  findpci_next                           ;检查是否发现PCI卡
        MOV     DX, IO_port_addre
        MOV     EAX, EBX
        ADD     EAX, BADR1
        OUT     DX, EAX                             ;写地址口
        MOV     DX, IO_port_data
        IN      EAX, DX                             ;读数据口
        MOV     dword ptr IO_9054base_address, EAX
        AND     EAX, 1
        JZ      findPCI_next                        ;检查是否为i/o基址信息
        MOV     EAX, dword ptr IO_9054base_address
        AND     EAX, 0FFFFFFFEH
        MOV     dword ptr IO_9054base_address,EAX   ;去除i/o指示位并保存
        MOV     DX, IO_port_addre
        MOV     EAX, EBX
        ADD     EAX, BADR2
        OUT     DX, EAX                             ;写地址口
        MOV     DX, IO_port_data
        IN      EAX, DX                             ;读数据口
        MOV     dword ptr IO_base_address, EAX
        AND     EAX, 1
        JZ      findPCI_next                        ;检查是否为i/o基址信息
        MOV     EAX, dword ptr IO_base_address
        AND     EAX, 0FFFFFFFEH
        MOV     dword ptr IO_base_address, EAX      ;去除i/o指示位并保存
        MOV     DX, offset good                     ;显示开始执行程序信息
        MOV     AH, 09H
        INT  21H
        POPfd
        POPad
        RET
findPCI ENDP
```

参考文献

[1] 陆宏伟. 微机原理实验与课程设计指导书[M]. 北京：中国电力出版社，2006.

[2] 戴梅萼，史嘉权. 微型计算机技术及应用——习题、实验题与综合训练题集[M]. 北京：清华大学出版社，2008.

[3] 宋廷强，陈为，马兴录. 32位微机原理与接口技术实验指导[M]. 北京：化学工业出版社，2009.

[4] 邹道胜. 微机原理实验指导[M]. 武汉：华中科技大学出版社，2009.

[5] 吴同和. 微型计算机硬件技术实验教程[M]. 北京：机械工业出版社，2004.

[6] 张志勇. 计算机硬件技术实验教程[M]. 北京：水利水电出版社，2008 .

[7] 邹逢兴. 计算机硬件技术基础实验教程[M]. 北京：高等教育出版社，2000.

[8] 白中英. 计算机硬件基础课实验教程[M]. 北京：清华大学出版社，2005.

[9] 黄勤. 计算机硬件技术基础实验教程[M]. 重庆：重庆大学出版社，2002.